千古一帝 秦始皇

姜越 著

历史深处

中国画报出版社·北京

图书在版编目（CIP）数据

千古一帝秦始皇 / 姜越著. -- 北京：中国画报出版社, 2024.5（2025.1重印）
（历史深处）
ISBN 978-7-5146-2246-1

Ⅰ.①千… Ⅱ.①姜… Ⅲ.①秦始皇(前259-前210)—生平事迹 Ⅳ.①K827=33

中国国家版本馆CIP数据核字(2023)第040115号

千古一帝秦始皇

姜越 著

出 版 人：方允仲
责任编辑：田朝然
内文排版：姚 雪
封面设计：王建东
责任印制：焦 洋

出版发行：中国画报出版社
地　　址：中国北京市海淀区车公庄西路33号　邮编：100048
发 行 部：010-88417418　010-68414683（传真）
总编室兼传真：010-88417359　版权部：010-88417359

开　　本：16开（787mm×1092mm）
印　　张：16.5
字　　数：191千字
版　　次：2024年5月第1版　2025年1月第2次印刷
印　　刷：三河市金兆印刷装订有限公司
书　　号：ISBN 978-7-5146-2246-1
定　　价：58.00元

出版说明

历史长河，星光灿烂。《历史深处》系列丛书汇集了帝王传记、历史名人以及重要朝代的兴衰历程，带读者穿越时空，纵览历史长河中的璀璨星辰。

本套丛书通过对历史资料的搜集和整理，努力还原历史人物和历史事件，让读者更好地了解历史人物的思想、行为，以及历史事件产生的背景。同时，也通过对历史事件的描述和分析，揭示了历史人物的影响，以使读者更好地理解历史进程和社会变迁。

本套丛书是按照历史脉络来叙述的，综合了各类文献资料，采用了基本的历史事实，讲述的是历史典籍中存在的人物。但在某些事件和场景中，为了使人物形象更加丰满，提升作品的可读性和趣味性，使这套大众读物更具表现力和感染力，作者在创作时运用了一些文学手法，增加了场景的描写、人物心理描写和情感描写。所以，不可避免地会有一些虚构的成分和细节，请读者在阅读的时候予以注意。

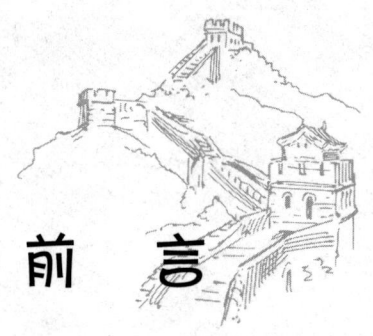

前 言

在中国历史上,秦始皇是最为杰出的帝王之一。他"奋六世之余烈",剪灭群雄,一统天下;而后,又北逐匈奴,南取百越,拓展大一统帝国的疆土。他锐意改革,统一文字、货币和度量衡,修筑四通八达的驰道,废除分封制,把秦国原有的郡县制推向天下,建立了中国历史上第一个统一的多民族封建国家。他推崇法家,建立起一套完善的封建政治、军事、经济制度,这套制度影响了中国两千多年的封建历史,有的制度经过改革后,沿用至今。他的雄才大略令人惊叹,人们都称他为"千古一帝"。

本书撷取了秦始皇一生中不同阶段的典型历史事件,探其根源,究其始终,并对其中蕴含的人生成功经验加以简要的解析,从而融历史和现代于一体,集古今智慧之大成。希望读者能够通过本书,在了解秦始皇的成功之道的基础上,借鉴吸收,以启迪自身的成功之路。

目 录

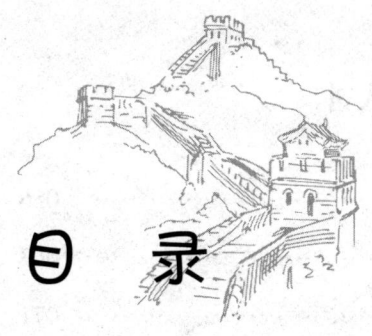

第一章　奇人身世

家世源流 …………………………………………………… 002

强秦之路 …………………………………………………… 004

奇货交易 …………………………………………………… 008

多舛童年 …………………………………………………… 017

第二章　少年君王

嬴政继位 …………………………………………………… 026

智谋名臣 …………………………………………………… 033

车裂嫪毐 …………………………………………………… 039

毒死相父 …………………………………………………… 046

母子和好 …………………………………………………… 050

第三章　网罗人才

李斯 ··· 056

尉缭 ··· 063

韩非子 ······································· 071

顿弱 ··· 081

第四章　一统天下

灭韩 ··· 086

亡赵 ··· 088

胜燕 ··· 095

平魏 ··· 104

荡楚 ··· 109

降齐 ··· 115

第五章　称制天下

兵器铜人 ····································· 122

豪富西迁 ····································· 124

称始皇帝 ····································· 126

设三公九卿 ··································· 130

郡县之制 ····································· 134

焚书坑儒 ····································· 140

第六章　平定边患

北击匈奴 …………………………………………………… 150
修建长城 …………………………………………………… 155

第七章　五次出巡

巡行二郡 …………………………………………………… 172
泰山封禅 …………………………………………………… 174
登琅琊台 …………………………………………………… 181
怒伐湘山 …………………………………………………… 184
遇刺事件 …………………………………………………… 185
东临碣石 …………………………………………………… 192
南巡 ………………………………………………………… 196
海上射鱼 …………………………………………………… 198

第八章　酷法暴政

沉重徭役 …………………………………………………… 202
严刑酷法 …………………………………………………… 209
始皇病逝 …………………………………………………… 214
农民起义 …………………………………………………… 221
王朝终结 …………………………………………………… 225

附录　秦始皇嬴政大事年表

第一章
奇人身世

秦襄王四十八年（公元前259年）正月的一天，将近黎明时分，从赵国都城邯郸的一座庭院里传来几声婴儿响亮的啼哭，一个新的生命诞生了。父母为他起名"政"。三十多年后，这个姓嬴名政的男孩成长为一位叱咤风云的历史巨人，他统率千军万马，一举扫平天下，创建了一个大一统的封建帝国——秦王朝。

他，就是中国历史上号称"千古一帝"的秦始皇。

秦始皇是秦人的后裔，是秦国一位落难王孙的儿子，于烽火连天的战乱岁月出生在异国他乡。而他的祖先正是在这种战乱岁月的帷幕刚刚拉开的时候，以崭新的姿态登上了历史大舞台，前仆后继，奋斗不息，终于创立了一个令天下皆为之畏惧、震颤的强大国家，留下了艰难跋涉的创业足迹和富有传奇色彩的动人故事。

家世源流

公元前770年，是中国历史发展长河中极不平常的一年。

这一年，新即位的西周天子周平王把都城由镐京（今陕西省西安市西）东迁至洛邑（今河南省洛阳市），从此王室衰微，大国争霸，分裂割据的春秋时代开始了。也就是在这一年，秦人首领襄公因护送王室东迁有功，被周平王正式册封为诸侯，允许他在西周故地关中建立自己的国家。

西周王朝统一天下后，嬴姓部族的政治地位一落千丈，氏族成员全部沦为周王室的奴隶。周公用强制手段驱逐他们离开原来的生活区域，迁往遥远荒凉的黄土高原西部。重重关山、漫漫长途，这支嬴姓部族一路扶老携幼、跋山涉水、风餐露宿，一直走到西周统治疆域的"西垂"（今甘肃东部清水县）。由于此地名为"秦"，这一支嬴姓部族便被人们正式称为"秦人"。秦人的职责是为周王室养马和赶车，他们的普通成员也如同牲畜一般，经常被周天子当作赏赐臣下的物品。

但是让秦襄公感到骄傲和自豪的是：秦人是一支永远不会服输的部族，他们的身上永远奔流着祖先昂扬奋发、威武不屈的血液。即使在苍野茫茫、缺衣少粮的艰辛岁月里，他们也始终抱着复兴种族的伟大抱负，默默耕耘，一天天发展壮大起来。

周宣王时期，日益发展的秦人部落开始引起了周王室的注意和忧虑，于是周王室采取了驱狼吞虎之计，正式封秦人首领秦仲为大夫，命令他统领部族向周王室的敌人——戎狄①部落发起进攻。秦仲是襄公的祖父，迫于王命，同时也是为了秦人自身的生存和发展，他先后两次发兵攻打西戎，结果都因寡不敌众而惨败，自己也战死沙场。襄公的父亲庄公继位后，率领五个兄弟三个儿子统兵七千，大举讨伐西戎，长子世父为祖父报仇心切，手持长戟奋力冲入敌阵，结果身陷重围，血染征袍，力尽被执，直到襄公即位后才用重金将兄长赎回。

而今秦国初立，要想挺进关中，取得封地，就必须同戎狄展开最后决战。襄公大步走出庙门，望着早已侍立在外、静等他发号施令的全体部族将士，将手中长剑一挥道："兵发关中！"

秦人建国初期与戎狄部落的艰苦鏖战开始了。在这场漫长而残酷的拉锯战中，不知有多少秦人将士一去不返，长眠在关中原野；他们的开国者襄公也在公元前766年的一次战争中倒下，再也没有醒来。但秦人举族

---

① 戎狄：先秦时代华夏对西方和北方的非华夏部落的统称，即北狄和西戎的合称。

上下都深深懂得，只有赢得战争才能求得生存、求得发展这个硬道理，所以每次战争结束后，将士们都擦干身上的血迹，掩埋好同伴的尸体，挥泪告别妻子儿女，又匆匆踏上新的征程。经过整整五代国君和全体族人近百年的前仆后继、奋勇厮杀，秦人终于击败了强大的戎狄部落，取得了关中封地，建立起一个以周原为中心，西起甘肃天水、东到陕西华县的千里之国。

到了秦穆公嬴任好统治时期（公元前659年—公元前621年），秦国已发展成为一个虎踞关中、雄视东方的强盛国家。这一时期秦国文有百里奚、蹇叔、由余等谋士辅政，武有公孙枝、孟明视、西乞术、白乙丙等猛将主军，兵强马壮，国势鼎盛。数次饮马黄河，耀武中原，攻晋伐郑，击楚灭滑，展现了秦国强大的军事实力和在诸侯割据战争中举足轻重的地位。在东进锋芒受到遏制后，秦穆公转而西征，取得了"益国十二，开地千里"的辉煌胜利，把黄河以西的广大地区置于秦国的统治之下，秦穆公因此而名扬史册，成为春秋五霸之一。

强秦之路

公元前383年，秦新建都城栎阳（今陕西省西安市临潼区栎阳街道）。长期饱受国内政局动荡和关东强敌入侵之苦的秦国民众，迎来了一位年轻有为的新国君，这让他们看到了复兴穆公故业、重振秦国雄风的一线希望。这位新国君，就是秦国历史上有名的秦孝公——嬴渠梁。

在登基典礼上，刚满二十岁的秦孝公，心情同全国民众一样沉重和忧愤，因为秦国衰落的势头仍然有增无减，甚至已到了生死存亡的历史关头。

秦穆公死后，中原各主要诸侯国为了扩张土地和人口，进而富国强兵，纷纷掀起了改革的时代大潮，综合国力蒸蒸日上。而僻处西方的秦国仍然墨守成规，固守着奴隶制度不放，没有进行任何改革，结果导致国内动乱连年不休，阶级矛盾日趋激烈，军事实力也每况愈下，在东方诸国中更是处于弱势和挨打的地位。东方强晋频频对秦国发动大规模的攻势，兵锋数次深入关中腹地。公元前594年辅氏（今陕西省大荔县东）之战，秦军惨遭失败，大力士杜回被晋军生擒。公元前578年晋军攻至秦国内地，在麻隧（今陕西省泾阳县北）之战中，秦军又一败涂地，统军三将全部成为晋军的俘虏。

战国时代的历史大幕拉开之后，山东六国逐鹿中原，大战不休，但对待秦国却普遍采取了蔑视的态度，认为它是落后之邦，没有资格参加中原诸国的朝聘会盟，与其来往只能降低自己的地位和身份。使秦国嬴姓子孙感到更为屈辱的是，经过改革变法之后成为中原头号军事强国的新兴国家魏国，多次挥军打过黄河，向落后孱弱的秦国发动了猛烈的军事攻势，接连占领了黄河西岸的少梁（今陕西省韩城市境内）、临晋（今陕西省大荔县东）、元里（今陕西省澄城县南）、洛阴（今陕西省大荔县西南）、合阳（今陕西省合阳县东南）等八城之地。魏国在这些地方建立了河西郡，修筑长城和重泉城（今陕西省蒲城县东南重泉村），委派大将吴起率兵驻守，似一把尖刀直插秦国的胸膛，迫使秦国把防线由黄河岸边后撤到洛水一线。

河西八城，可是当年秦穆公数次跃马黄河、挺进中原时用数万将士的鲜血和生命才取得的领地啊！如今却全部为魏国攻占。这一切都说明山东诸侯国因改革而带来的巨大进步，形成的强大军事实力无情地冲击着停滞不前的秦国，动摇着秦国腐朽的社会制度。秦国要摆脱被动挨打的地位，只有改革；秦国要收复失地、重振雄风，只有改革。

痛定思痛，年轻的秦孝公忧思愤盈，热血沸腾，他决心在秦国掀起一场暴风骤雨式的改革，以洗刷耻辱，强大秦国。

登基典礼结束后，秦孝公会集文武大臣，发表了就职演说，声音铿锵有力，言辞激愤慷慨。《史记·秦本纪》全文载录了他的演说内容：

昔我穆公自岐雍之间，修德行武，东平晋乱，以河为界，西霸戎翟，广地千里，天子致伯，诸侯毕贺，为后世开业，甚光美。会往者厉、躁、简公、出子之不宁，国家内忧，未遑外事，三晋攻夺我先君河西地，诸侯卑秦，丑莫大焉。献公即位，镇抚边境，徙治栎阳，且欲东伐，复穆公之故地，修穆公之政令。寡人思念先君之意，常痛于心。宾客群臣有能出奇计强秦者，吾且尊官，与之分土。

这篇演说回顾了秦国历史上曾经有过的辉煌，陈述了秦国目前面临的困境和屈辱，痛感"诸侯卑秦，丑莫大焉"，最后向秦国内外发出了强烈迫切的呼唤：如果有人能以奇策异智振兴秦国，强大秦国，寡人就以高官厚禄对待他，甚至让其与我一起称孤道寡，共同拥有秦国！

秦孝公的演说立即在朝堂上引起轩然大波。顽固守旧的贵族纷纷摇头叹息，认为年轻的国君乳臭未干，口无遮拦，把国家大政视为儿戏。希图革新的大臣则群情振奋，认为年轻的国君说出了他们的心里话，秦国的复兴与强大终于有望了。

秦孝公呼唤改革、求贤纳士的声音犹如一声春雷，震荡在沉闷的秦国上空，传向了辽阔的东方大地。

精诚所至，金石为开。在魏国相府馆舍里，有一位三十岁左右、胸怀冲天抱负但苦于难有施展机会的年轻人，他看到了秦孝公向天下发出的求贤令，便悄悄整装上路，风尘仆仆地赶到秦都栎阳。

这位年轻人，就是战国中期著名的法家代表人物商鞅。

商鞅前后二十多年的变法改革，在秦国结束了落后的奴隶制，确立了先进的封建制，有力地推动了国内农业经济的发展，使秦国的经济实力和军事实力空前增强，政治地位迅速提高，并在对外战争中彻底扭转了被动挨打的局面，进而开始频频向东方发动进攻，成为了一个"兵革强大、诸侯畏惧"（《战国策·秦策本》）的国家。

秦孝公四年（公元前358年），秦国在西山战役中击败韩国军队，旗开得胜，显示了变法改革带来的强大威力。

秦孝公七年（公元前355年），慑于秦国的日益强大，魏惠王不得不屈尊俯就，前往杜平（今陕西省澄城县东）与秦孝公相会，从此结束了中原诸国长期以来不与秦国朝聘会盟的历史。

秦孝公八年（公元前354年），秦国趁魏、赵交兵之际，发兵攻魏，在元里一战中大败魏军，收复少梁，取得了变法改革后首次对魏作战的胜利。

秦孝公十年（公元前352年），刚升任为大良造的商鞅亲自指挥军队穿越河西，兵渡黄河，直取魏国旧都安邑，迫使安邑守军投降，次年商鞅又挥兵攻占魏国重要城邑固阳。

秦孝公二十二年（公元前340年），商鞅率兵再度伐魏，用计生擒魏军主将公子卬，彻底击溃魏军。

在秦国的连续打击下，魏国屡战屡败，损兵折将，只得献出河西之地向秦国求和。孝公一雪前耻，复穆公故业、强大秦国的愿望得以完全实现。

从此，一个国强民富、兵力强盛的秦国犹如巨人般再次挺立起高大伟岸的身躯，雄踞关中，虎视东方。现在轮到原来瞧不起秦国的东方诸侯开始寝不安枕、食不知味了，合纵抗秦之谋在东方大地上悄然兴起，企图形成合东方诸国之力联合抗击"虎狼之秦"的强大军事攻势。

公元前338年，全力支持商鞅变法改革的秦孝公因病去世，太子驷登上国君之位，是为秦惠文王。秦惠文王上台之后便与师傅公子虔一起，挟旧仇私怨将商鞅以车裂之刑处死了，但他仍然贯彻执行商鞅制定的各项法令制度，使秦国继续保持着发展势头而不衰。

奇货交易

秦始皇像

公元前259年，就在嬴秦王室的子孙——嬴政带着一声响亮的啼哭降临人间之时，他的祖国秦国刚刚结束了同中原强国——赵国在长平战场上空前激烈的会战厮杀，这场战争的结果最终决定了谁是主宰天下局势、完成统一大业的真正主人。

经过商鞅变法改革、数代国君整整一百年的奋斗开拓和不懈努力，秦国已经发展为首屈一指的超级军事强国，可以对东方任何一个国家发动强大凶猛的军事攻势并取得最后的胜利。魏国已经一蹶不振，齐国衰势明显，韩国唯求自保，燕国偏处北方，楚国内乱不已，唯一能与秦国分庭抗礼、一决雌雄的只剩下一个赵国了。赵国自赵武灵王倡导胡服骑射、进行军事改革后，国势大盛，灭中山，破林胡，击楼烦，拓地千里，名将辈出，兵强马壮，且曾在阏与之战中大败秦军，威震东方。当时人评价说："当今之时，山东之建国，莫如赵强。赵地方二千里，带甲数十万，车千乘，骑万匹，粟支十年。"（《战国策·赵策二》）秦国军队要席卷东方大地，实现统一天下的愿望，就必须首先击败赵国，拔除东进道路上的这一军事障碍。

就在东方六国为秦国的空前强大和辉煌胜利而震惊恐惧的时候，秦昭襄王在浩浩荡荡的扈从队伍的簇拥下，赶赴业已风平浪静的长平战场，犒劳武安君白起和全体秦军将士。最后在众人的陪同下和三军将士的欢呼声中，秦昭襄王登上长平的一道高岗，放眼辽阔的东方大地，心潮涌动，思绪万千。

秦国终于后来者居上，从一个僻处西方的落后小邦，经过五百多年的艰辛创业和不懈努力，发展成为拥有带甲之士百万、车骑万乘的超级军事强国。如今又扫除了挺进东方的最后一道军事障碍，将强大的赵国击倒在地，从此秦军削平六国、统一天下只是一个时间问题了。

正当秦赵两国军队在长平地区对峙作战的时候，一个孤独的秦国王孙却在赵都邯郸的街头上徘徊漂泊。

他姓嬴名异人，是秦昭襄王的孙子，安国君太子柱（即后来的秦孝文王）的儿子，几年前作为"质"被送来赵国。"质"就是"人质"。春秋战国时代各国之间的兼并战争激烈频繁，关系错综复杂，各国君主为了互相结盟的需要和取得彼此间的信任，常常将自己的儿子或孙子送往别国去充当"质"。如大家所熟悉的赵长安君为"质"于齐、燕太子丹为"质"于秦等。这些"质"虽然贵为公子王孙，但其本身不过是服从政治军事需要的一种"抵押品"而已，其前途难以预测。若两国长期友好，则"质"为朝中贵宾，好酒好饭常食，好车好马常送；若两国废弃盟约发生战争，则"质"立刻"身为粪土"（《战国策·秦策五》），轻者押解出境，重者身首异处，成为他乡之鬼。

  秦安国君太子柱总共有二十多个儿子，异人既非长子，其亲生母亲夏姬又因色衰爱弛，失宠于太子，所以为"质"于异国的厄运便不可避免地降临到他的头上。自从异人来到赵国后，秦国上下好像也忘记了还有这样一个王孙在赵国充当抵押品，不但不接济钱财，还频频向赵国发动战争，使异人的处境更加险恶。好在赵国君臣明白异人只是一个失宠的王孙，杀了他不足以在秦国引起强烈震动，更解不了对秦国的深仇大恨，因此倒也没有十分难为他，但时时冷嘲热讽、顿顿残羹剩炙也就成了家常便饭。

  "车乘进用不饶，居处困，不得意。"（《史记·吕不韦列传》）这是史书对异人在赵国穷困潦倒生活的真实描写。异人一回想起昔日在秦宫中锦衣玉食、驷马高车的生活，回归故国的强烈愿望便涌上心头。可是君命难违，归国的希望十分渺茫，继承王位更是此生难求，客死异乡的命运却像不散的阴魂一样紧紧缠绕着他。异人经常脚步蹒跚地徘徊在邯郸街头。赵国虽然给了这位可怜的落难王孙一点儿外出散步的自由，但其身边却总是跟随着两个赵国仆从，名为陪侍，实则监视。慢慢地，邯郸街头的百姓也就熟悉了这位异乡孤客的身影，知道了他的身份地位，最开始还有人朝他扔瓦块、吐口水，后来看到异人总是逆来顺受，渐觉无趣，不久便对其视而不见了。

  一天，一辆装饰颇为豪华的马车从大街的那边缓缓驶了过来。到了异人跟前时，车夫轻轻一声叱喝，马停车止，一个富商打扮的中年人掀开帷帘跳下马车，假装大吃一惊的样子说："这不是秦国王孙异人吗？是谁把你打成这般模样？真是虎落平阳被犬欺啊！"

  口里说着，手早已伸了过来，轻轻搀扶起异人，一面拍打着异人身上的尘土，一面向车夫喊道："快！把王孙扶上车，送回去。"

  从此，嬴异人久已冷落的门口便常停放一辆豪华的马车，并不宽敞的府中多了一位热心的朋友。

在最不得意的时候，异人万万没想到有人会注意他，这个人就是阳翟（今河南禹州市）大贾——吕不韦。

吕不韦原是卫国濮阳（今河南省濮阳市西南）人，后来到韩国经商，"往来贩贱卖贵，家累千金"，是韩国有名的大商人。此人经商有道，但不以经商致富为满足。他在致富之后，所羡慕崇拜的人物是春秋末年的子贡。子贡作为孔子的高足，不仅经商发了大财，而且结交王侯，当上了鲁卫两国的宰相，在春秋末年的政治风云中大展奇才，即所谓子贡一出，存鲁、乱齐、破吴、强晋而霸越；子贡一使，使势相破。十年之中，五国各有变。……常相鲁、卫，家累千金。

吕不韦这次是由阳翟前来邯郸，在街头见到了秦国的王孙异人。异人深知自己是一个"落难王孙"，对自己的境地无可奈何，其神态可想而知。见到这种情况，吕不韦颇有感慨，动了几分哀怜之心。转念间，深通"人弃我取，人取我予"经商之道的吕不韦，猛然想到：十年河东，十年河西，难道面前这位落难王孙，就永远不会有困龙得水、飞黄腾达之日吗？莫非自己成为子贡的希望，会系在这位王孙的命运之上……想到这里，"此奇货可居"的心声不禁脱口而出。

吕不韦在街头见到异人之后，径直来到客栈歇息。在邯郸，他连日来打听有关异人以及太子楚、华阳夫人的一些情况，把此次来邯郸的商务使命完全置于脑后了。以经商为跳板步入仕途，是吕不韦的最大夙愿。现在落难王孙既然触动了他的神经中枢，他便无心思再去盘算发财，当机立断地从邯郸启程回国了。

在从邯郸到阳翟的路上，吕不韦兴奋异常：年老的秦昭王、疾病缠身的安国君太子柱、深受宠幸的华阳夫人、太子柱的二十多个儿子以及异人生母夏姬的不受宠幸、华阳夫人的无子、太子柱对儿子子傒的某种偏爱……这一切，在吕不韦的脑海一幕幕地闪过，不停地盘旋。吕不韦在不知不觉中已经回到了家中，这时，他对自己所思考的问题已理出头绪，胸有成竹，踌躇满志。

吕不韦很孝敬自己的父亲。他兴冲冲地入堂拜见家父，未等父亲先开口，便向前请教："耕田种地，可获利几倍？"

"十倍。"父亲答道。

"贩卖珠宝玉器呢？"

"可获利百倍。"父亲又答。

"那么，扶立君主而安定国家，可获利几倍？"

"无数。"父亲在回答后，心中不禁对儿子所提出的问题感到有些奇怪。

吕不韦没有注意到父亲脸上显现出的疑惑神情，他太兴奋了，便接下去说道："今日天下的农夫，尽力耕田，仍然得不到暖衣饱食；而扶立国君，安定国家，却可以恩泽被及后世。"

说到这里，吕不韦才抬头望见父亲疑惑的神色，便赶忙向父亲解释说："孩儿这次去邯郸，在街头看到了秦国派去的人质……"

"什么人质？"父亲打断了儿子的话头。

"是秦国派往赵国的人质，就是秦昭王的王孙异人啊。街上围观的人可多了，孩儿见王孙怪可怜的，可是谁知他日后能不能贵不可言？"

接着，吕不韦便把自己所了解到的有关太子柱、华阳夫人、王孙异人的情况和自己的打算向父亲作了简要的说明。说完后，吕不韦仰望父亲，只见父亲不动声色地缓慢说道："我老了，还能陪伴你们几天？你已经年过三十，家中的事，今后就不必问我了，你好自为之吧。"

有道是"知子莫如父"，老人对儿子是满意的，这主要不在于儿子的经商致富，而是儿子的胸怀大志。老人对儿子即将从事的活动是赞成的，但是像"立君定国"这样的大事，不比经商，这次赔钱，下次可以赚回来，政治圈里的惊涛骇浪，翻船后如何死里逃生？见儿子兴致勃勃的样子，老人既不愿表示赞成，也不想泼冷水，所担心的是儿子毕竟年轻气盛，万一在什么地方有所不慎。

吕不韦见父亲没有就此事明确表态，知道父亲实际上已表示赞同，便告辞退下。然而，回到自己房中，吕不韦觉得有些不大对劲儿。往日向父亲汇报经商的事，父亲总是兴致勃勃地细听，最终总是说上三言五语的嘱托和告诫；今日商量如此重大的事情，父亲何以一反常态如此冷淡？在说那几句不表态的话语时，为何又如此动情？莫非是……想来想去，吕不韦终于弄明白了：父亲不表态的态度和动情的话语，是要借此扫去我身上的骄气，教我谨慎从事啊！对于父亲的良苦用心和深谋远虑，吕不韦感到无比佩服，对父亲的敬仰之情，油然而生。此时此刻，父亲在吕不韦心中的形象，是从未有过的高大。

结识异人后不久的一天，吕不韦准备了一桌上好的酒菜，亲自送到异人府上，与之对坐宴饮。酒过三巡后，吕不韦先用手指着自己，再用手指着异人，一字一顿地说道："我，吕不韦，能光大公子门庭，公子信否？"

吕不韦和盘托出自己的计划："俗语云'谋事在人、成事在天'，秦国这种局势对公子来说未尝没有可图之处。为今之计，公子只要先想法讨得华阳夫人的欢心，然后再取宠于安国君，便有了被立为太子的希望。不韦虽贫，愿以千金家产为资西游秦国，说服华阳夫人和安国君立公子为嗣子。不知公子意下如何？"

这些话语说得异人不仅茅塞顿开，而且大喜过望，他当下振衣而起，拜伏在吕不韦面前："难得先生如此衷心热肠，慷慨相助。来日异人若真能取得王位，誓分秦国与先生共享！"

一项决定秦国未来命运的政治交易就这样拍板成交了。吕不韦先拿出五百金送给异人,让他在邯郸购车买马、修置府邸、广交宾客,以显示王孙气势和树立政治声望;自己又用五百金购买珍珠宝石、异物玩好,即日整装上道,西行秦国。

吕不韦为异人一手策划并亲自奔波的竞争太子"适嗣"的行动,实际上是争夺当时秦国第三代最高统治权的一场斗争。因为秦昭襄王在位已四十余载,年纪高迈,已是风中残烛;王位继承人安国君太子柱虽正当壮年,但体弱多病,似无长寿之相(他后来继位三日即死)。因此,确定第三代继承人的身份地位,便成了关系到秦国未来政局稳定和统一大业能否顺利完成的重大问题。对于这个问题,秦国几位深谋远虑的重臣也是未雨绸缪,早已成竹在胸。他们按照立长不立幼的王位继承原则,着意扶持安国君的长子子傒,并由相国杜仓出任子傒师傅,对其严加教导,尽心培养。这样一来,子傒头上虽然暂时还没有戴上未来嗣君的合法桂冠,却已有了继承王位的资格和基础。

就在子傒已有被立为王储意向而尚未确定合法身份的时候,吕不韦来到了秦国。

咸阳(今陕西省咸阳市东)城里,渭水北岸,有一座豪华壮丽的府邸。且不说里面僮仆成群,骏马满厩,单是厨室中就有着数月吃不完的山珍海味,花园里也有着四季不凋谢的奇花异木。这座豪宅的主人,即是备受安国君宠爱的华阳夫人之弟阳泉君。

吕不韦首先拜见的,就是这位极有权势的国戚显贵。两人相见完毕刚分宾主坐定,吕不韦即满脸严肃地说:"贵府就要大祸临门了,阁下还不知道吗?"

阳泉君乍听此言着实大吃一惊,待心神稳定后冷笑数声,不屑一顾。像这种一见面就以危言耸听之语打动人心谋求一官半职的游士说客,他早已司空见惯，不足为奇了。他只是轻描淡写地说道："愿闻其详。"

吕不韦道："阁下一家现在均居高位，而太子（指子傒）门下却无贵者；贵府中珍宝盈库，骏马盈厩，美女盈庭，所有这一切皆为华阳夫人备受恩宠的缘故，一无所有的子傒能不暗中抱怨吗？今秦王春秋已高，王后（指华阳夫人）无子。若秦王一旦山陵崩，则子傒侯有承国之业，相国杜仓义为其辅佐，恐那时阁下不仅难保富贵，且身家性命也危在旦夕了。可叹今日府上锦绣花簇地，他日就要变作蓬蒿荒坟场了！"

阳泉君听到此处，已是胆战心惊，适才脸上的骄矜神色全然不见，头上冷汗涔涔。他一把抓住吕不韦，异常迫切地说："万望先生设法相救！"

吕不韦这才不紧不慢地说道："现有一绝好良策，不但可保阁下性命无虞，且可保府上永享荣华。公子异人，国之贤才也，现为质于赵，内无母援，每日盼归秦国，并愿为华阳夫人之子。王后若将其认为己子，并设法立为适嗣，将来即让他来继承王位，则异人无国而有国，王后无子而有子也。"

阳泉君听后连称妙计，与吕不韦告别后，即刻入宫见华阳夫人去了。

次日，同样收受了吕不韦不少好处的华阳夫人的姐姐入宫，使眼色让华阳夫人屏退左右侍女，然后低声转告吕不韦的肺腑之言道："我听说以美色事人者，美色衰则宠爱弛。今夫人以花容月貌备受太子恩宠，但却无子以固宠，终非长久之计。设身处地为夫人考虑，莫如早从诸子中选择一贤德仁孝者认为己子，并劝安国君立为王嗣。如此丈夫在世则夫人地位尊崇，丈夫百年之后则夫人之子为王，永不失势。此诚所谓一言之便而万世之利也。如果不在枝繁花盛时树根固本，待到色衰爱弛时想再进一言，岂可得乎？今异人才过诸子，且对夫人极有孝心，自愿依附夫人以求母贵子显。夫人如果能将他认作己子，劝安国君立为王嗣，则夫人之荣华富贵世世不衰。机不可失，时不再来，愿夫人三思！"

华阳夫人本来就因膝下无子而心中常虚，见这一番话说得言辞恳切，入情入理，不由得频频点头，深以为然，并再三谢过了吕不韦的美情好意。

自此以后，华阳夫人常在安国君面前说起为质在赵的公子异人很有贤能之名，来往的宾客都对他赞不绝口。起初安国君听后不过一笑而已，后来渐渐若有所思。华阳夫人见火候已到，便使出了手段，哭得梨花带雨，婉转陈词道："臣妾有幸蒙君宠顾，但不幸膝下无子，有愧君恩。今异人既有贤名，臣妾冒昧请求将他认作己子，并斗胆劝君立为适嗣。这样秦国日后得一贤君，臣妾之身也好有个寄托依靠。"说毕，长跪于地，涕泪涟涟，泣不成声。安国君是一个面慈心软之人，一见华阳夫人如此哀楚娇啼的模样，便满口答应了，扶起华阳夫人安慰道："我也已有此意，但恐父王和相国杜仓怪罪我废长立幼，故有些犹豫不决。今主意已定，夫人就将异人认作己子，立为适嗣。父王和相国那里我再详为解释，估计没有多大阻碍。"

华阳夫人这才破涕为笑，但定要安国君刻符为誓，以防反悔。安国君笑着应承了，遂取玉符刻上"适嗣异人"四字，中分为二，两人各执其半，随后又正式下令聘请吕不韦做异人的师傅，并赠送给异人许多钱物以支用度。

就这样，吕不韦以五百金投石问路，以三寸不烂之舌游说秦廷，为异人也为自己铺筑了一条通向秦国乃至天下权力巅峰的金光大道。

多舛童年

吕不韦从咸阳回到邯郸后不久,异人过去门可罗雀的府前便突然热闹了起来,车马穿行如梭、宾客往来如云,列国诸侯的使者和以四海为家的游士名流,纷纷前来拜访,一睹这位秦国未来嗣君的风采,其中也不无巴结奉承之意。一时异人"名誉益盛于诸侯"(《史记·吕不韦列传》)。而异人自己也一扫往日那种落寞潦倒的光景,仆人侍女渐渐多了起来,衣着服饰也愈来愈光鲜了;说话开始颐指气使,走路也挺胸抬头了。总之,一切同过去相比都有天壤之别了。

唯一使异人感到难堪的是,此时秦赵两国军队激战犹酣,赵国朝野内外依然对他十分敌视。他们虽然不敢公开阻拦列国使者、宾客对异人的拜访,但暗中刁难和处处监视总是少不了的。所谓"在人房檐下,不得不低头",异人也不敢过分张扬放肆,每日只在府中应酬客人,很少出外宴饮交游,唯对大恩人兼老师吕不韦不敢有丝毫怠慢,有时也不免往吕府上走动一回,请教一番。赵国君臣亦知道他们二人关系非同寻常,因此并没有加以阻拦。

一晚,异人应吕不韦之邀前往其府中宴饮赏月。时值深秋时节,但见星汉隐约,皓月当空,吐银泻玉般将凄冷的月光洒落地上,身旁风过竹林,其声瑟瑟,又增无限寒意。异人触景伤情,一片愁绪又涌上心头,不禁长叹一声:"看到这般美好景色真让人想家!"说罢仰首将杯中酒一饮而尽。吕不韦听罢哈哈一笑,举杯劝道:"殿下好比潜龙即飞,何忧来日?如此长吁短叹,岂不辜负了这良辰美景!理应罚酒三杯,以消殿下愁肠。"待异人饮毕,吕不韦又道:"酒筵之上须有歌舞,方可畅饮开怀。鄙人新近在邯郸纳一小妾,能歌善舞,色艺俱佳。殿下如不嫌唐突,就命她来为殿下助兴解闷如何?"

过了一会儿,只见两个青衣丫鬟扶了一位美人出来,向异人敛衽为礼,道了个万福。异人慌忙起身还礼,注目一瞧,果然长得如花似玉,仪态万方,有倾国倾城之色,不知不觉间看呆了。那美人嫣然一笑,就碎移莲步,款扭细腰,婉转歌喉,在庭前轻歌曼舞起来。月色朦胧之中,但见长袖飞舞,衣袂飘飘,真似广寒宫的嫦娥一般;又听得歌声清脆,美妙悦耳,真如大珠小珠落玉盘一样。歌住舞停,异人已是意乱情迷,失魂落魄。那美人又移步上前,伸出纤纤玉手斟酒敬奉了异人好几大杯,才娉娉婷婷地转身入内去了。

异人目不转睛地注视着美人倩影消失之后,方醒过神来,与吕不韦宾主二人复用巨觥相互酬劝。此时异人已有了七八分酒意,心中念念不忘适才的美人,便借酒装疯,向吕不韦请求道:"异人孤身为质于此,昼则形影相吊,夜则寒衾难眠。若先生体恤异人可怜,万望恩赐此姬与我为妻。冒犯之罪,还请先生海涵。"言毕,放声大哭,伏地不起。

任他吕不韦精明过人,料事如神,也万万没有想到异人竟能说出这种话来,气得差点儿将一口酒噎在嗓子眼里。他满面通红,拍案而起,大骂异人道:"吾昔为汝友,今为汝师,想不到汝竟萌此狼子野心,强索师母,打劫到老师头上来了!亏汝贵为王孙,熟知礼仪,汝可知人世间有天、地、君、亲、师'五大'之尊不可冒犯吗?汝可知即使村夫野人亦有'朋友妻,不可欺;朋友妾,不可戏'的格言俚语吗?真是禽兽不如,天理难容!"

异人虽被吕不韦骂得满面羞惭，却仍伏地不起，口中犹作词反驳道："异人妄求先生割爱，实乃酒后狂言，愚蠢透顶。但话又说回来，我大秦久被中原诸国目为夷狄之邦，自是有些逾礼越轨、不合常情之事。先生广闻博见，难道不知我先朝穆公时有怀嬴公主再嫁晋公子重耳之佳话？近世亦有宣太后临终之际嘱以男宠魏丑夫殉葬之美谈？异人既为大秦子孙，求娶此姬也不见得就有违先君遗风遗教。先生昔日待我恩同再造，倘若今日再能割己之爱，成人之美，异人定刻骨铭心，另图厚报！"

吕不韦思绪万千，胸中怒气已消解了一大半。他看着仍跪在地上苦苦哀求的异人，转念又想："我为了图得一场大富贵，几乎倾家荡产、一无所有了，又何苦再为一小妾与异人撕破脸面呢？不如就此做个顺水人情，日后到了秦国宫廷中也好有个内应帮衬。哼，只是太便宜这小子了！"

吕不韦心念闪过，神色上早已转怒为喜，他满脸堆欢地扶起异人，声音一下子低了八度："适才不韦亦醉，恶语相侵，真是不知好歹，还望殿下勿为怪罪。承蒙殿下多情眷顾，看中此姬，不韦已是蓬门生辉，岂敢不从命！殿下且先回府，我明日定亲送此姬至府上，以遂殿下心愿。"

异人见吕不韦如此善解人意、体恤自己，自是喜出望外，对其千恩万谢之后，便踏着一路月光回府安歇。

次日，吕不韦果然不食其言，用了一辆温车载着美人，并贴了许多嫁妆，亲自送到异人府上，当晚洞房花烛，两人喜结连理。

这位由异人强索、不韦转赠的美姬，因其原为赵国邯郸诸姬（歌女）之一，史传上失其姓氏，故时人就称其为赵姬。

嬴政出世的时候，正是长平大战结束后的第一个年头，当时秦赵两国依然战争不断，关系十分紧张。

在坑杀赵国降卒四十万之后，秦军前线总指挥武安君白起挟雷霆万钧之力，亲率主力向邯郸方向快速推进，意欲一举攻灭赵国，加快统一战争的进程。赵国此时正沉浸在长平惨败的哀痛之中，举国上下哭声震天，自然难以抵挡秦国大军的新一轮攻势，便联合韩国派遣使者苏代携重金入秦，贿赂游说相国应侯范雎，请求割地言和，以获得喘息的机会。范雎亦嫉妒白起威名远扬，功高过己，于是请昭王下令撤军。白起见痛失灭赵良机，心中怏怏不乐，托病闭门不出，秦国自此将相不和。

赵韩两国求和的条件是，韩献垣雍一地，赵割六城之地。但秦国退兵之后，只有韩国按约献地，赵国不仅不割六城之地，相反在国内安抚民众，整顿甲兵，修缮城池，外结齐国为强援，准备与秦国决一死战。秦昭王派大夫王陵领兵再次攻伐赵国，于秦昭襄王四十九年（公元前258年）推进至邯郸城下，双方大战数月，不分胜负，而王陵属下接连损失了五个校尉。昭王无奈，亲自到武安君府上请求白起带病出征，前往邯郸城下取代王陵为秦军统帅。白起审时度势，认为灭赵的大好机会已经错过，此时赵国外结诸侯，内部同仇敌忾，重兵攻打不但无功，而且有败，拒绝统兵。昭王又派范雎前去请求武安君遵从王命，更是碰了一鼻子灰。昭王以为白起有意使自己难堪，更加震怒，于秦昭襄王五十年（公元前257年）改派王龁为主将，发誓要攻下邯郸，击灭赵国。

赵王见秦军换将易兵，攻势更猛，诸侯援军畏惧强秦，迟迟不至，邯郸城内死伤惨重、粮草殆尽，形势岌岌可危，心中又急又恨，于是下令将秦国质子异人斩首示众，以泄怨愤。吕不韦得知后，立刻草草收拾了一包金银细软，连夜赶到异人府上，告诉了异人这一消息，并催促说："殿下性命危在旦夕，还是赶快出逃吧！"异人吓得慌了手脚，也顾不得叫醒正在内室熟睡的赵姬母子，跟着吕不韦溜出大门，趁着月黑风高过小巷越哨卡，急急忙忙向城门飞蹿。二人赶到城门前时，只见城门紧闭，戒备森严，异人连声叫苦，不知所措。到底是吕不韦见多识广，他将守门吏拉到暗处低声嘀咕了一会儿，便从包裹中拿出六百镒金子悄悄递了过去。那守门吏不动声色地接了，偷偷将城门大关（门闩）拉开，又轻轻放下吊桥，异人和吕不韦急忙闪身出城，直奔秦军营垒。

赵姬一觉醒来，四处找不见异人踪影，忽听见府外人喊马嘶，打门叫骂之声不绝，情知大事不好，便抱起犹在酣睡的嬴政，从后门逃出，奔回娘家躲避。

异人抛妻弃子逃离邯郸后，一去就是六年，杳无消息。嬴政从一个牙牙学语的两岁婴儿成长为初懂人事的八岁少年。母子二人相依为命，在赵国过着寄人篱下、颠沛流离的艰难生活。虽然史书上并没有多少笔墨记载嬴政母子是如何在邯郸度过这六年时光的，但我们可以想象：一个是曾为歌伎的年轻妇人，一个是偷逃回国的质子弃儿，纵然赵国君臣不以为意，放松了追捕搜杀，但东躲西藏、缩头缩尾的日子实在漫长难挨，四周众人敌视、轻蔑的眼光就更不足为奇了。幼年的不幸遭遇，对于嬴政来说在心灵上留下了阴影和终生难以磨灭的痕迹。

正当嬴政母子在赵国生计维艰、度日如年的时候，逃回秦国的异人春风得意，先是被正式立为太子，紧接着又登上了国君的宝座。

异人和吕不韦当日被前线秦军送回秦都咸阳后，首先要拜见的自然是父亲安国君和母妃华阳夫人。精明的吕不韦总是以商人的眼光看待政治，知道如何投人所好，讨人欢心。他奉劝异人先赶制一套楚国服装，然后穿上入宫觐见。异人莫名其妙，询问原因，吕不韦道："这么浅显的道理殿下还不懂得？华阳夫人的故乡是楚国，你既然认其为母，就应在拜见时穿上楚国服装，打扮成楚人模样，如此才能充分表示亲切之意和依恋之情，华阳夫人一定会非常喜欢的。"

异人觉得吕不韦言之有理，便穿着楚服入宫晋谒。看到多年未见的父亲安国君和母妃华阳夫人时，在外为质的辛酸苦辣和游子回归的喜悦感慨一齐涌上心头，他跪伏在地，悲呼一声："父亲，母亲！不孝儿异人终于见着你们了！"说完眼泪便像断了线的珠子一般掉落，放声痛哭起来。毕竟是父子情深，安国君鼻子一阵酸楚，命令宫女赶紧扶异人起来，赐座回话。华阳夫人见了异人的服饰打扮和真情流露，也是高兴得珠泪盈盈，心中有说不出的喜欢，一把将他拉到自己身边坐下，瞧来瞧去，问长问短，真如亲生母子一般。临到末了，她亲切地对异人说："吾楚人也，而子字之。"（《战国策·秦策》）意思是说，我原来是楚国人，你是我的儿子，就以"楚"为名吧！从此异人改名为楚，字子楚，史书上常称其字"子楚"而不称其名。

此后，子楚就在太子府中住了下来，每日一大清早都要到安国君和华阳夫人寝宫请安问好，态度十分温顺恭谨。他心中也非常挂念长期僻处冷宫的亲生母亲夏姬，偷偷去看望安慰了一番，母子二人又抱头低声痛哭了一场。至于吕不韦，自有秦国专门负责接待四方贵宾佳客的官吏，将其领到客卿馆中安顿居住。

转眼间到了秦昭襄王五十六年（公元前251年）。这一年秋天，秦国历史上在位时间最长的国君，为统一大业全面奠定基础的秦昭襄王病逝，享年七十五岁。咸阳城里哭声惊天动地，朝野上下陷入一片忙乱之中。按照秦国祖制，老国君驾崩后，新国君必须首先守丧一年，方能正式登基即位。但俗话说"国不可一日无君"，服丧期间，安国君实际上已临朝称制，主持了军国大政，史称秦孝文王。关东诸国都不敢得罪强秦，纷纷派遣将相入秦吊丧，趁机巴结秦国新君。韩国的国君桓惠王着实被秦国打怕了，亲自前来咸阳吊唁，并穿着一身重孝——衰绖之服以示执臣子之礼。

秦孝文王临朝称制之后连续颁发了几道新政令，其中一条为册封华阳夫人为王后，另一条就是正式立公子子楚为太子。子楚见诸位朝廷重臣对自己被立为太子一事并无异议，长兄子傒对此似乎也毫无怨言，一颗紧悬着的心方才安定下来。

过了一段时间,秦国为死去的昭襄王举行了盛大而隆重的葬礼。太子子楚偶然瞥见了夹杂在观礼来宾队伍中的赵国使臣身影,才猛然想起自己这几年只顾奔波个人终身大事,竟然忘掉了远在赵国生死未卜的嬴政母子俩,心中自责内疚不已。待葬礼结束回到咸阳后,他立即在府中设宴款待赵国使臣,委托其回国查寻嬴政母子下落,并提供了一些旧日在邯郸城内亲朋好友的住址线索。那赵国使臣正想结交这位秦国王储,便连忙答应下来,回国后马上禀报给了赵王。秦赵两国关系自邯郸之围破解后,很长一段时间处于风平浪静状态,没有发生过大的战事。赵国君臣希望能把这种关系长久维持下去,听说昔日的异人(子楚)被正式立为秦国太子,生怕他挂记前嫌,来日算账,正在忧心忡忡,今见子楚求助,自然不敢有丝毫怠慢。好在子楚提供的线索非常有用,没有花费多少时日就找到了母子二人。赵王又下令派遣一支队伍把母子俩从邯郸护送到秦国境内,并赠送了他们许多贵重礼品。

故国虽非出生地,但魂牵梦绕在心头。九岁的嬴政不时地掀起车窗帷帘,贪婪地注视着外面秦国大好河山的壮丽景色,内心激动不已。但他是一个过早过多地经历了人世间诸多磨难的少年,幼时就学会了喜怒不形于色。待内心的激动平静下来之后,他开始思索一个既沉重又遥远的问题:在故乡秦国,等待我的又是什么呢?

吕不韦戈

第二章
少年君王

嬴政继位

咸阳是商鞅变法时创建的一座新兴都城，在此之前，秦国曾多次迁都。秦最初居于秦邑（今甘肃省清水县北），秦庄公时居于西犬丘（今甘肃省天水市西南），秦宪公迁到平阳（今陕西省宝鸡市西北），秦德公迁至雍（今陕西省凤翔县南），秦灵公迁至泾阳（今陕西省泾阳县），秦献公迁都栎阳，到公元前349年，秦孝公"始都咸阳"。这一连串的迁都活动，为我们描绘出了秦国始终坚持东进的轨迹。

咸阳，由于地处渭水的北岸，古代山南水北皆属阳，所以取名咸阳。咸阳从商鞅在此"大筑冀阙"，按照东方的鲁、卫等古国的营造规模奠定最初的一国之都的基础起，又经过惠文王、武王、昭王等九代人的开发与经营，不仅成为名副其实的强大国都，而且成为"四方辐辏并至而会"的超一流的大都会。当时，天下十分之六的财富聚集在秦的关中地区，而关中地区的财富则又大多集中在关中的明珠城市咸阳之内，所以，在当时的诸多城市中，咸阳是无与伦比的。

嬴政初到咸阳，给他印象最深的是这里的一切都比邯郸宏伟。邯郸城在他的心目中就够宏大和繁华的了，没想到现在在他眼前的这座城市更加宏伟和繁华。这座城市的街道更宽阔、整洁、平坦，市里更繁华、喧闹，四周的房屋就像棋盘上的棋子一样整齐划一。尤其是在这座城市里，没有邯郸城中那恐怖的战争景象。在这里很少见到全副武装的士兵，没有不停地驶向前线的战车，看不到发臭的横在街头的尸体，听不到痛悼亡灵时撕心裂肺的哀号，这里没有满目疮痍的城墙和被战火烧毁的房屋，看不到仇恨、恐惧、悲伤、绝望的目光。小嬴政在赵国已经习惯了战争带来的紧张和恐怖，回到咸阳，他极力想在想象中把眼前的这座城市与邯郸拉近。然而这座美丽的城市似乎在告诉他，这里根本没有战争，这里充满着祥和的气氛，充满了虎虎生气。这种从未感觉过的气氛，这种从未见到过的景象，使小嬴政惊奇和振奋，也使他困惑、迷惘和不适。

嬴政和母亲在威风凛凛的车队的护送下，径直穿过咸阳的市区，直奔咸阳宫而去。在车上，他看见路两旁的行人都慌忙回避，然后翘首驻足，向他们投以恭顺、仰慕的目光，有的还虔诚地叩头。他们为什么这么看着我们？我们是什么人？在赵国只有国王和王族出巡时才这样威风！那时他和母亲也像今天站在路旁的人们一样恭顺。现在这一切都颠倒过来了，嬴政有些不知所措。

威风凛凛的车队突然停下，一群衣着华丽的仆人簇拥着他和母亲走下马车，就此结束了从邯郸到咸阳的长途跋涉。

他放眼一望，一座高耸入云、气势恢宏的宫殿巍然屹立在他的面前，那檐牙高啄的屋顶、那迂回曲折的廊腰、那卧波的长桥、那行空的复道、那靓雅的歌台、那美丽的舞榭，在蓝天下、在绿树中、在阳光的沐浴下，突然幻化出一个他在梦中都未曾见过的七彩世界。最使他难以置信的是，他竟然在众人的簇拥下，光明正大地走进了这座可望而不可即的圣殿。他来不及观赏那五步一楼、十步一阁的美丽建筑，也无暇顾及这里的奇花异草、珍禽异兽，他只是怯生生地望着眼前的各色人物，因为他已经习惯了东躲西藏、任人凌辱的生活，而今见到这么多人诚惶诚恐地匍匐在他这个孩子的脚下，他实在有些困惑不解。这种角色的突然转换，使他一时难以适应。昨天和今天相对比，真是一天在地狱，一天却升入了天堂。

嬴政很快见到了他祖父，一位刚刚登上王位的君王。他也见到了他并不熟悉的父亲——当朝的太子。他们在群臣拥戴下，高高在上，脸上那无比威严的神态给嬴政留下了极深刻的印象。是什么东西致使人与人之间有这么大的差别？是什么力量在瞬间便改变了一个人的命运？此时的嬴政对此尚无深刻的认识，但他仅仅在这一天里，便已经隐约地品尝到了权力这种仅有少数人才能得到的东西的滋味。在他跨入这座警戒森严、富丽堂皇的宫殿大门时，他从人们对他的态度中意识到，他也是这里的主人。

人们常说："时来天地皆同力，运去英雄不自由。"当一个人处于上升阶段时，很多幸运的事都会接踵而来，简直是若有神助。此时的嬴政，便有幸运之神在暗助着他。

嬴政的祖父孝文王即位仅三天，就突然逝世，他的父亲子楚便成为秦国的国君，即秦庄襄王。华阳夫人被尊为太后，庄襄王的生母夏姬被尊为夏太后。祖父的去世，突然间缩短了嬴政与秦国最高权力间的距离，他成了秦国的太子。可以说，这一偶然事件，为嬴政最后登上政治舞台提供了绝佳的机会。试想，如果孝文王也像秦昭王那样享国日久，迟迟不能把国家的最高权力传递下去，那么，嬴政能否赶在历史发展的关键时刻登上政治舞台，就很难说了。

庄襄王即位之后，立刻任命吕不韦为相国。这既是对吕不韦的恩德无与伦比的回报，也是对吕不韦无可比拟的信任，吕不韦的钱没有白花，设想也没有落空，一个地位卑贱的商人，如今却成了强秦的决策者，谁能说这不是个奇迹呢？此时的吕不韦不仅高高在上，俯视着秦国所有的臣民，而且也雄视着惴惴不安的天下人。吕不韦在想，暂时的得势，是他实现更高目标的一个新起点。对他来说，更重要的是，他必须站在这个时代的制高点上，按照自己的意志做一番震撼古今的大事。这是狂想吗？吕不韦认为做到这点，要比他从邯郸的商业区攀升到秦国的权力顶峰容易得多。因为他现在的所在之处，是一个经过几代甚至几十代人辛苦经营起来的天下最强大的国家。不仅如此，他还是这个国家现任君王的恩人，而最使他感到踏实的是，他现在是大权在握的相国。所以，他认为他能够按照自己的意志干出一番震撼古今的大事来，必须尽快行动起来。

吕不韦首先劝庄襄王"大赦罪人，修先王功臣，施德厚骨肉，而布惠于民"。吕不韦的这一招很高明，说明他具有做政治家的才能。得人心者得天下，没有人心所向，什么也做不好，更何况要干一番前无古人的大事业呢？所以，他首先从稳定内政入手，缓和阶级矛盾，解决统治阶级的内部矛盾，巩固政权，然后再将矛头向外，统一天下。

在秦国的打击下，西周灭亡了，最后一个名义上的周天子也随之死掉了。这时在西周附近苟延残喘的东周君惶惶不可终日，东周君暗中与东方各国串联，想再搞一个反秦统一战线。秦国当然不会让他们的计划得逞。公元前249年，吕不韦在庄襄王的授意下，亲率大军一举灭掉东周。原属周的河南（即王城，今河南省洛阳市西北）、金谷园（今河南省洛阳市东北）、洛阳、谷城（今河南省新安县）、平阴（今河南省孟津县）、偃师（今河南省偃师县）、巩县（今河南省巩义市）、缑氏（今河南省偃师市缑氏镇）等城全部归秦所有，秦国的势力就像尖刀一样，插在了三晋地区的心脏上。

在吕不韦取得消灭东周的胜利后，庄襄王立刻封他为文信侯，把新占领的河南洛阳十万户作为他的封邑。这与其说是为了表彰吕不韦的军功，不如说是为了提高吕不韦在秦国的政治声望，巩固他在秦国还不十分牢固的政治地位。

紧接着秦将蒙骜率军攻韩，夺取了韩的成皋（今河南省郑州市荥阳市汜水镇虎牢关）、荥阳（今河南省荥阳市）。秦国把原来东、西周的领土连同新取得的韩国的领土合并为三川郡，其势力威胁到魏国的都城大梁。

吕不韦上台之后，对外战争首战告捷，消息传到秦廷，自然是一片欢腾。嬴政在咸阳，越来越感觉到这里的气氛与邯郸不同。昔日邯郸，整座城市笼罩在紧张、恐惧、悲观、沮丧的气氛之中，而咸阳，却处处充满着乐观、振奋、昂扬的气氛。这种鲜明的对比，无疑强化了少年嬴政的自信心，使他的内心充满了身为秦国人的自豪感和优越感。在这种自豪感和优越感的感召下，他下定了洗刷过去那段噩梦般的生活留给他的耻辱的决心。他意识到，有这么个强大的祖国做后盾，还有什么愿望不能实现呢？

吕不韦在取得灭周的胜利后，就确定了下一个攻击目标，那就是实现白起、范雎乃至于秦昭王都没能实现的宏愿——消灭赵国。如果真能实现战略目标，他吕不韦肯定会成为秦国名副其实的政治强人，到那时，一统天下的道路就会畅通无阻了。再说，灭赵也是为了满足庄襄王感情的需要，赵国需要为迫害秦国的君王付出代价！

公元前248年，也就是庄襄王二年，吕不韦派大将蒙骜发动了对赵国的战争。

与白起和范雎不同，吕不韦放弃了直攻邯郸。他比秦国的任何将领都熟悉邯郸这座易守难攻的要塞城，他也领略过邯郸人民在邯郸保卫战时所显示出来的视死如归、气吞山河的英雄气概，所以，他不想重蹈前人的覆辙，打一场很难取胜的消耗战。他的战略思想是：先用强大的兵力扫清邯郸的外围障碍，然后步步向前推进，让邯郸成为一座孤城，最后集中兵力，聚而歼之。蒙骜不负所任，挥军横扫太原地区（今山西省北部），顺便拿下了上党地区的魏国高都（今山西省晋城市）和汲城（今河南省汲县），然后攻下了太原南部地区的赵国榆次（今山西省榆次县）、狼孟（今山西省阳曲县东北）等三十七座城池。

公元前247年，也就是庄襄王三年，吕不韦再派秦将王龁夺取上党地区那些还未被秦军占领的土地。为了巩固战果，秦国把这些新占领的土地连成一片，建立了太原郡。这不仅使赵国失去了最后一道屏障，而且使韩魏两国也直接受到秦军的威胁。

同年，吕不韦突然把攻赵的军队调到南线，命令蒙骜攻魏，这使赵国得到了暂时喘息的机会。蒙骜由上党向汲城进攻，连战连克，势如破竹。接着秦军渡过黄河白马津，向魏都大梁逼近，魏国危在旦夕。魏安釐王（公元前276年—公元前243年在位）不知所措，万不得已只好派人到赵国，请在那里避难的魏公子无忌回国。公子无忌在邯郸保卫战时，为了救赵，窃兵符、杀晋鄙，虽然救了赵国，却犯下大罪，所以不敢回国。这次听说魏王派人请他回国，就预先警告手下人说："有敢为魏使通风报信者死！"手下的宾客见此情景，谁也不敢说什么了。

这时，宾客中的毛公、薛公实在忍不住了，一起去见公子无忌，劝说道："公子所以名重各国的原因是，在您的背后有个魏国。现在魏国危在旦夕，公子却毫不在意。一旦秦军攻克大梁，夷平您先人的宗庙，公子您还有什么脸面正视天下的人呢？"他们的话还没说完，公子无忌便觉得羞愧难容，急忙下令备车返回魏国。

回国后，魏王与公子无忌相对痛哭。魏王立刻任命公子无忌为魏军最高统帅。公子无忌凭着自己的威信，派人到各国求救。各国听说公子无忌又成了魏军统帅，纷纷派出援军救魏。公子无忌率领五国联军大败蒙骜于黄河以南地区。蒙骜仓皇西逃，联军一直追到函谷关，这场战争才算告一段落。

蒙骜战败的消息传到秦廷，给了踌躇满志的吕不韦一个不小的打击，此次战败使他第一次感到，统一天下并不是件轻而易举的事情。当时，吕不韦觉得毛病就出在魏公子无忌的身上，他的威望太高了，是反秦势力的象征，于是决定除掉公子无忌这个障碍。吕不韦最相信金钱的力量，他拿出万两黄金，派人到魏国进行间谍活动。这些间谍在魏国找到了被公子无忌杀死的晋鄙的宾客，让他们在魏王面前诋毁公子无忌说："公子流亡在外已经十年了。现在是魏军的统帅，各国的军队都归他领导，所以各国只知道有个公子无忌，而不知道有个魏王。要知道公子也正想乘此时机面南称王呢！而各国也都折服于公子的权威，想共同立他为王。"与此同时，吕不韦屡次派出使节到魏国，假意祝贺公子无忌被立为魏王。这种拙劣的表演，明眼人很快就能识破其险恶用心，但是，一个时时感到自己的地位受到威胁的人，什么愚蠢事都会干得出来，而且权力越大的人，这时就变得越愚蠢。魏王在各种谣言和假象的迷惑下，果真落入圈套，革去了公子的军队统帅之职。公子无忌自知已被魏王抛弃，从此抱病不出，不问政事，只是与宾客们日夜饮酒消愁，颓废度日。四年后，这位既有才华又有胆识的贵族政治家因酒精中毒而死。

吕不韦终于拔掉了这颗对秦国有巨大威胁的钉子，但他的东进计划却严重受挫。

就在这年夏天五月丙午日，庄襄王突然病逝，年仅三十五岁。究竟是什么原因突然夺走了他年轻的生命，不得而知。但他的不幸却再次成全了嬴政，使他回国仅四年便登上了王位，摇身一变成为秦王政。

嬴政继位后，由母亲赵太后和吕不韦摄政，相国吕不韦再加尊号为仲父。

智谋名臣

公元前247年，年仅十三岁的嬴政成为秦国的新君主，因为年少，国事主要靠赵太后和吕相国执掌。赵太后主持后宫之事，吕不韦决定国家大事。

秦国的形势并不乐观，庄襄王逝世的时候，秦国在外刚打了败仗，国内又有太原郡的反叛。吕不韦镇定自若，派将平定内乱，使嬴政顺利继承王位，对外继续执行利用六国矛盾进行分化瓦解的政策，他先联赵攻燕、后又联燕攻赵，频频得手，左右逢源，两次拆散并击退了列国"合纵"攻秦的军事进攻，迫使楚国迁都寿春（今安徽省寿县），并吞灭了魏国的附庸——卫。在秦国的强大攻势下，六国再也联合不成了。

军事上，吕不韦继续推行"远交近攻"的扩张策略，在兼并战争中取得了多次重大的胜利。吕不韦亲自率军灭掉东周，结束了延续八百余年的周王朝统治，为秦国取得了统一天下的合法权利。为加快兼并战争步伐，从庄襄王元年到秦王政三年（公元前249年—公元前243年），在吕不韦的率领下，先后三次发动对三晋的攻势（三晋即韩、赵、魏三国，这三个国家是从春秋时期大国——晋分裂出来的，史称三晋），占领了大片土地。秦国的疆域已扩展到北连燕、赵，南抵荆楚，东接齐、鲁，形成了分割六国，包围三晋的大好态势。

吕不韦老谋深算，精明无比。他深知治理一个国家，完成统一大业，不仅要武功兵略，更重要的是文治与权谋。所以，吕不韦在发动对外兼并战争的同时，也从理论上去探讨治国方略，描绘未来的统一蓝图，于是他主持编写了《吕氏春秋》。

吕不韦在秦国执政后，就从东方六国招徕各派学者、文人来秦国，宾客盈门，号称"食客三千"。

"食客三千"是什么意思呢？原来在春秋战国时期，奴隶制社会不断发展，生长起一代知识分子，他们依附于奴隶制社会贵族上层，形成士阶层。在战国时期，魏国的信陵君、楚国的春申君、赵国的平原君、齐国的孟尝君被称为战国的四大公子。他们依靠尊贵的出身、雄厚的财力，招贤纳士，扩大影响，形成了一个个势力强大的私人集团，从而借机左右朝政，翻云覆雨，上演了一幕幕惊心动魄的政治悲喜剧。吕不韦经商时，亲眼看到各国上层社会养士成风。而他在邯郸扶植子楚时，也是从养士做起。如今自己大权在握，身为天下名相，养士规模还能不超过四大公子吗？所以他就不惜财力，招揽宾客（也称食客）。一时间，吕不韦门下汇聚了天下各处奔来的各种宾客三千余人，号称"食客三千"。

这是一批有知识、有技能、勇于进取、敢于冒险，自愿投身变革大潮的新人。孙膑、张仪、苏秦、廉颇、白起、范雎、蔡泽等叱咤风云的布衣将相，就是这一类"士"的代表。而重用客卿的传统，也是自秦穆公以来，历代秦王留给秦王政的一笔精神财富。

时代需要变革，变革需要人才。在斗争实践中各国统治者越来越多地把人才问题与国家兴亡的政治问题联系在一起，养士之风蔚然兴起，吕不韦养士不仅重视人数，更重视质量。四大公子所养的士，成分复杂，从鸡鸣狗盗之徒到政治术士，无所不包，应有尽有。而吕不韦门下所招致的食客，多是学者、文士之流。这些宾客在吕不韦的主持下，对春秋以来的各派学说兼收并蓄，加以组织和修改，汇编成《吕氏春秋》一书。公元前239年，这部综合百家、畅谈天地人物的杂家巨著终于完成了。

《吕氏春秋》是中国历史上第一次有组织、有计划、集体编纂的书，全书分《八览》《六论》《十二纪》三部分。《八览》每览有八篇；《六论》每论有六篇；《十二纪》每纪有五篇，加上《序意》（即序言）一篇共一百六十一篇（今存一百六十篇，《八览》缺一篇）。这部书不但篇目整齐，而且把各派学说也组合得很有体系。其内容庞杂，论述了哲学、政治、社会道德、伦理等问题，还包含了不少历史和自然科学知识，因此后代把它列入"杂家"著作。这部书虽然兼收各学派思想，内容庞杂，但由于是吕不韦主持编纂的，所以仍然反映了吕不韦的哲学思想。

公元前239年，嬴政二十一岁，第二年他就要加冕亲政了。恰好这时，《吕氏春秋》编纂完成。吕不韦将这部书公布于咸阳市门，并宣称如有人能修改一字，赏以千金。悬赏期间，竟无一人来增删修改，挣这千两黄金。这种举措，无疑是要增加这部著作的分量，以期引起即将加冕的秦王的注意，使他来学习这部治国方略，用吕不韦的哲学思想来实现统一大业。从秦王政十三岁即位起，作为辅政的吕不韦就深知自己责任重大。他要总理内政、外交和军事重责，同时要加紧培养嬴政处理国事的能力。归根结底，今后统一天下的重担要他来挑。嬴政是秦国之主，而吕不韦仅是相国、仲父，吕不韦的任务就是要稳定局势、巩固嬴政王位并培养他成为一统天下的霸主。

吕不韦忠心辅政的故事有很多，现在说说甘罗出使的故事吧。

春秋时期的秦国金文

秦国要和六国争雄，就要破除六国的联合，对东方六国分别施行和与战的策略。大约在秦王政刚即位的时候，吕不韦派成君蔡泽去燕国做使者。蔡泽去燕国三年，燕王喜同意让太子丹入秦为质，请秦国派一大臣入燕为相，秦燕结好，共同对付赵国，秦国帮助燕国洗雪屡败于赵的耻辱。

燕太子丹已经来秦，而入燕为相的大臣却迟迟未能成行。吕不韦派曾经率兵攻打过赵、魏的老臣张唐去燕为相，可他却以入燕必须经过赵国，而赵国正悬赏一百里封地捉拿他为由，不肯接受任命。事出有因，吕不韦不能勉强。可是派谁去呢？此人要能文能武，又要忠诚于秦。

吕不韦正在家中为此事烦恼，有个孩子过来笑嘻嘻问道："仲父相国有什么烦事啊？"

"小孩子家懂什么，别来烦我！"

"我是相国门下士，"那孩子施礼说道，"就得为相国分忧。"

吕不韦听说他是门下士，便不禁细细打量起面前这个聪慧灵秀的孩子，问道："你叫什么名字，今年多大了？"

"我乃甘茂之孙甘罗，今年十二岁。"

听说他是曾经在武王时期担任过丞相的甘茂的后代，吕不韦自然要另眼相看了，便把心中的烦事说了出来。甘罗听后，说："这是件小事，让我去请张唐老前辈。"

"我亲自去他家，都没有请出来，你一个小孩子去能请动吗？"

"我可以试试嘛！"说完，甘罗便去张唐府上。

张唐见甘罗，问："小孩子，你来做什么？"

甘罗说："特来向阁下表示哀悼的！"

张唐大怒："这小子！怎么这样说话！"

甘罗说："大人，请别发火！我来问您老：阁下的功劳比起武安君白起怎么样？"

"我怎能与武安君比，论功劳我不及他十分之一。"

甘罗又问："那么应侯范雎与文信侯吕不韦相比，哪个权位更重一些？"

"那当然是文信侯更重！"张唐脱口而出道。

"如此说来，您是明知将有灭顶之灾却偏要往深潭里跳，真是令后辈人感到惋惜啊！"

张唐忙问道："这从何说起呢？"

甘罗说："当年，应侯命武安君攻赵，武安君不从，应侯一怒，武安君被迫迁出咸阳，没走出七里路便被杀死在杜邮。如今您老明知自己功不及武安君，而文信侯又权重于应侯，却偏要抗命文信侯，迟迟不去燕国，您老离死还远吗？"

张唐越听越害怕，赶紧离开座位，施礼道："谢谢指教，谢谢指教！"

长话短说，甘罗说通张唐出使燕国为相，又要替张唐先行去通报赵国，向吕不韦借车乘。吕不韦就把此事上报给秦王政，请秦王接见甘罗，正式派甘罗为使者去赵。秦王对仲父的话，自然是言听计从，马上宣布召见甘罗。

秦王自十三岁继位以来，每日上朝见的臣子都是比他大二三十岁、甚至五六十岁的老头子们，现在见到一个比自己还小好几岁的臣下，自然高兴得很。他无拘无束地问："小甘罗，你见到赵王，准备怎么说动他呢？"

甘罗说："说词须随波而兴、随风而转，察其喜惧，相机而进，不可预定。可以预定的是，臣将不辱君命，满载而归！"

一番话，说得秦王大喜。他特命良车十来乘，仆从百人，跟随甘罗出使赵国。

赵王闻讯，破格接待，出郊二十里迎接甘罗。酒宴之上，赵王问甘罗使命何在？

甘罗说："大王听说燕太子入质于秦了吗？"

赵王点头说："已经听说。"

甘罗又问："大王听说张唐将入燕为相了吗？"

赵王又答："也已听说。"

甘罗说："这两件事说明秦、燕修好，互不相欺。秦、燕合谋，对赵国来说可就太危险了。"

赵王自然心知肚明，可是故作镇静，问："秦国之所以要与燕国修好，不知用意何在？"

甘罗说："为的是联合攻赵而扩大河间（今河北省献县东南）之地。所以大王若能主动割让河间五城给秦国，那么我便请秦王停止张唐之行，绝燕国之好，转而与你们缔结和约。果能如此，任凭强大的赵国向弱小的燕国发起进攻，秦国坐视不理，那么大王能够从燕国取得的不是将远远超过赠予秦国的五城之数吗？"赵王称是，便割让河间五城给秦国。

这件事的结果可谓皆大欢喜：赵国攻打燕国，得三十城；秦坐地分赃，又得十一城；张唐也不用去燕国，特别是小甘罗，不仅被封为上卿，而且成为列国敬慕的风云人物，上了史书。唯一受害的是燕国，不但丧失了三十城，还白送一个太子被扣在秦国为人质，这便是荆轲刺秦王的一个起因，这是后话。

回过头来说吕不韦。按说甘罗借车乘这点儿小事，吕不韦完全可以自决自办。可是他偏偏要将此事上报秦王，并请他召见甘罗，并委派他为使者。秦王加车增人，壮其行色，为甘罗完成使命创造了良好条件。而甘罗一番见机行事的话，则给年少的国君很大的启发。这很像是秦王从政的一堂"实习课"，这堂课的老师是吕不韦。

车裂嫪毐

吕不韦不仅权倾秦国，而且与太后重修旧好。这时候的太后才三十岁出头，而吕不韦已经五六十岁。他又是重事业兴衰、轻亲情享受的政治家，更何况嬴政日渐长大，又是个早熟的绝顶聪明的少年，吕不韦唯恐因为和太后私通的事露出马脚，误了大事，故意引进了一个假太监嫪毐做太后的情夫，吕不韦才得以与太后断了这段情缘。嫪毐是个青年浪子，一贯无行。他进宫侍候太后，正是如鱼得水，两人快活同居。不久，太后便怀孕了。她担心露了底细，便诈称请人占卜，年内将有灾祸降临，不宜居住咸阳宫内，要到外地避灾。秦王这个时候已经十五六岁了，隐隐约约也听到一些有关母后的风言风语，因为无法确定，又羞于向仲父吕不韦请教这类话题，总是想：毕竟是自己的母后，不要说是耳闻有些不好，就是真有什么错，还不是要为尊者讳嘛。毕竟从小是受过这类教育的国君。于是他强作高兴的样子，说："既然如此，母后可迁往故都雍城大郑宫去住，那里环境幽静，安心养息便是了。"

太后迁居雍城，每日与嫪毐寻欢作乐，毫无顾忌，不久，便生了个男孩，养在宫中。嫪毐更加得宠，凡宫室、车马、衣食等事，都由他来主持。太后赏给他的珍奇异宝，不计其数。不久又由太后出面，封他为长信侯，食邑山阳，不久又加封太原郡。这位大太监有家僮数千人，还有各地来的无聊清客，甘愿做他的舍人的，竟达千余人。太后在雍城大郑宫及咸阳宫内的大小事，甚至国家政务的一些大事也由嫪毐裁决，其权势与吕相国不相上下。从六国来的使者有时在街上相遇，互相打招呼的时候，竟然互相询问："上哪儿去呀？是去给嫪毐送礼，还是去吕相国处请安呀？"

三五年内太后与嫪毐共生了两个男孩。虽然孩子长得慢，嫪毐的野心却膨胀得快。一天，嫪毐与太后在密室说话。

"孩子一天天长大了，将来可怎么办？"

"待秦王百年后，立为嗣王。"太后脱口而出。

"那就全靠太后来保全我们父子了。"嫪毐像一只哈巴狗似的向太后献媚。过了一会儿，他的贼眼珠子一转，说："待秦王百年，我的骨头可早就化为尘土了，他如今还不到二十岁呐！"

"唉，嬴政是先天不足，后天亏空。从小身子骨就不好，怎么能够长寿？我以前还曾劝说过他注意身体，现在大了，我也不说了，说了也白说。"

嫪毐看太后还真的心疼儿子，便笑着去哄她。

对嫪毐，吕不韦是有一个认识过程的。原来他只认为这是一个市井无赖，酒色之徒，只要能够满足太后的需要，他乐得有这么个替身，使他能从危险的游戏中脱身出来。可是没过多久，他便看出来：嫪毐还是一个贪权的野心家，他居然网罗一些趋炎附势的酒肉之徒和弄权小人组成了一个帮派集团，与自己争权夺利。如果任其发展下去，势必要篡位夺权，对于蓬勃兴盛的秦国来说，无疑是个大祸害。说不定，它会使秦国历代创立的辉煌业绩毁于一旦。对此，吕不韦不能不予以关注。无奈他与太后有特殊关系，嫪毐又是他一手举荐的，他是有气难出、有苦难言。对缪毐的越轨行为，他既不能向秦王吐露真情，又不便直接下手处置，只好在暗处静观事态发展，放出眼线，留神嫪毐的动静，等待时机成熟再出手。

一天，嫪毐与秦王侍臣博弈消闲，两人对坐弈棋，负者饮酒。一些朝廷官吏、宫人也在一旁助威。彼此下了几盘，常常是嫪毐败下阵来。众人都有些醉意，官吏们便嘲弄嫪毐。嫪毐因受讥刺已带三分懊恼，要与秦王侍臣、官吏再战一盘，决一雌雄。

那个侍臣更不示弱，当即应战。两人在棋盘上厮杀正酣，不料嫪毐误走一步棋，眼看着全局将输。嫪毐岂肯罢休，定要将这一步错棋，反悔过来，侍臣哪里肯依？你一言，我一语，就争吵起来。嫪毐勃然大怒道："我是秦王的假父（即继父），你这小子凭什么敢与我对抗！"

秦王侍臣见缪毐怒目圆睁，高声斥骂，便忍气吞声地走开了。回到王宫，侍臣把嫪毐所辱骂的恶言秽语向秦王禀报了。

秦王政正在伏案批阅奏章，听到侍臣的汇报，真是怒火中烧。他闷声闷气地发出一声怒吼，猛地把竹简一掌扫到地上，又把书案推翻在地，蹿上一步，揪住侍臣。看到秦王政的眼睛放射出火一样的光芒，鼻孔喷着粗气，侍臣直吓得连声说："大王，是我呀，我不是嫪毐！"

秦王松开手，他想起小时候在赵国落难时受人欺负，母亲常对他说过的话："要能忍耐，忍耐。俗话说，小不忍则乱大谋呀！"

过了一会儿，秦王政看了看侍臣，挥了挥手，便无声地退出书房，回卧室去了。他再没有问一个字，也没有发出任何指令。他从暴怒中冷静下来，决心伺机收拾嫪毐。

现在的秦王政已不是昔日年幼无知的孩子了，他不仅有头脑，而且也有手段。他有自己的情报网，这个情报网的触角早已伸进吕、嫪两大集团的内部，他对那里的风吹草动了如指掌。值得一提的是，做这方面的工作，他的心腹李斯是个高手。通过情报网，秦王政了解到了太后和嫪毐的阴谋。但他不想轻率下手，他要等待时机，抓住确凿的证据，然后斩草除根！因为这毕竟牵扯到了他的母亲，投鼠忌器啊！

公元前238年，秦王政二十二岁，举朝上下都在为秦王政到秦故都雍城的祖庙中行"冠礼"而紧张地准备着。

所谓"冠礼",就是古代贵族举行的一种成年仪式。"冠礼"又称"成丁礼""入社礼"。这种习俗起源很早,可追溯到氏族公社时期。在氏族公社时期,男女青年成年时,经过数年的考验和训练,认为他们合乎氏族公社成员的条件,就要为他们举行一种公开仪式,承认他们为氏族成员,从此他们可以参与公社中的一切活动,享受应有的权利,承担必要的义务。

到了阶级社会,"冠礼"成为贵族阶级独享的礼节。贵族阶级之所以十分重视"冠礼",是因为他们想通过这一仪式,把贵族阶级的特权明确地赋予每个刚成年的贵族成员。特权主要有如下六个方面:

一、作为贵族成员开始享有参与各种政治活动和各种礼仪的权利。按礼,国君与卿大夫行"冠礼"后,才可亲理政务。

二、作为贵族成员开始享有统治人民的特权。

三、经过"结发"和"加冠笄"后,可以男婚女嫁,负起传宗接代的责任,但需遵守"同姓不婚"的古礼。成年妇女应服从夫权,并做夫家的成员,故其"字"应在许嫁时题取。

四、取得宗法制度所规定的继承权。嫡长子与庶子所取得的继承权利不同,嫡长子举行了加冠仪式,即表示具备了继承"宗子"的资格。

五、开始有服兵役的义务,负有保卫贵族特权的责任。

六、取得了参加本族共同祭祀的权利。

为自己举行这样的"冠礼",是秦王政梦寐以求的头等大事,因为在这天,他将成为秦国名副其实的君王,他将不再听任何人的摆布,而且可以按照自己的意志行事了。

这年四月,秦王政在文武大臣的簇拥下,来到雍城。住下之后,他虔诚地斋戒沐浴,然后由陪同的大臣进行"筮日""筮宾",即选择日期及参加"冠礼"的宾客。经过占卜,"己酉"日是吉日良辰,于是"冠礼"大典就定在这天举行。参加者主要是王室同姓、异姓贵族、朝廷的文武重臣。

己酉日到了,秦王政在王室成员和朝廷大臣的陪同下,来到雍城祖庙。这样隆重的典礼应由父亲主持,由于秦庄襄王已去世,仪式就由王族中德高望重者主持(太后与吕不韦为异姓人,均不能主持这次典礼)。由于秦王政是嫡子,所以典礼必须在祖庙的"阼阶"处举行。仪式相当复杂,主要是由来宾举行加冠礼。

第一次加黑色的缁布冠。缁布冠是远古时代的一种麻布冠,在斋戒时染成黑色,戴此冠表示从此成人,有"治人"之权。

第二次加皮弁,即白色的鹿皮冠。这是"征伐田猎"时戴的护具,其意义在于发扬祖先的尚武精神,有征伐之权。

第三次加赤黑色的爵弁。这是一种祭祀时戴的帽子,表示从此有祭祀之权。

三次加冠,一次比一次隆重,一次比一次重要。一个贵族独占、独享的特权到此已全部被社会认可。加冠之后,嬴政第一次佩上了象征权力的宝剑。

加冠礼完毕,需要拜见母亲。但秦王政从母亲异样的表情中分明看到了另外一些东西,至少母亲并不为他的成年而高兴,因为从即日起,母亲必须交出治国大权!见过母亲后,又由贵宾给他起了个"字",从此,对他不再称名。然后接见兄弟姐妹、同族长辈,之后是更换礼帽,戴上平时戴的玄冠,去酬谢诸位来宾。最后送走来宾,典礼终于结束了。

秦王政因权力的回归而兴奋不已,完全忘记了冗长烦琐的典礼仪式给他带来的疲劳,他准备迎接一场随时可能袭来的急风暴雨。

深夜,天幕四垂,繁星密布。突然,天宇上一颗彗星闪着耀眼的光芒划过长天，这奇异的天象引起了人们的纷纷议论。彗星俗名扫帚星，它的出现被认为是有除旧布新之象。本来为吕、嫪两大对立集团折腾得无所适从的秦国人，见此天象就更加惶恐了，人们似乎有一种预感，这是一场政治大裂变的前兆！秦王政仰望天上的大彗星，心潮起伏，久久不能入睡。他是深信天象的，认为古往今来，每逢天将降大任于某人时，无不天垂吉兆，为其指路。在亲政之始，出现彗星竞天之象，莫非真的到了他梦寐以求的除旧布新的时刻？想到这里，他产生了一种从未有过的豪迈感。

不过，同一种现象不同的人可能有不同的理解。当彗星掠过长空时，嫪毐也在琢磨，他也觉得这是上苍给他的一种启示。何况，秦王政已经亲政，等他羽翼丰满之后，事情就难办了。何不趁他在雍城逗留之际，除掉他。于是嫪毐和太后一起谋划伪造诏书，盖上秦王政和太后的玉玺，征调附近各县的地方武装、秦王的近卫军和近卫骑兵、少数民族的部落兵，以及自己手下的门客，围攻秦王政所在的蕲年宫，计划杀掉秦王政。

消息传到秦王政那里，他紧急命令自己的人马立刻返回咸阳，嫪毐率领的叛军没想到在蕲年宫扑了空。嫪毐见覆水难收，索性一不做二不休，带兵连夜直扑咸阳。秦王政当即命令相国昌平君（秦国常置左右两相）和另一重臣昌文君发兵攻打嫪毐叛军。双方在咸阳城外展开激战，嫪毐叛军大败，仓皇逃走。秦王政下令："生擒嫪毐者赐钱百万，杀死他的得五十万。"经过一番大围剿，叛党被一网打尽。

嫪毐被捕获以后，秦王政即下令审讯。审了五个月，终于结案上奏，秦王政下令将嫪毐五马分尸，并将其父族、母族、妻族及死党一并尽诛。他的舍人，罪重者斩首，罪轻者判刑三年，夺爵迁往蜀地者有四千余人。

杀了嫪毐，秦王政想起母后丑事，怒气未消，下令将士入大郑宫，搜出太后私生子二人，装入袋中摔死。之后，又将太后驱至萯阳宫，派官吏监管，不准自由出入。临走前，秦王政对母亲说道："不到黄泉之下，绝不相见。"

自秦王政加冕礼并向相国吕不韦和昌平君、昌文君下达平叛命令那一日起，秦王政事实上已在秦国亲临政事，集国家军政大权于自己手中。

同时秦王政下令，缪毐行刑时，由相国吕不韦监斩，秦王政本人将亲临观刑，这是因为他恨透了嫪毐，也想以此给吕不韦施加心理压力。

五个月的审讯已搜集了足够证据，证明吕不韦事先知道嫪毐预谋叛逆，却隐匿不报，并协助其逃亡。按秦律，嫪毐是吕不韦引进保介，犯死罪，他当连坐。

使秦王政揪心的是，他尚未决定如何处理吕不韦，朝中大臣便纷纷上奏力保，各国国君及权要都派使者来说情，民间乡绅联名请愿，希望免吕不韦罪者，更是日有数起。

凡此种种迹象说明，吕不韦的势力不但遍布秦国内外，而且也深植于民间各个行业，不单是官僚体系，还包括士、农、工、商各个阶层。

吕不韦不只是相国，也是大地主、大商人和知识分子精神上的领袖。他会赚钱，也会用钱，利用权势赚来的钱，再用来收买人心，进一步增加他的权势和影响力，不除掉吕不韦，秦国政权难以控制在秦王政手里。

毒死相父

嬴政加冕之前，眼见相国吕不韦为秦国的强盛和推进统一大业，日夜操劳，立下显赫之功，心里是九分高兴，一分不安。平叛活捉嫪毐之后，便是刑讯叛乱首领，经过五个月的审讯，从嫪毐的嘴中得知：嫪毐的入宫是吕不韦的举荐。这个事实使得刚刚亲政的秦王猛然地惊醒了，严峻的宫廷生活，冷酷的政治斗争，使他不得不对吕不韦心存戒备，以防再生不测。

在审讯的五个月中，亲政的嬴政除了更加勤奋地批阅奏章，也更加手不释卷地努力学习钻研。他一字一字地审读吕不韦的《吕氏春秋》，并且读一句便在书房中踱步思索一番，每天还与不同的博士分别讨论一两个问题，甚至亲自找来吕不韦推荐的参与著书的门客讨教。对《吕氏春秋》这部著作，秦王真是做到了天天读、日日议的地步。通过学习、讨论和总结，秦王政看出了吕相国编著《吕氏春秋》的用心，也分析出了他和吕不韦思想观点的异同。

《吕氏春秋》是要成为秦王政的一部治国蓝图，为解决年轻的秦王政治思想上存在的问题，而提出统治天下的理论原则和政治主张。书中提到"是故古之圣王，未有不尊师者也"。这表面上是要秦王政学习"古之圣王"，其实是要他以吕不韦为师，听从"父"的教诲，成为仲父所期望的未来霸主，统一天下。

从十三岁继位以后，嬴政就告别了少年时代，每日学习治国之道。在先祖留下的遗产中，他发现秦国自商鞅变法，百多年来一贯崇尚法家而轻慢儒家，形成了秦国特有的法治传统。

秦古籍中记载：商鞅从卫国入秦，游说秦孝公的时候，先以"帝道""王道"说秦孝公，秦孝公听得昏昏欲睡，不感兴趣地说："你讲的这些大道理距离现实太远了，我急着想在生前就扬名天下，怎么能等到几百年之后才成就帝王之业呢？"商鞅这才以"霸道"再说秦孝公。"霸道"讲的是怎么以法治国，解决的是尊君抑臣、奖励耕战、改革内政、以战去战、以杀去杀等现实问题。总之，讲的是富国强兵之术。商鞅说得眉飞色舞，秦孝公听得津津有味，连声说好，从此委任商鞅变法，使秦国成了一流强国。

秦国自商鞅变法以来的百余年中，法家的"霸术"已经形成体系，成为帝王之术，成为秦朝各代君主特有的法制传统。

在卫、韩国出生成长的吕不韦，对秦国的传统和国情，虽然有所知，但也有所不知。由于他到处经商，四方交游，见多识广，对中原一带流传的儒、道、阴阳等诸子之说，均有接触，所以在治国理政中，没有尊重秦国的法统，而是明显带有儒、道的政治思想色彩。

粗略而言，吕不韦和嬴政的治国之道有五大分歧：

一、关于君位继承：吕氏提倡"禅让""贵公"，反对"家天下"。而嬴政则坚决贯彻"家天下"传统，要"传万世"。

二、关于地方政权的设置：吕氏主张在推行"郡县制"的同时，仍要广泛建立"分封制"，嫪毐曾经就以太原郡为封邑。而秦王政对受封的嫪毐深恶痛绝，再也不能容许"分封制"的普遍存在。

三、关于君和民的关系：《吕氏春秋》摄取了儒家孟子提出的"民贵君轻"观点，主张"顺民""爱民"。"禅让""分封""民贵君轻"这些儒家的政治主张，崇法轻儒的秦王政是坚决反对的。对于广大庶民，在唯我独尊的秦王政的心目中，不过是一群供他驱使、利用甚至任意虐杀的奴隶。

四、对于如何治理人民：《吕氏春秋》并非绝对排除法治，而是主张"刑""德"兼施，"德治"与"法治"并行，以"德"和"义"为主。吕氏这样既讲"仁义""爱利"，又讲"适威"的政治主张，克服了当时法家唯法是治、摒弃仁义道德的片面性，而秦王政一贯坚持以"严刑峻法"治理百姓。

五、在君道方面：《吕氏春秋》根据道学，主张君主"无为"而治。秦王政恰恰与此相反，他主张"天下之事无小大皆决于上"，是一个事必躬亲、强力疾作的人，怎能让他垂拱而治呢？《吕氏春秋》针对这一问题，载录了有关"任贤""择相""知人""纳谏"等限制君权的一系列论述。书中旗帜鲜明地反对君主自负、专独和骄暴，对照统一后秦始皇的暴政统治和自我神话的种种表现，人们不得不佩服吕不韦的眼力和勇气，他在政治上的卓识和思想上的超前性，明显高出李斯、尉缭等人一筹。也正因为如此，《吕氏春秋》引起了秦王政的强烈反感，成了他和吕不韦在思想上怎么也不能解开的一个死结。

秦王政把《吕氏春秋》的竹简推到一旁，他的思绪又回到两年前（公元前239年），他第二年就要加冕亲政了，《吕氏春秋》也在紧锣密鼓中登场亮相了。吕不韦将这部书公布于咸阳市门，并宣称如有人能修改一字，赏以千金。这无疑是向年轻的秦王政示威！这个举动深深地刺痛了秦王政的每一根神经。尤其令他反感的是，吕不韦竟认为这本书是神圣不可改一字的"天道法则"！秦王政从骨子里反感这部书，但是，他知道：仲父是一片苦心为自己，其所作所为绝不同嫪毐。那个无赖是他的死敌，这个相国是他的仲父。只是仲父的唠叨不合他的口味，其主张他实行不了。

仲父让他"节欲""适音""节葬",要求君主"声禁重、色禁重、衣禁重、香禁重、味禁重、室禁重",要清心寡欲。这怎么受得了!仲父借古人之口批评他有"自骄"的毛病,必须坚决克服。书中甚至说:"亡国之主必自骄、必自智、必轻物。"我还没有加冕亲政,就预料我的自骄必成亡国之君,真是气死人。随着审讯嫪毐案情的发展,吕不韦向太后举荐嫪毐的事实已证据确凿,昔日的仲父竟是生母的情夫,这把秦王政心中仲父的形象整个儿地击碎了。

公元前237年,秦王政罢了吕不韦的官,把他遣返至洛阳封邑养老。虽说已把吕不韦打发出咸阳,但秦王政仍不放心,又派人去打听他的动静。结果,秦王政接二连三地得到报告说,吕不韦到了洛阳,各国的使者都去看他,打探秦国的情况;有的国家还以丞相之位聘请他去做官,每日看他的人络绎不绝,要预约等候。秦王政又气又急,气的是吕不韦势比他强,简直就是未加冕的七国之君,急的是将来真让他去了六国,必成后患。

公元前235年,秦王政经过深思熟虑给吕不韦写了封信,说:"您到底为秦国立了什么功劳,值得我们这么看重,让您做高官,还给了您一大块封地。您又到底跟秦国是什么亲戚,让我叫您仲父!这些,您心里都明白。您还是离开洛阳到蜀地去吧!"吕不韦接到秦王政的信,百感交集。他依窗伫立,很久都理不清思路。

嬴政步步进逼,早已把他挤到墙角,现在又逼他全家迁到蜀地。千里迢迢,不死也得脱掉几层皮。就算是侥幸活下来,嬴政也不会放过他的,还会以新的罪名羞辱他。

也许是他自己的错,不该在被贬谪之余还不知收敛,但这有什么办法?他能谢绝来客吗?诸侯使者、名士学者、市井游侠找到他这里来,他就必须接待,否则他就不是吕不韦。

吕不韦明白了只有死路一条。他取出酒瓶，将酒倒在玉杯内，又将密藏的毒药倒了几滴，仰脖饮下。

吕不韦自杀而死后，他门下的宾客数千人将其葬于洛阳北芒山，参加葬礼的人很多，场面很大。秦王政闻知此事后非常气愤，认为这是借给死人送葬向自己示威，便下令对参加送葬的人分别进行了惩罚：原是从三晋地区迁至秦国的人，一律驱逐出境；原为秦国人、俸禄在六百石以上的免爵流放；俸禄在五百石以下者，可不免爵，但也要迁走。

同时申明："从今以后，若再有妄议国政、横蛮无道，如嫪毐、吕不韦者，一定要籍没其一门老少为奴。"

吕不韦死后送葬者之多，以及秦王政对他们的严惩，表明秦王政与吕不韦之间是一场争夺国家权力的严重的政治斗争。

秦王政除掉了吕不韦，同时也摒弃了吕不韦治国的政治蓝图。他要按照自己的意志，在法家理论的指导下缔造一个空前统一的中央集权制大帝国。

母子和好

中国人的道德传统，其社会标准是：在血缘上重父统，在情感上尚母恩。从历史上看，春秋战国之时，弑父弑兄者有之，而绝无杀生母之事。在中国人看来，"禽兽知母而不知有父"，所以杀母者，被看作连禽兽都不如，官府断为"杀无赦"。

秦王政的情感也离不开这个传统，当然也受这个标准规范的影响。车裂嫪毐、罢黜吕不韦之后，他对于徙母之事，再不能无动于衷，也不无伤怀之感。但事情闹到这种地步，他要"建立自己的威严"，一时也无法转圜。

可是人们对这样的事不可能不闻不问，无论是迁徙太后之事发生之时，还是事后，即使是顶着秦王政的愤怒，也是有人要挺身劝谏的，这些忠毅果敢的人都被秦王政杀掉了，总计二十七人。秦王政还把这些人的四肢断去，将尸首积放在宫门旁边，借以堵塞众人之口。

在二十七位劝谏者被杀之后，有一个从齐国来的叫茅焦的人，前往朝廷上书通报说："齐客茅焦想要上朝堂劝谏。"秦王政派人对茅焦说："你没看见积放在宫门旁的那些尸体吗？"茅焦回答说："我听说天上有二十八宿，如今已死了二十七个人，我来是要凑满这二十八的数，我可不是怕死的人哪！"

传话的人把茅焦说的话报告给秦王政。秦王政听了茅焦的答话，顿时大怒，说道："这个人是故意来侵犯我的，快让人安上大锅，我要把他煮了，哪里能让他的尸首留在宫门旁！"当即让人把茅焦召进来，一定要看看这位不怕死的先生究竟是何等模样。茅焦应召入见，举目仰望，见秦王按剑而坐，怒不可遏，心中暗想道：秦王已经动怒，立即向前难免一死，便决定拖延时间，装出一副令人哀怜的样子，有气无力地缓慢前行。使者催促快走，茅焦低声说道："臣走到大王面前，则将受烹而死，您就不能忍耐一下，让我再多活一会儿吗？"

使者见茅焦说得怪可怜的，也就

秦十二字瓦当

不催促他急行。等茅焦慢步走到秦王面前时，秦王政的怒气已经消除了几分。这时，茅焦拜见秦王，哀声说道："臣听说有生者不忌讳言死，有国者不忌讳言亡；忌讳言死者不能够长生，忌讳言亡者不能够永存。死生存亡的道理，是圣君明主所急欲闻知的，不知陛下想不想闻？"

秦王政见茅焦开口并没有谈及太后，却是讲什么"死生存亡"之道，心中的怒气便消失了大半，于是说道："先生这话是什么意思？"

茅焦趁机切入正题，说："陛下有狂悖之行，难道陛下自己不知道吗？"

"你指的是什么事？我倒是愿意听听。"

茅焦见秦王令自己讲话，便立即答对说："陛下车裂假父，有嫉妒之心；囊扑两弟，有不慈之名；迁母雍城，有不孝之行；纵蒺藜于谏士，有桀、纣之治……"如果茅焦的进谏只是到此为止，当然难免一死。可是，当茅焦见自己的进谏确实刺痛了秦王，秦王脸上的怒气越来越大，便当机立断，把话锋一转，高声地一板一眼地继续说道："令天下闻之，尽瓦解无向秦等。臣窃恐秦亡，为陛下危之。"

茅焦结尾这两句话，大意是说：大王诛假父、杀二弟、迁生母、连斩进谏大臣的事，如果被各诸侯国的人知道了，天下的贤士都将为此而寒心，还会有人再到秦国来辅佐大王兼并天下吗？臣私下担心秦将因此而亡，为陛下而感到危险万分。茅焦最后这两句话，字字千钧，使得一心想兼并天下的秦王政从一时的恼怒中冷静下来：对啊，如果来自各国的贤士纷纷离开秦国，而且天下贤士无人再敢前来秦国，那将依靠什么人来统一天下？怎能为太后的一件小事毁坏兼并天下的千秋大业？想到这里，秦王政不禁出了一身冷汗，原来的怒气早已跑到九霄云外去了。

临危不惧的茅焦，已察知秦王政情绪上的变化，确信进谏已经奏效，自己也没有被杀的危险了。然而，深通人情世故的茅焦，觉得必须给秦王一个台阶，毕竟自己方才说了一些冒犯秦王尊严的话，毕竟人家是一国之王，不给他一个台阶让他走下来，说不定秦王会为顾全脸面而加罪于己，杀身事小，劝谏的目的岂不会因此而功亏一篑、付诸东流？想到这里，茅焦便有意地做了如下一番精彩的表演：在高声说完最后那两句话后，便自行解去身上的衣服，跪着向刑具行走，到刑具前听令伏法。

面对茅焦的这一精彩表演，在场的人都惊呆了。这时，急坏了一个人，他便是秦王政。只见秦王立即快步走下殿来，用左手扶起茅焦，用右手向左右行刑官员一挥，高声说道："赦免了！"

此时此刻，秦王政唯恐茅焦寻短见，自己落得一个杀害贤士的罪名。而且，他还要继续向茅焦讨教兼并天下的大计呢！

秦王政扶起茅焦后，抱歉地说道："请先生快些穿上衣服，寡人今日愿听命于先生，望先生不吝赐教。"

秦王当即拜茅焦为"仲父"，爵为上卿。

秦王政接受茅焦的进谏，当即下令起驾，车队有千乘万骑，亲自前往雍城迎接太后于萯阳宫。太后见秦王政亲自来接自己回咸阳，喜出望外，高高兴兴地同秦王政一同回到咸阳，母子和好如初。

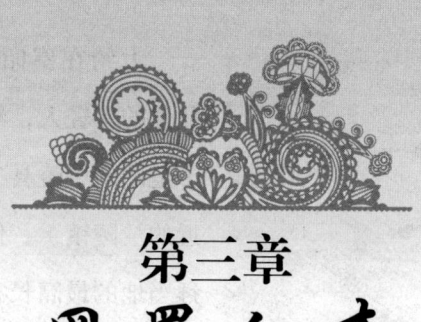

第三章
网罗人才

李斯

李斯像

大约在秦昭王末年,一个风尘仆仆的年轻人,经过长途跋涉,来到了楚国的兰陵县(今山东省兰陵县附近的兰陵镇),他此行的目的,是要拜当地的最高长官——兰陵令荀况为师,向他学习所谓的"帝王之术"。

年轻人有一个很别致的名字——李斯。李斯是楚国上蔡(今河南省上蔡县)人,其家庭情况如何,我们已无法查清。他到兰陵拜师求学,是因为他在家乡时的一个偶然的发现。那时,他在郡里做一名小吏,一次,他看到吏舍的茅厕中有老鼠在吃那些污秽之物,有人或犬走近时,老鼠便慌忙逃窜。后来,他又看到仓房中的老鼠吃着粟米,住着大屋,更没有人和狗来惊吓它们。两相比较,李斯遂大发感慨:"人之贤不肖譬如鼠矣,在所自处耳!"他明白了,若想出人头地,获取功名富贵,就要想办法提高自己的社会地位,像现在这样做一名小吏,就像茅厕中的老鼠,穷困、卑贱,无论什么人都敢对自己指手画脚。但是,若想爬上社会的最高层,自己必须有些本事。攀附帝王家的前提,是要先学成文武艺。就这样,李斯来到了地处东方的兰陵。

李斯的老师荀况（约公元前313——前238），字卿，赵国人。汉朝人称他为孙卿，因为他们要避汉宣帝刘询的讳，后人尊称他为荀子。荀子是战国后期有名的儒学大师，但他的学说和孔孟的学说颇有不同，例如他不信天命，又主张性恶论，反对法先王，都是和孔孟唱反调。荀子当然也强调礼的重要性，认为人不可须臾无礼。礼是道德之极，无礼则政令不行。但他又主张礼法并重，认为没有法，礼则难以体现。所以荀子喋喋不休地宣传隆礼重法，主张"制号政令欲严以威，庆赏刑法，欲必以信"，所以有人又认为他是个法家。荀子的这套礼法并重、德行并举的政治思想，为当时的统治者提供了一套比较有效的统治理论，也即李斯所要学习的"帝王之术"。荀子的声名也因此很大，前来向他求学的人很多。他曾在齐国的稷下学官讲学，任过三次祭酒。大约在公元前255年，荀子接受楚国春申君的邀请，来到楚国，任兰陵令。

经过几年的刻苦学习，李斯已经学成了"帝王之术"，为以后的从政打下了比较深厚的基础。不过，与他的老师荀子不同，李斯不再乐于研讨和宣传隆礼重法，而是更多地接受了早期法家申不害、商鞅以及他的同门师弟韩非等人的思想，致力于法家思想的研究，并在从政以后，努力将其贯彻到专制主义的政治实践中去。

学业结束了，到何处去谋求发展便成为一个大问题。李斯很聪明，"帝王之术"这块敲门砖，一定要选一块风水宝地抛出去，才会有效果，才能提高自己的社会地位。否则，自己便永远只能是茅厕中的"老鼠"。遍观天下，山东六国连龟缩自保亦不可得，楚国的考烈王更是庸懦不堪。只有西方的秦国，政令统一、兵强马壮，且一向又有招贤纳士、重用客卿的传统，天下命脉，已握于秦人掌中。李斯遂决定到秦国去谋求发展，他觉得，秦国就是那座高大宽敞的堆满了粟米的仓库。他向荀子辞行道：

"如今诸侯争雄,游说之士正可借此成就功名。现在秦王欲吞并天下,称帝而治,这正是布衣之士施展身手的好时机。身处卑贱之位,而不想办法通过游说去追求功名富贵,真是傻得如同禽兽一般,枉为人生了。人最大的耻辱是地位卑贱,最大的悲哀是生活穷困。久处卑贱之位、穷困之地,却厌世而恶利,将自己的出路寄托在什么'无为'之上,这不是士人应有的正常想法。"

终于,在秦庄襄王三年(公元前247年),不愿枉活一生的李斯,走进了秦国的都城——咸阳。

可惜,李斯来得有点儿不是时候,他所崇敬的秦王——庄襄王,在前不久死去了,十三岁的太子嬴政刚刚即位。满朝文武忙完了丧礼,又忙着办即位典礼,还有许多善后问题要处理,没工夫把他引荐给年少的秦王政。于是,李斯就去拜谒秦国相国吕不韦。那时吕不韦正广招天下贤士,便留下李斯,让他做一名舍人。

所谓舍人,并不是一种官职,当时高官的侍从宾客和左右亲信,都被叫作舍人。此后,吕不韦同李斯交谈过几次,觉得他很有才能,便任其为郎。虽然郎无官署,无职务,地位低下,但郎主侍从宿卫,亲近禁廷的机会是很多的。李斯不久之后就谒见了秦王政。

当时的秦王政,还没有亲政,主要的任务是在吕不韦的傅保①手下学习如何为君治国,为以后亲政打下理论基础。李斯向秦王抛出了"帝王之术",纵论天下形势,核心是要抓住时机,尽快实现统一。他说:"从前秦穆公成就了霸业,却不能东进吞并六国,这是为什么呢?因为当时诸侯还有很多,周朝的运祚还未衰败,所以春秋五霸相继而兴,都去尊崇周室。自从秦孝公以来,周室运祚开始卑微,诸侯之间相互争伐兼并,关东

---

① 傅保:古代辅导太子和诸侯子弟的官员,统称为傅保。

存有六国，秦国乘势攻伐诸侯，于今已过去了六世。如今其他诸侯国畏服秦国，如同郡县畏服中央。以秦国国势的强盛，以大王您的贤明，足以消灭各诸侯国，建立帝业，一统天下，就像炊妇擦抹灶台那般容易。如今正是千载难逢的好机会，如果现在不赶紧着手部署，而是漫不经心，等到其他诸侯国东山再起，相互联手，合纵击秦，那时，就是有黄帝那样的贤德，也无法吞并六国，一统天下了。"

聪明的秦王政听了李斯的这番宏论，很快弄懂了其中的主旨。对于抓住时机，尽快推进统一大业的完成，秦王政举双手赞成。他认为李斯对天下形势的分析十分准确，秦国的确占尽了优势，山东六国已然无力同秦国抗衡，秦国应尽早挥师东进。李斯实际上是为秦王政制定了一项统一六国的宏观战略，此后秦王政的统一事业，实际上就是在这个战略的指导下进行的。秦王政对李斯的才干大为欣赏，任命他为长史。

此后，秦王政又多次召见李斯，议论天下大事，并采纳了李斯的建议，秘密派遣谋士带着金银珠宝分道去游说诸侯，行反间之计。他国的名士，凡是见钱眼开的，都要贿赂之，让他们为秦国服务。凡是不肯叛国拒受贿赂的，以利剑刺之。当一些诸侯国的君臣关系被秦国成功地离间，上下不能相应时，秦王政又急派良将精兵疾攻该国，这样各国的实力被进一步削弱了。

为了表彰李斯，秦王政很快又提拔他为客卿。客卿是秦国特有的一种官职，顾名思义，其级别为卿，而以客礼待之。历史上，许多外客在秦国任职客卿，并由此得享高位留名青史，助穆公称霸西戎的由余、百里奚、蹇叔等人，孝公朝主持变法的商鞅，离散六国合纵的张仪，以及昭王时到秦国的范雎等，都成为一代名臣。如今李斯得任客卿，说明秦王政很信任他，将要倚其为股肱了。

高大宽敞的"仓库"就要建起来了，它所依傍的，是宏伟壮丽的秦王宫殿。

就在李斯的梦想实现指日可待的时候,一个犹如晴天霹雳般的消息从王宫中传出:秦王下令"大索逐客",将那些到秦国谋求政治发展的外来户全部驱逐出境!

此令发布在秦王政十年(公元前237年),秦王政将太后由雍城接回咸阳后不久之时。

原来,秦国不断地挥戈东进,兼并了山东六国,特别是韩、赵、魏三国大片的土地和众多的人口,使秦国的最东端已经同齐国接壤。六国的王公贵族们,对秦国欲并吞八荒的"虎狼之心"皆惶恐不安,感到难以自保,地处天下腹心的韩国对此尤为恐惧。昏庸的韩王打听到秦王好大兴土木,便制定了一条"疲秦"之计:派韩国的水工郑国做间谍,到秦国去劝说秦国的当政者,从中山(仲山,在今陕西省泾阳县西北)开渠到瓠口(谷口,在今陕西省泾阳县西)引泾水东流,注入洛水,以灌溉农田。企图以此耗费秦国大量的人力和物力,使秦国无力东进,确保韩国割据政权的安全。正当这项水利工程顺利开展的时候,韩国的阴谋被秦王政察觉,秦王政不禁大怒,下令将郑国抓起来。秦国的宗室大臣们认为,从其他诸侯国到秦国来的人士都像郑国一样,是为其主来游说离间的,遂请求秦王政"一切逐客"。秦王政本好猜忌疑人,自嫪毐、吕不韦事件之后,他对那些"外来户"的猜忌也更甚,接到宗室大臣的意见后,很快批准,下令逐客。

李斯也在被逐名单之中。在即将离开秦国之际,他上书秦王政,情词恳切地陈诉了逐客将会对秦国安危和秦王帝业产生的不利影响,这就是有名的《谏逐客书》。

《谏逐客书》的第一句话就十分干脆地否定了秦王政的逐客令:"臣闻吏议逐客,窃以为过矣。"

紧接着，李斯健笔纵横，开始追溯秦国由弱到强、由小到大的历史：

昔穆公求士，西取由余于戎，东得百里奚于宛，迎蹇叔于宋，来丕豹、公孙支于晋。此五子者，不产于秦，而穆公用之，并国二十，遂霸西戎。孝公用商鞅之法，移风易俗，民以殷盛，国以富强，百姓乐用，诸侯亲服，获楚、魏之师，举地千里，至今治强。惠王用张仪之计，拔三川之地，西并巴、蜀，北收上郡，南取汉中，包九夷，制鄢、郢，东据成皋之险，割膏腴之壤，遂散六国之纵，使之西面事秦，功施到今。昭王得范雎，废穰侯，逐华阳，强公室，杜私门，蚕食诸侯，使秦成帝业。此四君者，皆以客之功。由此观之，客何负于秦哉！向使四君却客而不内，疏士而不用，是使国无富利之实，而秦无强大之名也……

李斯赞颂了客卿在秦国发展史上的巨大贡献。由余是在西戎任职的晋国人，后来帮助秦穆公灭掉了十二个戎国，开地千里。百里奚是虞国大夫，被楚人俘获，穆公以五张黑羊羔皮赎回他，任其为相。蹇叔、公孙支也都是被穆公重用的客卿。晋人丕豹亦为秦将，曾大胜晋兵。卫人商鞅在秦两次变法，奖励耕战，重农抑商，使秦一举成为天下强国。魏人张仪是和苏秦齐名的能言善辩之士，杰出的"连横家"；是他们将山东六国的合纵破坏掉，便于秦国各个击破。魏人范雎在秦封侯拜相，声名显赫。当时秦国执行的远交近攻的战略，就是由他制定的。

在追溯历史之后，李斯的锋芒直指秦王政：

今陛下致昆山之玉，有随和之宝，垂明月之珠，服太阿之剑。乘纤离之马，建翠凤之旗，树灵鼍之鼓。此数宝者，秦不生一焉，而陛下说之，何也？必秦国之所生然后可，则是夜光之璧，不饰朝廷；犀象之器，不为玩好；郑、卫之女不充后宫，而骏良駃騠不实外厩，江南金锡不为用，西蜀丹青不为采。所以饰后宫、充下陈，娱心意，悦耳目者，必出于秦然后可，则是宛珠之簪、傅玑之珥、阿缟之衣、锦绣之饰不进于前，而随俗雅化、佳冶窈窕，赵女不立于侧也。

夫击瓮叩缶，弹筝搏髀，而歌呼呜呜快耳者，真秦之音也。《郑》《卫》《桑间》《韶》《虞》《武》《象》者，异国之乐也。今弃击瓮叩缶而就《郑》《卫》，退弹筝而取《韶》《虞》，若是者何也？快意当前，适观而已矣。今取人则不然，不问可否，不论曲直，非秦者去，为客者逐。然则是所重者在乎色、乐、珠玉，而所轻者在乎人民也。此非所以跨海内、制诸侯之术也。

秦王政是一个喜欢纵欲的人。当他还是少年的时候，相国吕不韦就同他讲过纵欲的危害，节欲的好处，要求他为君要"适欲"，以社稷为重。但是，他实在做不到，他无法拒绝那些稀世珍宝、绝世美色和妖艳的歌舞，他的私欲一天天膨胀起来。李斯的这一大段形象的比喻，实际上也是对秦王政淫靡奢华生活的真实写照。这段话真正说到秦王政心里去了：若欲"快意当前"，就要搜罗天下；享受应如此，治国也应如此。

臣闻地广者粟多，国大者人众，兵强则士勇。是以太山不让土壤，故能成其大；河海不择细流，故能就其深；王者不却众庶，故能明其德。是以地无四方，民无异国，四时充美，鬼神降福，此五帝、三王之所以无敌也。今乃弃黔首以资敌国，却宾客以业诸侯，使天下之士退而不敢西向，裹足不入秦，此所谓"藉寇兵而赍盗粮"者也。

夫物不产于秦，可宝者多；士不产于秦，而愿忠者众。今逐客以资敌国，损民以益仇，内自虚而外树怨于诸侯，求国无危，不可得也。（《史记·李斯列传》）

李斯这篇排比铺张、笔锋犀利的上书，秦王政读后顿觉眼前一片开朗。回顾历史，客卿为秦国霸业的建立立下了不朽的功勋；放眼当前，欲"跨海内"而"制诸侯"，仍然要不断地延揽四方人才，为秦国所用，并削弱其他诸侯国的力量。这是一个事关统一的大问题。秦王政完全赞成李斯的观点，下令撤销逐客令，派人将李斯追回，恢复了他的官职。此后，李斯成为秦王政的左膀右臂，协助他部署和指挥了统一战争。做"仓中之鼠"的愿望初步实现了。

韩王愚蠢的"疲秦"之计也完全落了空。秦王恨透了郑国，打算杀掉他。郑国为自己做了辩解，向秦王言道："水渠修成了，对秦国也有很大的好处。"秦王权衡利弊，觉得郑国说得很有道理，下令免去他的死罪，让他继续主持修渠。实践证明，秦王的这个决策是正确的，这项名为"郑国渠"的水利工程，在经过十几年的时间，役使了数十万民众修通以后，将泾水由中山引至瓠口，再向东径三原、富平、蒲城等县，引入洛水，全长三百余里，使四万余顷"泽卤之地"得到灌溉，变成沃野良田，关中由此而富庶起来，秦国的经济实力也大大增强，有力地支持了统一战争的顺利开展。

尉缭

天下一统的形势已经成熟了，而秦国因缘和合，风云际会，在经济、政治和军事方面具备了消灭六国、铲除封建武装割据的实力。可是，历史女神并不因为秦国具备了上述条件，便毫无保留地向秦王政献出自己的全部爱心，保障秦国取得最后的胜利。因为战争不仅要靠人去参与，更重要的是要依赖杰出的政治家和军事家去规划、去组织、去辅助君王进行指挥。而且，在取胜之后，如何保住战果，建立从未有过的封建大一统国家，也需要理论家给予君主以思想上的指导。

秦王政一生，很少有人敢于谈论他的相貌，在当时，这样做无疑是很犯忌的。秦王政生性暴躁，在位时间愈长，其驭下便愈专横。亲政以来，死于其屠刀下的人已经不少，谁敢去捋虎须？

偏就有一个魏国人，于秦王政撤销逐客令不久后来到咸阳。在得到秦王政的接见以后，他就公开向人谈论秦王政的相貌，说秦王政是"蜂隼、长目、鸷鸟膺、豺声"，就是说秦王政长着一个高鼻子和一双长眼睛，还有一个猛禽胸脯一般的鸡胸，说话的声音像豺叫一般。综合这副相貌和秦王政的言谈举止，他又进一步评论了秦王政的为人："秦王为人少恩而虎狼心，居约易出人下，得志亦轻食人。我布衣，然见我常身自下我。诚使秦王得志于天下，天下皆为虏矣。"他的结论是"不可与久游"，于是很快便逃走了。

这个魏国人，就是杰出的军事家尉缭。

尉缭来秦国的目的，无非也是因为认准了秦国必然要一统天下，到这里来施展平生所学，一逞抱负，所以他初谒秦王政，立刻就提出了有关统一决战的具体问题。尉缭认为，决战的形势对秦国是极为有利的，同秦国比较，其他诸侯疲弱得如同郡守县令，任何诸侯都无法单独同秦国抗衡，那样做无异于以卵击石。因此，尉缭担心山东六国会再结联盟，合纵击秦，向秦王政敲响了警钟。

尉缭所列举的历史事件，秦王政是熟悉的。春秋后期，晋国出现了赵、魏、韩、智氏、范氏、中行氏"六卿执政"的局面，晋国公室的权力被六卿瓜分了。后来，智氏的智伯（名瑶）一度控制了晋国朝政，他便联合韩和魏攻赵，把赵简子围困在晋阳一年多。赵简子秘密派人去策反韩、魏；韩、魏也怕灭赵后智伯会攻灭他们，遂与赵联盟，反过来灭了智氏，三分其地。

夫差是春秋后期吴国的君主，他的父王阖闾是因同越兵作战受伤而死的。因而，夫差念念不忘杀父之仇，终于打败了越王勾践。此后，夫差得意忘形，也要称霸中原，同晋国展开了大战，勾践乘机召集力量，兵发吴都，灭掉了吴国。

齐湣王的时代离秦王政不远，他曾同秦昭王搞连横，欲共同伐赵，并分别称东帝、西帝，所以田齐的国势一度很强盛，特别是在齐湣王灭宋之后，直接威胁到楚国和三晋，秦国也很担心能否抑制住齐国发展的势头。为了各自的利益，燕、赵、韩、魏、秦五国联军在著名军事家乐毅的统率下伐齐，攻入齐都临淄，齐湣王也被人杀死。

秦王很赞同尉缭的看法，虽说单独一国诸侯不足为虑，倘若他们联合起来，对秦国的统一事业将带来很大威胁。历史上秦国曾多次遭到山东各国的合纵进攻，使秦国遭受到很大损失。所以，如何避免合纵形势的形成，是一个关乎统一成与败的重大问题，秦王政很愿意听尉缭的意见。尉缭的方法倒也简单，他劝秦王政"毋爱财物，赂其豪臣，以乱其谋，不过亡三十万金，则诸侯可尽"。

尉缭的建议简便易行，收效却可能很大。花费几十万金，就能破坏六国可能有的合纵，还能因此造成各诸侯间的不和，以及各国内部君臣间的不和，从而减轻秦军正面进攻的压力。所以，秦王政接受了尉缭的这个建议，同时，对尉缭处理军事问题的能力也很赞赏。在其后同尉缭的接触中，秦王政发现尉缭对用兵之道有很精深的研究，是个不可多得的军事战略家。秦国不乏身先士卒、勇冠三军的将才，所缺的正是尉缭这样的满腹韬略、运筹帷幄的军事领袖。在统一决战即将全面爆发之际，尉缭的到来，无疑会大大增强秦国制定正确军事战略的能力。

因而，秦王政对尉缭恭敬有加。为了留住人才，秦王政真正做到了礼贤下士。秦国由弱到强、由小到大的发展历史告诉他，一个缺乏人才并且疏于礼聘人才的国家，不可能走向强盛，只会日益衰败。秦国素有善于选任客卿的传统，现在，这种传统又在秦王政的言行举止上得到了鲜明而生动的体现。他接见尉缭之时，坚持以平等之礼相待，不要说在隆重场合才用的衮冕，就是弁服，以及其他一切可以标志其地位身份的服饰，秦王政都不再穿着，而是坚持与尉缭穿一样的衣服，在饮食上也同尉缭一样，不再摆架子，以此表示对尉缭的尊敬和对人才的渴望。

可是，秦王政没有想到，就是他的这些举动将尉缭吓跑了。当时，社会等级森严，人们安于在等级造就的统治秩序下生活，僭越固然属大逆不道，过分的谦恭就下也会使人疑惧，因为在当时，这些都是不正常的。认真地说，尉缭对秦王政的判断是非常准确的："诚使秦王得志于天下，天下皆为虏矣。"不过，这是专制主义的封建政治所造成的悲剧，起决定性作用的，绝非什么蜂隼、长目、鸷鸟膺之类的东西。

尉缭跑了，一个对秦国、对缺乏军事指挥经验的秦王政都十分重要的军事家跑了，秦王政该怎么办呢？在讲述结果前我们不能不提到一本书，它就是尉缭所写的《尉缭子》。

《尉缭子》分五卷，共二十四篇，字数虽然不多，但内容却很丰富，战争观、战略战术的运用、军队的训练与管理、指挥艺术，等等，都有所论述，这部书实际上是对当时战争规律的探讨和总结。

尉缭十分重视对国家的治理，他描绘了一幅理想社会的蓝图：民众皆无自私自利之心，彼此同甘共苦，不再相欺相侵，使监狱都成为虚设；男耕女织，粮充粟多，人民安居乐业，雍熙和平。然而，为实现私欲而发动的战争打乱了社会秩序，使人民流离失所，受到了空前的劫难，安居乐业的美好愿望完全被粉碎了。为此，尉缭主张以战去战，伐暴乱而本仁义。战国初期，墨子曾提出过著名的"征诛"理论。在他看来，商汤讨伐夏桀，武王诛杀商纣，所以除天下之害，兴天下之利，义莫大焉。诛杀残暴的统治者是正义的战争，应当除恶务尽。孟子也认为对待像桀、纣那样的独夫民贼，理应全民共诛之，全国共讨之。尉缭的思想与他们有共同之处，他痛斥那些杀人之父兄，利人之财货，臣妾人之子女的为政者是为害社会、为害民众的"盗""一夫"（独夫），要求以有道之师制止。所谓有道之师，就是不攻无过之城，不杀无罪之人的道义之师；其发动的战争是不破坏社会秩序，确保农不离田亩、商不离店肆、官不离衙署的正义之旅。战国末期，山东六国已经完全成为专行割据的腐朽势力，失去了其存在的合理性。尉缭伐暴乱而本仁义的思想，为秦国彻底消灭六国、建立大一统的封建国家，提出了比较有力的军事学上的理论依据。

可是，即使是有道之师所发动的正义战争，也不会很轻易地除暴安良、马到功成，欲取得胜利，需要许多军事的和非军事的条件作为支持。尉缭很赞成"天时不如地利，地利不如人和"的主张，认为"圣人所贵，人事而已"。孙子将道看作是决定战争胜败的首要因素，认为"道者，令民与上同意也，故可与之死，可与之生，而不畏危"，实际上是把民心向背摆在了决定性的位置上。吴起则宣称为政者"必先教百姓而亲万民"，在此基础上方可以出师，"将用其民，先和而造大事"。《孙膑兵法》亦认为天地之间莫贵于人，"天时、地利、人和，三者不得，虽胜有殃"。如此看来，重人事、重民是先秦兵家一贯奉行的传统，尉缭继承了这个传统，呼吁为政者采用藏富于民的方针，无夺民时，无损民财，奖励耕战，如此则民安，民安则国治，国治则可威治天下。

明法审令也是重人事的重要内容。尉缭认为严格的法令军令是克敌制胜的必要条件，要做到令如斧钺、制如利剑，时时悬在军卒头上，督促他们沙场效命，威加海内，使"三军之众为一死贼"，所向无敌。尉缭十分推崇大军事家吴起，认为他是明法审令的典范。吴起率军与秦兵对峙，未及交战，一名士兵突然出击，斩杀两名秦兵而还，吴起立刻下令处死这个士卒。左右劝谏他留下这名猛士，吴起则说：他的确是个猛士，但他不听军令，杀了他！因此，在《尉缭子》中罗列了许多条军令。从《将令》中可知，统军之将受命于君。将军手持君主授予的标志其指挥权力的斧钺入帅军旅，然后即闭门清道，"有敢行者诛，有敢高言者诛，有敢不从令者诛"。若攻而败，守而降，兵败如山倒，为将者则将受极刑，掘坟暴骨，其家属没为官奴。对于士卒，尉缭则要求实行伍保之制：五人为伍，十人为什，五十人为属，一百人为闾，相连相保，有违反法令而又知情不举者，一律连坐受诛；各级军官亦上下相保，有罪不举皆连坐。另外，关于营区管理、排兵布阵、军伍号帜等方面，在《尉缭子》中也都做了很具体的规定，以确保"内无干令犯禁，外无不获之奸"。

兵马未动，粮草先行。尉缭十分重视军事后勤在战争中的作用，指出搏战取胜有五个必要条件，而后勤因素就占了两个：其一是粮草储备要比较丰足，否则会导致"士不行"；其二是军械装备必须有充分的保障，否则会使士卒"力不壮"。尉缭的军事后勤理论不仅在秦统一战争中发挥了很大作用，对于后世战争实践及其理论的发展，也都有着重要的指导意义。

尉缭十分看重将帅的军事素质，他主张为将者自受命之时起，就应将身家性命置之度外，临战决疑，挥兵蹈刃，义无反顾。他要求将帅对士卒恩威并立。威，就是军法，要严而不变；恩，就是恩惠，其施与要恰到好处，不可滥行。如此则三军用命，屡战屡胜。

历代兵家皆讲求战略战术的机动性、灵活性，尉缭也不例外。他反对临敌徒恃匹夫之勇，或进退不定，疑忌重重，主张决策要果断，出击要灵活，"正兵贵先，奇兵贵后，或先或后，制敌者也"。大军深入敌国，要攻占高城大邑，截断敌方的交通道路，乘虚而攻之。在《战威》中，尉缭列举了五个先料敌而后动的条件，即战前要研究制订周密可行的进兵计划；选任合格的统兵将帅；用兵神速；注意利用地形地势布置攻防；军令如山，违者必究。具备了这五个条件，就可以利用敌方的弱点诸如要塞未修、城险未设、戍客未归、财用未敛、将帅不信、吏卒不和、刑罚不立，等等，以实击虚，收"敌不接刃而致之"之效。

在几次接见尉缭以后，秦王政有可能已读过其中的某些篇章了。对于具有如此精深的军事理论造诣的人才，秦王政怎肯失之交臂！

尉缭为避祸，便悄悄地离开馆舍，想要逃出秦国。然而，没等尉缭离开咸阳，秦王政便发现尉缭出走，立即派人四处寻找，终于把尉缭找了回来。秦王政见尉缭被找回，又惊又喜地向尉缭问道："先生为何不告而别，舍弃寡人而去？"

"深蒙大王厚恩，臣哪里会不告而去，适才不过是到市上闲游而已。"尉缭见自己既被追回，便说自己是上街闲走。他怎敢承认自己是想逃亡？秦王政听了尉缭的回答，还是半信半疑，觉得尉缭不像是上街闲走，但是又不能断定尉缭是要舍弃自己而逃亡，更不可能知道尉缭在心中的那一段暗自独白。转念间秦王政猛醒：自上次进言后，我对尉缭优礼有加，同衣同食，可并没有正式授他以官爵，莫非他是因此而想离去吗？想到这里，秦王政在心中责怪自己的疏忽，便当即对尉缭说："先生不要为寡人派人寻您而多心，寡人已决定任命您为国尉，正想告知于您，请您主管秦国的军事，望先生尽力辅佐寡人安定天下。"

秦王政虽然不了解尉缭出走的真正原因，但是尉缭对秦王政任命自己为国尉的用意，心里却是一清二楚的。尉缭既然知道自己一时还难以离开，且又被任命为国尉，便只好暂时放弃离开秦王政的念头，供职于秦廷，从此，人们便连同官职一道称他为"尉缭"。

对于尉缭的建议，秦王政在统一过程中也下令具体实行了。于是，负有秘密使命的秦国使者们怀揣着金银珍宝，分道前往六国，千方百计去贿赂收买那些位居要津的显贵"豪臣",离间他们的君臣关系,离间六国之间的关系,使他们彼此之间充满了疑惧、猜忌,无法致诚缔交,勠力摈秦,唯知战其所亲,而忘其所敌。而秦国则得以利用六国之间的矛盾,并竭力使之扩大化,最终将六国各个击破,一统天下。因此,尉缭的建议并非只是简单的离间计,而是事关统一全局的一项军事战略规划。李斯的离间计侧重于为秦国延揽人才,堵塞敌方人才的来源,并挑拨其君臣关系,着眼点比较低,远不如尉缭的建议那般高远,那般具有全局性。秦国只有一个,土地面积和兵力分别只占六国的五分之一和十分之一,六国拥有足够的抵御秦国的实力,然而最终灭于秦国,是因为"其祸在乎六国之君,自战其所可亲,而忘其所可仇敌",使"秦人得以间其欢而离其交"。可见,尉缭的战略性建议,在秦国的统一决战中起了重要作用。

另外,统一前夕秦国在对其他诸侯国作战的过程中,使用的战略和策略,同尉缭的军事思想十分吻合;秦始皇陵兵马俑的布阵形式,同《尉缭子·兵令》所述军阵形式相同。这些都表明,尉缭亲自参加了秦统一战争中的决策活动,在军事指挥方面担负了重大的责任。作为秦国国尉,尉缭成为秦王最重要的军事助手。

可是,真正的英雄还是二十三岁的秦王政,是他发现并破例重用了尉缭,使这位杰出的军事家留在了秦国,没有为山东六国所用。此事看似偶然,实际上却是秦王政继承了秦国政治领域招贤任贤的开放传统所致。这个事例说明,无论在什么领域,封闭则少成就。尉缭是魏国人,然而魏君却不能用之,终使其为敌方所用,这是历史留给后人的教训!

韩非子

秦王政一心招纳天下贤士来辅佐他完成统一天下的大业,思贤如渴。秦王政对韩非的渴望,便是其中的典型事例之一。

秦王政十三年(公元前234年),赵国又遭到秦军的猛烈攻击,被秦军斩杀了十万军卒,还丢掉了平阳(今河北省磁县东南)和武城(今河北省磁县西南)两座城池,损失惨重。与此同时,韩国也被秦军刀光所笼罩。

韩之先祖与周同姓,姓姬氏,后属晋,至韩武子为晋国大夫,受封于韩原(今山西省芮城县)所以以封地为姓。春秋末至战国初,晋国公室衰微,六家卿大夫瓜分晋国政权。公元前403年,韩与赵、魏三家通过周考烈王的册命,正式成为诸侯,晋君反而成为他们的附庸,史称"三家分晋"。到公元前376年,三家干脆灭掉了晋君。

韩国最先建都在阳翟,公元前375年,韩哀侯灭郑,把国都迁到了新郑(今河南省新郑市),其辖境包括今山西省东南部和河南省的中部、南部。韩国地处天下腹心,西与强秦为邻、东与魏国接壤、南有地广人众的楚国,被诸强包围,偏偏在地势上又无险可依,所以经常遭到其他诸侯国的攻击,在战国七雄中实力最弱。

韩国最危险的敌人,是有"虎狼之心"的秦国。

秦国亡韩之心久矣,早就计划要将这块兵家必争之地夺到手中。昭王

韩非像

时,范雎曾说过:秦之有韩,好像木头里有蠹虫,人的心腹有疾病一样,万一天下有变,对秦国威胁最大的一定是韩国,应当灭了它!出于同样的考虑,秦王政在制定统一六国的战略时,也是决心搬掉韩国这块挡在秦国正面的大石头,以肃清秦军东进的道路。因而,韩国的灭亡只是个时间问题。

不过,秦军此番攻韩,并非打算彻底消灭它,其主要目的在于逼迫韩王安把一个韩国无用之人——韩非,交给秦王。

韩非,韩国"诸公子也",也是贵族之后。他素喜"刑名法术之学",下了很大的力气去钻研法家的学说。韩非曾同李斯一起在楚国兰陵随荀卿学习,李斯承认韩非比他学得好,造诣颇深。

韩非是个热忱的爱国者,他亲见自己的祖国积贫积弱,日益沉沦,外有强秦虎视,内有悍臣弄权,亡国之危已迫在眉睫。于是多次上书给韩王,针对韩国所迫切需要解决的一系列现实问题,陈述了自己的政治主张和如何改变现状的意见。然而,庸懦无能的韩王不识人才,根本不理睬韩非的主张。韩非满腔的爱国热忱被冷落,又因口吃,不善言谈,于是将其所有的悲愤和忧愁皆倾注于笔端,埋头著述。

不久,韩非的著书便流传到秦国。当秦王政如饥似渴地读完韩非的《孤愤》《五蠹》时,不禁拍案称奇,起身感慨地说道:"嗟乎!寡人如能得以见到此人,并同他一道交游,死而无憾矣!"

这时,恰逢秦王的长史李斯入内禀事,见大王如此感慨,便向前询问何故。秦王政请李斯阅读案上的竹简,并说道:"先生博学,请看案上的书简,竟是出自何人的刀笔?"

李斯遵命披览书简,片刻间便抬起头来,笑着对秦王政说:"禀报大王,此书简乃韩国公子韩非所著,韩非同鄙人曾一道受学于荀卿先生多年,故能一望而知。"

听了李斯的回答,秦王政陷入了沉思之中。

韩非到底都写了些什么,使心高气盛的秦王政如此兴奋,并对他佩服得五体投地,必欲见之而后快?

韩非的政治学说,主要是在总结和吸收了前期法家思想遗产的基础上形成的,他是一位集法家学说之大成的思想家。他的文章现存五十五篇,收集在《韩非子》一书里。

韩非是一个君权至上论者,要求加强专制主义的中央集权,这是其政治思想的核心内容。他的名言是"事在四方,要在中央,圣人执要,四方来效"。所谓"圣人",就是中央,也是君主。所以,若欲安国,则必须尊主。韩非借鉴了前期法家的有关学说,提出了更为细密的法、术、势相结合的专制主义理论。

韩非自觉地站在儒家思想的对立面上,疾呼要以法治国,同以德治国唱对台戏。他所说的法,是指由封建官府制定和颁布的成文法。法治的对象是君主驭下的所有臣民;法治的目的是维系封建的统治秩序,保障圣人——君主对全体臣民的绝对统治。因此,韩非主张法必须严峻,只有实行严刑峻法,老百姓才不敢犯上作乱。人们很少被火焰烧伤,是因为火焰猛烈灼热;许多人溺毙于水中,是因为水性柔弱。严刑峻法就如同一盆火焰,约束臣民老老实实地接受君主的摆布,不敢铤而走险,以身试法。

此外,韩非还鼓吹法不阿贵、赏罚严明,他认为圣明的君主设置官职爵禄,就是为了以此招引贤才,奖励功臣。所以,贤能之人应任大官,拿厚禄；功勋卓著者，应当得到很高的爵位和奖赏。有多大的本事当多大的官，有多大的功劳领多厚的俸禄，主张任人唯能、任人唯才，反对儒家建立在血缘宗法关系基础上的任人唯亲的原则。在当时，韩非的此项主张有其进步意义。

不过，韩非所谓的法，仅是由统治者颁布的严刑峻法，君主还不能有效地主宰他的臣民，还必须有势。所谓势，是指国君的地位与权力。韩非继承了慎到重势的思想，认为君主一日不可无势。夏桀为天子，能控制天下，不是因为他有贤能，而是因为他的权位崇高。尧当老百姓的时候，不能治三家，不是因为他没有贤能，而是因为他的权位太卑下。千钧重的东西，载在船上便漂起来，锱铢般轻的东西，若不放在船上便要沉下去；不是因为千钧轻，锱铢重，而是有势与无势的缘故。所以韩非得出了结论：抱法处势则治，背法去势则乱，有了势，法的威力才能发挥出来。

势既然这般重要，君主应当将其视为自己的眼睛，自己的生命。韩非以形象的语言告诫君主：觊觎君主权势的大有人在，君主一旦失势，即使求为匹夫亦不可得。猛虎依靠尖锐的爪牙能制服狗，若将虎的爪牙移到狗身上，老虎就被狗制服了。因此为君者应当像防贼一样提防所有的人，越是亲近自己的人越要注意，例如父母、妻子、兄弟等等，他们都可能构成对君主权势的致命威胁。韩非在《备内》中说：做人主的若过于相信自己的儿子，奸臣们就会利用君之子以实现自己的目的，所以主父（赵武灵王）立其子为惠文王，李兑便借傅保惠文王之机，兵围主父之宫，把他活活饿死了。为人主者若过于宠信自己的妻子，奸臣便会利用她以实现自己的目的，所以优施为骊姬等画废立之策，杀死了太子申生而立奚齐。以妻与子那样亲近的关系都不可信，其他人则更没有可信的了。夫妻之间并没有骨肉之恩，爱而亲，不爱则疏。男人年五旬仍好色未解，而妇人年三旬便花容衰减，以色衰之妇人去侍奉好色之男人，妇人即被疏远之，轻贱之，其子的嗣子地位也会变得不稳固，所以有些儿子被立为太子的后妃夫人，便盼着君主早死才好。韩非因此建议君主时刻都高举着屠刀，准备随时砍向那些心存不轨者，绝不能让亲属以及臣下抢走自己的"爪牙"，而为人所制。

韩非和他的老师荀卿一样，都主张人性恶，但韩非的看法更为极端。他认为人之本性是好逸恶劳、趋利避害，人与人之间的关系，全部是赤裸裸的相互利用的关系，因此才会有那么多的子弑父、妻谋夫、下僭上、臣弑君。为此，君主要善于潜运权术以御臣民。

以权术驭下的思想，是韩非从前期法家申不害那里学来的，并做了相当大的发展。在《外储说右下》中，韩非形象地说明了术治的重要性：国家如同君主的本舆，权势如同君主的舆马，如果没有术以驾驭之，即使费了很大力气，车马也会不听话，如果以术去驾驭，不仅体泰神闲，还能成就帝王之业。韩非提醒君主，术的运用要存乎于心，不可外露，特别是不要让臣民们摸透了自己的脾气。韩非还把道家"无状之状、无物之象"的道搬来，以说明术治的神秘性，认为为君之道，必须使臣下不可随意揣摩君心，君主要像道那样，虚静无事，暗观六路，潜听八方，臣下的一举一动则尽在君主掌握之中，如此再祭起刑与德这"二柄"刀子，忠义为主者予之上赏，叛主谋国者杀之无赦。人君就得像一只蜘蛛，耳目的特种网是蜘蛛网，这个网便是人君的威势所借，有了这张网，做人君的还得像蜘蛛一样，藏匿起来，待有饵物时继之以不容情的宰割。

韩非将毕生的精力都放在了这张特种网的编织上，成为专制网络得以织就的关键人物之一。

韩非法、术、势相结合的君主专制理论，在当时的社会条件下，对于政治体制的变革实践，起了很大的指导作用。统一以后的君主专制主义的中央集权体制，实际上基本就是按照韩非的理论框架建构而成的，在一定程度上，进一步明确和固定了社会各等级的权利与义务，维护了国家的统一性。可是，在另一方面，这种绝对专制的政治理论野蛮地桎梏了人之个性的发展，极大地束缚了中华民族的创造力，成为社会进步的严重障碍。而一味强调垂直关系下的服从，使中央集权体制很快僵化，由统一走向"统死"。因此，尽管在漫长的中国封建社会中，此种理论的存在有其合理性，但早已失去了进步性。

当然，秦王政并不会这样看。他生活在法治传统深厚的秦国，对系统的法家理论心仪已久。不过，他过去所接触到的法家学说可能比较零碎，一方面，是由于变法于秦的商鞅只讲严刑峻法，只讲奖励耕战，这在当时是适用的。但现在时过境迁，全国面临统一，商鞅的学说便显出了总体粗糙、漏洞太多的毛病，无法用以指导当前的政治实践。另一方面，因为吕不韦并不专尚法家，特别在为君之道方面，他更多地采纳和改造了老庄道家的学说，主张无为、节欲、适欲，所以，在其傅保下成长起来的秦王政，大约也得不到系统而完整的法家理论教育。而秦王政本人的专横跋扈的政治品格，固然有其个人性情的因素，然而总的来说，是受大一统封建政治所决定和推动的，是历史造就了"轻食人"的秦王政，尽管在统一前，他的这种品格还未发展到极致。因此，历史的以及个人的需要迫使秦王政采用更先进的理论武器武装自己。

可见，韩非在《孤愤》篇中指出了加强君主权力的要害所在，在《五蠹》篇中又规划出富国强兵的具体方案，而且提出了兼并天下、建立超越三皇五帝的大帝国这一战略目标。加强君权、富国强兵、兼并天下、建立帝国，这正是秦王政日夜思念的大事。韩非为秦王政所日夜思念的大事提出了具体的解决方案，句句话都说在他的心坎上，使秦王政犹如夜见明灯。既然如此，他怎能不发出"寡人得见此人与之游，死而无憾"的感慨呢？

连日来，秦王政多次翻阅韩非的书简，读其文而思见其人。为早日见到韩非，使其为己所用，秦王政在急切的心情之下做出了决定，于公元前233年发兵攻打韩国。韩王安见秦国大兵压境，惊慌得手足无措。危难中，韩王想起了韩非。尽管以往从未采纳过他的意见，这次却决定派韩非出使秦国，让韩非劝秦王政首先伐赵。

韩王哪里知道，秦王政此次发兵的目的，不是要在此时灭亡韩国，而是要借此得到韩非，因此，当韩非出使秦国时，秦国便撤兵而归。

韩非到达秦都咸阳，受到秦王政的盛情接待。韩非的使命是劝说秦国伐赵，停止进攻韩国。事实上，秦国攻韩是为了得到韩非，现在韩非既已到达秦国，秦国当然暂时停止攻韩。至于是否伐赵，秦王政自有安排，怎能听取韩王及其使者说三道四。由于秦王政的挽留，韩非便留在咸阳，礼遇有加。

在阅读了韩非的《五蠹》《饰邪》等篇之后，秦王政知道韩非是很仰慕秦国政治的。而韩非自己又不见用于韩，由此可以判断，韩非必将用于秦。

然而事实却与之相反，秦王政并未"信用"这位他渴慕已久的法术家。原因之一是，秦王政又读到了韩非的新作——《存韩》，这是一封上秦王政书，主旨是反对秦王政伐韩。

秦王政发现，同韩非的其他著述不同，《存韩》不提如何为君驭民，只讲现实中的诸侯之间的纵横关系、利害关系，并且竭力要使秦王政相信，作者本人绝对是站在秦国立场上的。《存韩》的内容大致是：一、韩臣服于秦几十年，老实得如同秦国的郡县一样，秦不应放着最大的祸患赵国不打，而先去伐韩。二、韩国君臣面对强秦攻击，会同仇敌忾，抵御敌人，故秦不可能迅速灭韩。如果只拔一座韩城便退兵，"则权轻于天下，天下摧我兵矣"。三、如此则韩必叛秦，魏必起而应韩，有利于据齐以与秦为敌的赵国，增强了合纵之势。于是，秦击赵而不能胜，退而攻韩而不能拔，军卒常年作战，疲于奔命，则"秦必为天下兵质矣"——成为天下的箭靶子。四、所以韩非建议秦王政派人使楚，争取楚魏两国"从韩而伐赵"，赵便不能为患于秦了，然后，"韩可移书定也"。

灭韩以除心腹之患，是几朝秦国君臣战争实践的经验之论，也是秦王政君臣经过深思熟虑之后，所制定的统一战略的重要组成部分。对秦王政而言，存韩就意味着全部统一战略必须改变，意味着有可能大大延误统一战争的进程，这是秦王君臣绝对不能同意的。更使秦王政警惕的是，这种迂腐之论——包括秦不能在一年内灭韩，竟然出自对天下形势有着准确把握的韩非之口！显然韩非是在为韩国的安危着想，而不是为秦国的利害上书。秦王政已经看出，在欲用于秦和存韩弱秦这一对矛盾中，韩非明显地选择了后者。为了证实自己的判断，秦王政令李斯谈谈对《存韩》的意见，李斯亦云"非之来也，未必不以其能存韩也为重于韩也"，表达了与秦王政相近的看法。

韩非如此表现，教秦王政怎样"信用"他呢？

其后不久，又发生了这样一件事。

四年前，秦王政喜得军事家尉缭，采纳了他的离间山东诸国关系，破坏其合纵图谋的战略性建议，曾派出不少智能之士到六国去完成这项使命，姚贾即是其中之一。

姚贾，魏国人，继其父职为监门（守门人）。曾为赵臣，后入秦。秦王曾招集臣下六十人，问谁可赴六国行离间计，姚贾遂毛遂自荐，愿出使山东，绝其谋而止其兵。秦王政乃予其车百乘，金千斤，派其出使各诸侯国。几年过去，姚贾不辱使命，成功地离间了各诸侯，于韩非入秦这一年，返回秦国，向秦王政复命。秦王政非常高兴，为了表彰姚贾的功绩，封其千户，以之为上卿。

韩非知道此事之后，很快向秦王政表达了他的看法：姚贾带着巨额的珠玉金银，由南至北，出使三年，未必离间了各诸侯的关系，可是把国家的资财都花光了，这是姚贾凭借大王的权威，国家的资财，在为自己的私利交结诸侯，希望大王进行调查。再说姚贾本是魏国监门之子，却在魏国行盗。他曾在赵国为臣，又被驱逐。让这么一个监守自盗的魏国大盗和赵国的逐臣，参与有关秦国社稷的决策，怎能鼓励群臣忠心为国呢？韩非忘记了，他自己也是一个被韩王推出来挡灾的韩国弃臣。多疑的秦王听了这个意见，因此而免了姚贾的官，并细细地盘问了姚贾一番。姚贾急忙向秦王政表示了自己的忠诚："使贾不忠于君，四国之王尚焉用贾之身？"又以太公望为齐之逐夫，文王用之而王；管仲乃齐鄙之贾，桓公用之而霸的事例，反驳韩非对自己曾为"梁之大盗，赵之逐臣"身份的讥消，要求秦王"可以存社稷者，虽有外诽者勿听；虽有高世之名，无咫尺之功者不赏"。秦王政认为姚贾的话没有错，特别是后两句，很有道理，遂命姚贾官复原职。

韩非的确是将攻击矛头对准姚贾个人的，是以莫须有的罪名向秦王政进谗，诬告姚贾，近似于人身攻击，应当看到，韩非的诬告，又的确在客观上造成了对秦国执行离间六国关系的战略计划的破坏，在一定程度上使负有此项使命之人心怀疑惧，唯恐获罪，不敢放手去做，甚至不愿接受命令，出使六国。

秦王政由此对韩非更感不快。自己险些听信了他的谗言，冤枉了忠臣。但是，可能秦王政自己也搞不懂，韩非为什么如此痛恨姚贾？

工于心计的李斯，对韩非的得宠很是嫉妒。此次韩非责难姚贾，在秦王政面前碰壁，被李斯视为时机已经到来，便同姚贾一道在秦王面前诬陷韩非："韩非是韩国的一位公子，今大王想要兼并诸侯，但韩非最终还是得为韩国着想，而不会为秦国谋划，这是人之常情。而今大王不重用韩非，却又将他留在秦国，使他得以了解秦国的虚实。韩非久留于秦而后再回到韩国，这岂不是自己给自己留下祸患吗？不如找他一个过错，将他依法诛杀，免留后患。"

秦王政见李斯、姚贾讲得有道理，感到人心叵测，联想到韩非入秦以来，并没有在重大问题上有所贡献，此次对出使四国有功的姚贾提出非难，而且又不在理，便听从李、姚的意见，将韩非下狱问罪。

韩非入狱后，李斯派人送毒药给韩非，让他服毒而死。韩非感到冤枉，不肯服毒自杀，想要向秦王政陈述自己无罪。可是在李斯的控制下，韩非无法得到面见秦王政作自我申辩的机会。

事后不久，秦王政对将韩非下狱问罪的决定深感不妥，察觉到李斯、姚贾是报以私怨，如此处理不仅会失去韩非，而且会产生当今天下贤士因此而不敢前来秦国的严重后果，很是后悔。于是当即派人到狱中宣布赦免韩非。然而传令的使者晚了一步，当使者到达狱中时，韩非已自尽而死。秦王政得知韩非死于狱中，痛失一位贤才，心中甚是悲哀，同时也对李斯、姚贾陷害异己的行为深为不满。然而，秦王政不想为一位已经死去的人再去惩罚活着的李斯、姚贾，自砍手足。在兼并天下的大业中，他还用得着李斯与姚贾啊！秦王政把对李、姚的不满深深地埋藏在心中，对韩非充满着无限的哀痛和思念。

顿弱

顿弱并非秦国人,而是由其他国家入秦的游说之士,其身份相当于宾客,与秦王政不存在君臣关系。

秦王政闻知顿弱的大名,想要召见他,同他讨论天下大势,便派使者向顿弱转达这一意图。顿弱得知后,请使者向秦王政转达:"臣客居秦国,按理相见时不能参拜秦王。秦王如能允许臣相见时不行参拜之礼,臣可以奉召觐见;如果不允许,那么,臣就不敢前往觐见了。"

使者一字不漏地向秦王政转达了顿弱的回话,秦王政觉得此人虽然有点儿奇怪,但语出不凡,揣想其人必有奇谋妙计,故意出此难题来试探寡人是否诚心招贤纳谏。想到这里,秦王政便向使者说:"你转告顿弱先生,寡人答应他相见时不行参拜之礼的要求。"

使者转告顿弱,顿弱便前往宫中见秦王政。宾主落座后,秦王政躬身向前说道:"久闻先生大名,今日有幸相见。先生不远千里而来,想必定有良策赐教于寡人。"

"天下有有其实而无其名者,有无其实而有其名者,有无其名又无其实者,不知大王是否知晓?"顿弱大谈"名"与"实",而没有谈具体的事。秦王政被顿弱弄得莫名其妙,不知顿弱想要说些什么,便只好回答说:"不知道。"

"有其实而无其名者,那是商人,商人手不扶持农具耕出,却拥有积粟之实，这就是有其实而无其名的人。无其实而有其名者，那是农夫。农夫在大地解冻后便从事耕种，于烈日之下赤膊锄草，无积粟之实，这就是无其实而有其名的人。至于无其名又无其实者，那就是国王。太子一旦立为万乘大国之君，至尊至贵，便无有孝敬双亲之名；以地方千里奉养双亲，亦无有孝养双亲之实。"

秦王政此时刚刚平息嫪毐叛乱，一怒之下，将母亲从咸阳迁到雍城阳宫，并发誓今生母子永不相见。秦王政见顿弱借着大谈名实，拐弯抹角地把话题扯到自己的头上，说自己不孝，不由得"悖然而怒"。顿弱见自己的言语已触到秦王政的痛处，便临危不惧立即切入正题："山东有六个强国，以大王之神威，不掩袭山东六国，却施之于母后，臣私下以为大王不会采取如此下策。"

顿弱的寥寥数语，使秦王政认识到摆在自己面前的大事是兼并天下，而不是对生母的怨怒。于是秦王政的怒气顿时消失，欠身向顿弱询问道："山东六国可以兼而有之吗？"

"六国之中，韩国地处天下的咽喉，魏国是天下的胸腹。大王如能出资万金，听任臣下东游韩、魏，韩、魏的大臣如能臣事于秦，则韩、魏从秦。韩、魏从秦，则天下可图矣。"顿弱振振有词。

"寡人之国贫，恐怕难以资给万金。"秦王有些为难。

"天下从来就未尝安然无事。天下大势，非'合纵'便是'连横'。'连横'成功，则秦称帝于天下；'合纵'成功，则楚称王于天下。如果秦称帝于天下，即以天下的资财恭养于秦；如果楚称王于天下，即使大王虽有万金，却不得以为私有啊！"

秦王政闻听顿弱此语，点头称"善"。

因而，秦王政出资万金使顿弱东游韩、魏，使韩、魏将相入事于秦；北游于燕、赵，赵国名将因赵王中离间计而被杀；后来齐国又入朝于秦，此皆顿弱之谋也。

顿弱在秦国并无"客卿"头衔，但秦王政以客卿之礼待之，虚心纳谏。事实表明，秦王政是客卿政策的忠实执行者。顿弱的计谋，同尉缭、李斯向秦王政的献策是一致的。

第四章
一统天下

灭韩

秦王政亲政后对赵国频频发动军事进攻,其中接连两次被李牧打得大败,但实际上拉开了秦军相继灭亡六国战争的序幕。

韩国地处秦军东进的要冲,是"天下之咽喉",但实力最弱,因而成为秦灭六国的第一个目标。

自三家分晋以来,韩、赵、魏三家之中,韩国的领土最小,辖有现今山西省的东南部、河南省的中部。韩四周,西和秦、魏交界,南与楚相连,东南与郑相连,东部和宋交界。国都初在平阳(今山西省临汾市西),后相继迁至宜阳(今河南省宜阳县西南)、阳翟。公元前375年,韩哀侯灭郑国后迁都于新郑。

进入战国时代以来,魏文侯最先实行社会改革,魏国国力最强。赵烈侯、公仲连在赵国实行改革,亦见成效。然而韩国自韩康子到韩昭侯即位的九十年间,没有进行重大改革,虽灭掉郑国,却在对外战争中接连丢城丧地。韩昭侯重用申不害为相,在韩国实行社会改革,收到了显著的成效。

韩昭侯、申不害之后,宗室贵族公仲、公叔在宣惠王、襄王、釐王在位的五十多年间,一直把持着韩国的大权,政治腐败,国势日衰,在山东六国中沦为实力最弱的国家。

韩国地理上的战略位置和实力上的虚弱,使得早在秦惠王时期,张仪便提出了"下兵三川""挟天子以令天下"的首先灭韩的主张。因此司马错同张仪在惠王面前辩论，主张应当首先攻取巴蜀，如此可收到"广地""富国""强兵"的效果，结论是"三资者备而王随之矣"。惠王采纳了司马错的主张，公元前316年司马错带兵攻取巴蜀，后来又建成都江堰工程。事实表明，当年秦惠王放弃首先伐韩而攻取巴蜀的战略决策是正确的，对于秦的富强和兼并六国具有重大的战略意义。

秦王政亲政后，秦国的实力比秦惠王时期更加强大，而韩国的实力比当年更为衰弱。在这种实力对比下，秦灭韩国是轻而易举的事。在秦兵压境、危亡在即的形势下，昏庸无能的韩王安惶惶不可终日。

秦王政在大举发兵逐一翦灭六国之前，为给赵军以重创，以免首先灭韩后促成赵、楚、魏等国联合攻秦，便采取了"舍韩攻赵"的战略，以攻赵并削弱赵国军事实力作为翦灭六国战争的序幕。

秦王政按分兵攻赵、攻魏、攻楚的战略，集中全力多次进攻赵国。虽然秦军曾两次被赵国名将李牧打得大败，但当秦王政得知赵军确已遭到重创，"亡卒数十万、邯郸仅存"时，认为既定的战略目的已经达到。特别是公元前231年魏国被迫向秦献地、韩国被迫把残存的一部分南阳土地献给秦国、秦派内史腾任南阳假守，秦王政认为大举发兵逐一翦灭六国的时机已经完全成熟。与此同时，秦国的间谍正在邯郸城中通过贿赂赵王宠臣郭开而造谣李牧谋反，大行离间之计。秦王政认为"舍韩攻赵"战略已达到预期目的，便当机立断地发兵韩国。

公元前230年，秦王政下令内史腾（此时已兼任南阳假守）率秦军就近灭亡韩国。勇猛无比的秦军将士，在几乎没有遇到什么抵抗的情况下，迅速攻入韩都新郑，韩王安成了秦军的俘虏，韩国宣告灭亡，秦国把攻占的韩国土地建置为颍川郡。

自公元前230年秦军灭韩起，至公元前221年秦军灭齐，十年之中，每一个年度秦军都要实现一个战略目标，山东六国逐一被秦国所灭。

亡赵

战国七雄中，赵国是仅次于秦国的强国，名将辈出，士卒如云，曾多次同其他诸侯国合纵，重创秦军，所以，秦国君臣都把赵国当作最大的敌人，丝毫不敢掉以轻心。

秦昭王之时，赵惠文王欲兴兵攻燕，苏秦之弟苏代恰在赵国，他对赵王说："臣来赵时经过易水，见一只河蚌张开蚌壳晒太阳，而鹬啄其肉，蚌即闭壳而钳住鹬喙。鹬说：'今日不雨，明日不雨，你就会死。'蚌也说：'今日不放，明日不放，你成死鹬。'两下里各不相让。一个渔翁看到这情形，便把鹬、蚌都抓住了。"苏代劝赵勿伐燕，以免强秦坐收渔翁之利。

秦王政亲政以后，对赵国的方方面面进行了仔细的调查和研究，他发现，赵国除了君臣隔膜、将佐不睦以外，还有一个很大的弱点，即赵国同他的东北邻国燕国不能相容，经常兵戎相见、相互攻伐，即使在休战时期，也是貌合神离、钩心斗角，就像苏代所说的：鹬蚌相争。

自长平大战后，赵国损失了几十万军队，元气大伤，全国上下无不切齿痛恨秦王。后来，策动长平之战的秦昭王死了，燕王喜便派他的相栗腹带着五百金去邯郸，向赵孝成王表示祝贺，同时以此加强两国的友邻关系。对赵、燕两国而言，这本来是一件好事。可是，燕国的君臣，似乎特别怀念燕昭王时国家殷富、扫荡齐域的那段历史，盼望着能再现昔日的辉煌。栗腹在赵国发现，赵之青壮年皆死于长平，下一代还未成年，他觉得这是一个使燕再振雄风的天赐良机。回国后，栗腹向燕王喜报告了这个情况，而且建议讨伐赵国。燕王君臣闻报，大喜，仗着自己人多，决定进攻赵国。赵军虽然青壮年很少，然而士卒富于作战经验，将领指挥得当，人多势众的燕军不是对手，栗腹的部队被名将廉颇击败，苏秦所率燕军也被赵国大将乐乘打败，赵军长途追袭五百余里，反而将燕都包围，燕王喜只得灰溜溜地同赵讲和。

秦王政即位以后，赵、燕两国的关系又趋紧张。秦王政二年（公元前245年），赵悼襄王上台，令亲信大将乐乘取代廉颇，廉颇一怒之下率所部打跑了乐乘，自己也投奔魏国去了。这个事件给赵国带来了灾难性的后果。两年后，赵派李牧率兵攻燕，连克武遂（今河北省保定市徐水区遂城镇）和方城（今河北省固安县南）两座城池。燕王喜派名将剧辛攻赵，欲乘当时赵数败于秦军，而廉颇不在赵国的时机重创赵军。赵国则派著名军事家庞煖为将，一举歼灭燕军两万人，连剧辛也没能漏网。

秦王政十一年（公元前236年），远在咸阳的秦王政得知庞煖率军连克燕城数座，而且还在继续向燕腹心推进。由此，秦王政判断赵国国内必然空虚，决心利用燕赵的鹬蚌之争使秦国得利，遂果断决策，派王翦和桓齿、杨端和两军以救燕为名，率秦军疾攻赵国。果然不出所料，赵国对秦军的攻袭没有准备，国内兵力又严重不足，无法组织有效的抵抗。王翦一军出上党，很快攻占了阏与（今山西省和顺县）、橑阳（今山西省左权县）。桓齿、杨端和所率秦军也很顺利地占领了赵国的河间六城。不久，桓齿又攻占了邺（今河北省磁县东）和安阳（今河南省安阳县）。上党郡和漳河流域已完全为秦军所控制。

捷报一道接一道地飞向咸阳，秦国君臣兴奋不已。战争的考验和为政的实践，使年轻的秦王政很快成熟起来。此次战役表明，秦王政比较注意分析敌我双方的运动态势，善于利用六国间错综复杂的矛盾关系，主动而迅速地捕捉战机。对于一个统一决战的最高指挥者来说，这是不可或缺的战略控驭才能。

秦王政十三年（公元前234年），乘秦军气势正旺，赵国兵势不振，秦王政再作决策，派将军桓齮攻赵。桓齮行动迅速，指挥秦军迅速东进，将武城（今河北省磁县西南）和平阳（今河北省磁县东南）两城团团包围起来，发动猛攻。平阳和武城皆位于赵都邯郸之南的漳水边上，一东一西，扼邯郸南方要冲，为门户所在，地理位置十分重要。赵王急调十万精兵，派扈辄为将前去救援。双方在平阳外围展开了激战，结果，赵军全部被歼，扈辄也死于秦兵的长戈之下。

平阳之战是统一前最大的一次战役，赵国的有生力量在此役中再次遭到沉重打击。秦王政接到捷报，兴奋不已，立刻起身离开咸阳，前往距前线不远的河南视察。他决心趁热打铁，一举灭赵。第二年，屡战屡胜的桓齮又奉令攻赵，麾军自上党出发，翻越太行山，向赵进攻，夺取了赤丽、宜安（今河北省藁城西南）。就在秦军正欲扩大战果，挺进赵之腹地的时候，赵国也在加紧调兵遣将，企图挡住秦军，苟延残喘。

秦王政此次出兵的意图十分明显，主要是攻占邯郸以北的要塞，与之前秦军在邯郸以南所取得的战果相互呼应，造成对赵国都城的南北合击之势，为最后灭赵饮马邯郸创造条件。

对秦军的战略态势，赵王自然也十分清楚。漳河失地夺不回来了，邯郸的背后无论如何不能再丧兵失地了，必须尽快击退秦兵，稳固后方。当此国运攸关之时，必须选任一员文韬武略齐备，而又忠心为国的大将为帅，麾军蹈秦，方有可能获得成功。赵国人才本来不少，不乏将帅之选，只是近几年国运衰而人才尽：乐乘跑了、廉颇跑了、扈辄被杀了、宠援征燕回来也锐气尽失，无法再荡征尘。赵王遍观国中，唯有急调"北边良将"出征一途。因此,赵王冒着匈奴乘机进犯的危险,任这位"良将"为大将军,领兵击秦。

大将军果然神勇无敌。他驱军进击宜安,与桓齮在肥(今河北省晋州市西)指挥的秦军展开了激战。多年以来,秦军所向无敌,无人敢撄其锋,睥睨六国之兵尽如草芥,经此一战,秦军始遇对手。桓齮虽多方组织秦军抵御赵军进攻,但是在战术指挥上毕竟略逊对方一筹,被赵军打得大败。桓齮侥幸逃脱性命,想起自己是近年来第一个遭到如此惨败的秦国将领,秦王政驭下严苛,回秦必然性命不保,遂狼狈投奔燕国去了。

这次领兵重创秦军的赵军统帅是李牧。

李牧,"赵之北边良将也"。他率军镇守雁门(郡治在今山西省石玉县西),以御匈奴。李牧的守边战略是坚守不出,不与匈奴开战。几年下来,匈奴固然未受打击,边关却也安如磐石。匈奴和守卫边关的赵军都认为李牧胆子小,经不得大阵仗。赵王了解了这个情况,很不满意他,最终派人代他为将。

新上任的将军与李牧不同,凡匈奴来侵皆出关迎敌,但多次出击皆失利,赵军伤亡日渐增多,边关一带的农牧业生产也维持不下去了。赵王没有办法,只得再请李牧出山,重镇边关。李牧提出条件:"王必用臣,臣如前,乃取奉令。"赵王也只好同意他的要求。

李牧复出,依然坚守不出,赵之北边复又成为铁壁铜墙,匈奴连年来犯,毫无所得。可是守边将士不愿示敌以胆怯,纷纷向李牧要求出击匈奴,一时间群情激奋,士气高昂。李牧见时机成熟,遂选拔精锐健卒五万人,弓箭手十万人,又挑选战车一千三百乘,战马三千匹,进行操练、演习。然后故意"大纵畜牧,人民满野",匈奴小股骑兵来犯,李牧佯败退却,诱其大军深入。匈奴果然中计,单于率大队入边,李牧率所伏赵军突起,左右两翼合围击杀,一举歼灭匈奴十余万骑,灭襜褴,破东胡,并迫使林胡族归附,林胡之名自此消失。此后十余年,匈奴闻李牧之名而胆丧,不敢靠近赵国北边,可见李牧的确是一位杰出的军事家。

这次李牧对秦军的胜利,使赵国暂免灭顶之灾,成功地破坏了秦王政南北合击的战略部署。但是,秦军的有生力量并未受到很大损失,战略主动权仍然牢牢地掌握在秦王政手中,一统天下的势头只是稍稍停顿了一下而已。因此,秦王政决心再次攻赵。秦王政十五年(公元前232年),秦王政兵分两路,一军攻到了漳水流域的邺,另一支兵马到达太原,并由此向邯郸后方的番吾(今河北省灵寿县西南)发动猛攻,企图再次形成南北合击邯郸的战略态势。在此关键时刻,赵王迁再次命令已受封为武安君的李牧率军迎敌。李牧不负众望,领兵直驱番吾,同秦军展开了血战,第二次打败秦军,暂时免除了邯郸的腹背之忧。

赵军取胜的原因,除了李牧的军事指挥才能确实要高出秦军将领一截以外,还在于面临亡国的危险局势时,赵军将士人人用命,上下一心,同仇敌忾。

面对战局的突然变化,秦王政决定放弃临时制订的先行灭赵的计划,恢复执行既定的先行灭韩、翦除秦腹心之患的战略方针。同时,秦王政也

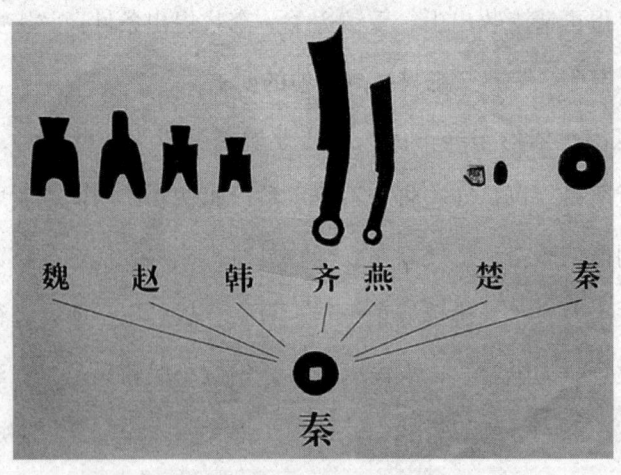

秦统一六国货币简图

在考虑另寻战机，除掉李牧这个劲敌，以确保统一战争的顺利进行。

秦王政十七年（公元前230年），秦灭韩。此时，一个消息传到了咸阳：就在秦灭韩期间，赵国先是发生了大地震，自乐徐（今河北省保定市满城区西北）以西，北至平阴（今山西省阳高县南），台屋墙垣毁坏大半，土地裂开了一道东西宽一百三十步的大口子。紧接着又闹起了大饥荒。老百姓们传唱道："赵为号，秦为笑。以为不信，视地之生毛。"秦王政决定抓住这一天赐的灭赵良机，向赵国再举征伐。

秦王政十八年（公元前229年），三十一岁的秦王政再次抓住战机，下令大举攻赵。秦军兵强马壮，士气高昂，分两路攻入赵境：王翦率上党秦军由西向东，直下井陉（今河北省井陉县），再由北向南，威逼邯郸；杨端和率河内（今河南省黄河以北地区）秦军由南向北，直扑赵国腹心，进攻邯郸。

这时的赵国，因连年征战以及地震和饥荒，民不聊生、怨声载道，兵员严重不足，原有的君臣隔膜、将佐不睦的矛盾也更加突出，已是堪堪待亡。赵王迁困兽犹斗，派武安君、大将军李牧和将军司马尚带兵在邯郸外围拼死抵御。李牧是战国时期罕见的帅才，攻守全能，特别擅长打防御战，当年他在雁门镇守边关之时，就连势如飙风的匈奴铁骑，面对他铁桶一般的防线，也是一筹莫展，休想再前进一步。眼下，面对秦军的凶猛进攻，李牧和司马尚竭尽心智、苦心筹划、团结全军，成功地将两路秦国大军挡在邯郸外围达一年之久，连王翦这般威名赫赫的大将，对此也是无计可施。

从公元前233年起，秦军三次攻赵，前两次均遭惨败，第三次攻赵亦遭到顽强的阻击，无法挺进邯郸。而给秦军造成如此大麻烦的人，竟然都是——李牧！秦王政开始明白了：若论提百万之军纵横沙场，攻必克，守必固，百战而不殆者，李牧足以称之，秦军将领无人能及。所以，秦王政不打算调换前线将佐——王翦尚且束手无策，其他将领更可想而知了。秦王政更不愿久围邯郸，因为那样做固然可以切断邯郸同外界的一切通道，困死李牧，但短时间内是无法做到的。若围城时间因此延长，迫使各国认清形势，再次合纵，共同对付秦军，形成赵反击于内，诸侯合击于外的态势，或者诸侯联军干脆直捣咸阳，"奋六世之余烈"的统一决战就将遭到全面失败。这样的局面，秦王是无论如何都不愿见到的。

矛盾的焦点集中在李牧身上，秦王政决心剪除李牧，拔掉这颗统一之途上的大钉子。强攻不行，唯有智取。秦王政想起过去曾获得的一则情报：当年廉颇投奔魏国以后，魏王并没有信用这位老将。后来因赵国数败于秦兵，国无良将，赵王打算重新起用廉颇，廉颇也想为国重披征袍，再上疆场。当赵王的使者到魏国来看望他的时候，廉颇在席间"一饭斗米，肉十斤"，又披甲上马，驰骋一番，表示自己尚未老迈，仍可为国效命。然而因为使者接受了仇恨廉颇的赵王佞臣郭开的贿赂，便向赵王做了假汇报：廉将军虽然年纪大了，但胃口还很好。不过，一会儿的工夫廉颇就解了好几次大便。赵王听了，以为廉颇已然老迈，不堪驱驰，遂不再召用。

这则看似无用的已显过时的情报，给秦王政很大的启发，他派人潜入邯郸，以重金贿赂郭开，行反间计，声言李牧和司马尚在此国难当头之际，不想君王之所想，不急国家之所急，欲谋叛赵国而去。愚蠢的赵王迁听了郭开的报告，不做任何调查，便信以为真，派赵葱和齐将颜聚两个无能之辈取代李牧和司马尚。李牧以国家利益为重，抗拒王命，不交兵权。赵王迁遂派人秘密捕杀了李牧，司马尚也被临阵免职。

秦王政略施小计，只是花费些金钱，便拔掉了使几十万秦军都束手无策的大钉子，扫除了统一之途上的一大障碍。事关中国命运的大决战，又可以顺利进行了。

李牧一死，秦军在王翦及杨端和的指挥下，重新发动了海潮般汹涌的攻势。三个月内全歼赵军，杀死赵葱，攻占了邯郸，并在东阳（今河北省邯郸市以北、太行山以东地区）生俘了自毁长城的赵王迁以及颜聚。只有赵公子嘉在一些宗室大臣的护卫下逃往代郡，后来自立为代王，赵国基本上灭亡。秦王政在以邯郸为中心的地区设立了邯郸郡，赵王迁被押往秦国，秦国将其放逐到房陵（今湖北省房县）。据说他后来满怀亡国之痛，作"山水之讴"以寄托故国之思，闻之者莫不流涕，只是为时已晚。

这一年，是秦王政十九年，即公元前228年。

战役刚结束不久，秦王政也回到了阔别二十三年之久的邯郸城。这里是他的出生地，实际上也是他的故乡，他来到人世后最初的九年，就是在这里度过的。其中有长达六年的时间，为了躲避赵人的追杀，他曾随母亲一起东躲西藏地讨生活。现在，原来的小逃犯一变而成为赵国新的主宰者，重又返回故地。我们无从知道秦王政由此会生出什么感慨。历史只告诉我们，秦王政在邯郸下令，将曾经同其母亲家有仇怨的人统统抓起来，全部活埋！

胜燕

秦灭六国的第三个目标是燕国。

荆轲刺秦王是秦灭燕国过程中的一支悲壮的插曲。

公元前230年，秦军攻入韩都，俘虏韩王安，接着又发兵攻赵，兵临易水，对燕国构成直接的严重威胁，燕国危在旦夕。

　　危亡关头，燕太子丹派荆轲入秦刺杀秦王政，于是引出了一段荆轲刺秦王的悲壮故事。

　　燕太子丹年少时曾在赵都邯郸充当人质，而秦王政出生于邯郸，二人当年曾是好友。嬴政在秦国即王位后，太子丹又到秦都咸阳充当人质。秦王政对昔日在赵国时的少年好友不大礼貌。太子丹请秦王政允许他回国，秦王政却说："待乌鸦头上生出白毛，马头上生角的时候，便答应你回国。"太子丹心中怨恨不已，便暗中逃离秦国。回到燕国后，太子丹一心想向秦王政报仇。可是，燕国国小力弱，而秦国日夜出兵于山东，兵临燕国，太子丹于急难之中向自己的师傅鞠武求教。鞠武向太子丹献计，被太子丹认为是"旷日弥久"。于是，鞠武便把太子丹引见给田光先生。当太子丹向田光"以图国事"时，田光向太子丹推荐荆轲堪任大事。

　　荆轲是卫国人，人称庆卿。来到燕国后，人们又称他为荆卿。荆卿喜好读书击剑，不被卫君见用，便游于邯郸，又经邯郸来到燕国都城。在燕都，荆轲与狗屠以及善于击筑（筑是类似琴的一种乐器，类似今天的筝，以竹击弦）的高渐离交游，饮酒击筑，高歌于市中，旁若无人。这位饮酒于市井的荆轲，为人深沉而喜好读书，在各诸侯国所交游的人，皆为名流豪杰及德高望重之人。他来到燕国后，不久便与处士田光结为好友。田光知荆轲心怀大志，非等闲之辈，所以太子丹以"燕秦不两立"向田光讨教时，田光便说自身已经年老无能，但自己的好友荆轲却不会让太子丹失望。

　　太子丹闻言后高兴地问道："可否通过先生结交荆卿？"

　　"可以。"田光答道。

　　于是田光先生起身告辞说："请允许我事先告知荆卿。"

　　太子丹送田光至家门，别时告诫田光："适才所言乃国家大事，万望先生不要泄露于外人。"

"是的。"田光俯首笑着回答。

田光曲背弯腰地往见荆卿，对他说："光与先生相友善，燕都中无人不知。今日太子丹以'燕秦誓不两立'的机密大事向我求助，无奈我已年老无能，愿先生留意于此事。光私下自认为不是外人，因此把足下推荐给太子丹，愿足下亲自前往太子丹宫中走上一遭，便会知道是怎么回事了。"

"遵命照办。"荆轲回答说。

"我听人说，有贤德的人行事，应不至于引起他人怀疑。今日分别时太子丹告诫田光说：'刚才所言乃国家大事，万望先生不要泄露于外人'，这是太子丹对我田光不信任啊！一个人的行为使人有所怀疑，说明他并非有节操的侠义之人。"

田光向荆轲谈及太子丹对自己的怀疑，其目的是想用自杀来激励荆轲，使他下定决心，誓死为太子丹向秦国报仇。于是，田光又接着向荆轲说道："愿您快快到太子丹那里去，就说田光已自刎而死，用来表明我不会将此事泄露于外人。"田光话音刚落，便自刎而死于荆轲面前。

荆轲见田光以死明志，便十分悲痛，立即前往见太子丹，告知田光已自刎而死，而且把田光嘱托的话转告给了太子丹。太子丹闻知后十分激动，心中对田光的壮烈行为钦佩不已，明白了田光自杀的用意。于是，太子丹再拜而跪，膝行向前，痛哭流涕。过了一会儿，太子丹才强抑悲痛地开口说道："丹之所以告诫田先生勿泄于外人，是因为想要成就机密大事。今天田先生用一死来表明不会对他人言及此事，真是出乎丹的意料！"

荆轲坐定后，太子丹避席向荆轲叩头说道："田先生不以丹为不才，使我有幸在您的面前，敢于有所求助，这真是上天哀怜燕国，不使其无依无靠啊。今秦王政有贪利之心，如不占领所有土地，称王于天下，他的意愿就不会满足。而今秦已俘虏韩王，占有韩国全部土地。又发兵南下伐楚，北上兵临赵国，王翦率数十万大军进至漳（今河北省南部）、邺一线，而李信出兵于太原（今山西省中部）、云中（今内蒙古自治区土默特一带）。赵国无力抵挡秦军，必定称臣降秦。赵称臣于秦，祸患必定降至燕国。燕国弱小，数年来困于抵御外敌，今日动员全国的兵力也不足以抵挡秦军。各诸侯国又都畏惧秦国，不敢联合抗秦。以丹私下的愚计，认为真能得到天下的勇士，使其出使秦国，用重利向秦人炫示。秦王政贪利，势必愿意接受。如能在咸阳宫中劫持秦王，逼他全部退还侵占的诸侯土地，像当年曹刿用匕首逼迫齐桓公退还侵占的鲁国土地那样，那就太好了；如果秦王政不答应退还侵占的诸侯土地，便可当即将他刺死。秦国的大将都统兵在外，闻知国内有乱，必定君臣相疑。这时各诸侯国乘机联合攻秦，秦国必破无疑，这便是丹的最大心愿，只是一时找不到可以堪任这一重大使命的人，望荆卿留意于此事。"

荆轲心里明白太子丹的意图是想让自己肩负起这一使命，便推辞说："这是国家的大事，臣才能低下，恐不足以担负此任。"

太子丹见荆轲谦让，便抓住时机，当即向荆轲叩头，再三地恳请荆轲不要推辞，荆轲终于答应此事。因而，太子丹尊荆轲为上卿，居于上舍，每日以酒肉宴席进献，时常又另献珍馐，有车骑、美女供荆轲任意驱使，尽量满足他的一切意愿。

荆轲在宫中已久，仍未有前往秦国行刺的意向。

公元前228年，秦将王翦已攻破赵国，俘虏赵王，占有赵国国土，北上进兵，抵达燕国的南部边界，太子丹深为恐惧，便向荆轲说："秦兵早晚之间便会渡过易水，即便我想能长久地如此侍奉足下，怎能做得到啊！"

荆轲明白太子丹是在督促自己入秦行刺，便说道："太子不提及此事，我也正想向您禀告。今天得不到信物而前往，秦王政会相信并接见使者吗？臣听说秦王政以黄金千斤、食邑万家来悬赏樊将军的人头。如果诚能得到樊将军的人头与督亢（燕国易水流域最为富庶的地区）地图，献给秦王政，秦王政必定高兴并接见臣，臣便可以乘机刺杀秦王。"

太子丹听荆轲说要用樊於期的人头作为拜见秦王政时的见面礼，感到很为难。他说："樊将军在危难之际投奔于丹，丹不忍心以一己之私而伤害长者，愿先生还是另想别的办法吧！"

荆轲知道太子丹不会忍心以樊将军人头作见面礼，便私下拜见樊於期，向他说道："将军对秦王的仇怨可谓太深了，您的父母及宗族也都惨遭他的杀害。现听说秦王用千金与万家悬赏您的人头，您将如何对付？"

樊於期闻言后仰天长叹，流涕说道："於期每每念及亲人被害，常痛于骨髓，只是想不出什么报仇的办法！"

"今有一办法可以解除燕国的祸患，同时为将军报仇，您看怎样？"

樊於期见报仇有望，急忙向前问道："有什么办法？"

荆轲说："愿得将军的人头，用来献给秦王，秦王必定高兴而接见臣。这时，臣便可以用左手抓住他的衣袖，右手以匕首刺入他的胸膛。如此，将军之仇可报，燕国亦可免遭秦祸，不知将军意下如何？"

樊於期闻听后立即脱去一边衣袖，露出半边肩膀，扼腕向前说道："先生所言，正是臣日夜切齿之恨，今日愿听从先生的见教！"樊於期话音刚落，便自刎而死。

太子丹闻知樊於期为报秦仇而自杀，便驱车急驰前往，伏尸痛哭，极尽悲哀。然而死者不可复生，便将樊於期的人头用匣子封装起来，以备进献。

太子丹已得到樊将军人头，便寻求天下最锋利的匕首，很快便用万金购得赵国徐夫人的匕首，使工匠用毒药浸泡，用试于人，只要划破一点儿皮肤并见到丝缕之血，便立即死去。于是，荆轲整理行装，不日启程。当时，燕国有一名叫秦舞阳的勇士，十三岁时便杀过人，人们都不敢正视他。于是选定秦舞阳作为荆轲入秦时的副使。荆轲临行前想同故友见上一面，而这位故友因路远迟迟没有到来。行装已经整理完毕，荆轲为等待故友而未能立即启程。太子丹见此情景，怀疑荆轲是不是反悔了。

荆轲见太子丹怀疑自己临行前动摇，感到莫大的耻辱，便怒叱太子丹："哪里用得着太子另有派遣！臣如果怕死，怎能手提一匕首入不测之强秦？臣之所以有所逗留，是为了等待故友，以便行前见上一面。太子以臣行动迟缓，请立即告辞诀别！"

荆轲言罢立即从宫中出发。此时已是公元前227年的秋季，秦派王翦、辛胜攻燕、代，在易水以西打败燕、代联军，在形势万分危急之中，荆轲启程入秦。

太子丹及宾客中知道这一机密的，都身穿白衣白冠前往送行。到达易水河畔时，先举行祭祀路神的仪式。礼毕，荆轲便取道准备登程。这时，荆轲的好友高渐离为他击筑，荆轲伴随着筑声引吭高歌。当曲调转至高亢的"变徵之声"时，送行的人无不在悲壮的乐曲中"垂泪涕泣"。荆轲面对秋风，高歌道："风萧萧兮易水寒，壮士一去兮不复还！"接着，乐曲又转为羽调，送行的人无不随之瞪大眼睛，怒发冲冠。

于是，荆轲毅然登车而去，始终没有回头向送行的人们告别。

荆轲到达秦都咸阳，将千金重礼送给秦王政的宠臣中庶子蒙嘉，请求蒙嘉向秦王政通报。蒙嘉向秦王政进言说："燕王诚恐怖于大王的神威，不敢兴兵抵拒秦军，愿举国称臣，像诸侯侍奉天子那样，以燕国为秦的郡县，得以奉守先王的宗庙。燕王因恐惧大王而不敢前来亲自陈述此意，谨斩樊於期之头，献燕国督亢地图，函封后，燕王拜送于宫庭，派使臣报知大王，请大王下达命令。"

秦王政闻知燕王斩樊於期人头并献上督亢地图，甘愿降秦称臣，十分高兴。秦王政认为，诸侯如能效法燕王降秦，秦军可减少伤亡，有利于加速他歼灭六国的大业。秦王政这个想法并不错，但他确实是有些忘乎所以了。

秦王政下令，择日设接待外宾的隆重九宾之礼，令百官皆要身穿朝服，他要亲自在咸阳宫殿中接见燕国使者。

届日，荆轲手捧樊於期人头匣，秦舞阳手捧地图盒，依次入殿觐见秦王政。

大殿之下，气氛森严，通道旁站立着一排排手持铁戟的高大卫士，个个威风无比。只见荆轲徐步缓行，神态自若地走至殿前，而随行的秦舞阳毕竟年轻，哪里见过这般场面，神态不免有些失常，两侧的秦国群臣似乎发现了这一点，感到有些奇怪。

荆轲从秦臣的神态上看出了问题，回首望见秦舞阳那副紧张而恐惧的神态，立即明白了秦臣为何有异常反应，便机智而自然地笑望秦舞阳并随即向秦王政道歉说："北方藩属蛮夷人的乡野之子，未曾拜见过天子尊颜，因而有些畏惧，愿大王稍事宽容，使其得以完成使命。"

过于兴奋的秦王政，未能对秦舞阳的失态有所警觉，在荆轲道歉后，便对荆轲说："取舞阳所持地图。"

荆轲从舞阳手中接过地图，双手捧图献上。秦王政接过地图，在几上展图观看。图卷打开后，现出一把锋刃匕首，秦王政顿时惊呆了。刹那间，早有准备的荆轲眼疾手快，立即跃上前去，左手抓住秦王政衣袖，右手同时操起匕首直刺秦王政。在匕首尚未至身之际，秦王政惊起，抽身后退，因衣袖断绝而脱身。惊恐万分的秦王政本能地拔剑自卫，无奈剑与鞘套得很紧，未能及时将宝剑拔出鞘来。荆轲追逐秦王政，秦王政环柱奔走，而殿上的群臣全都被这突发的惊险场面吓得失去常态。

按秦朝法律，群臣在殿上侍奉君王，不得手持兵器；诸郎中（皇帝侍卫人员）手持兵器，皆站立于殿下，除非有诏令不得上殿。紧急时刻，手持兵器的郎中们万分着急，但是谁也不敢贸然上殿。因此，荆轲得以在殿上追逐秦王政。秦王政惶恐着急，徒手与荆轲搏击。当时，秦王政的侍医夏无且急中生智，以其手持的药箱向荆轲击去，荆轲躲过。见秦王政拔剑未出，侍臣们大声呼喊提醒："大王把宝剑推到背后！"秦王政把剑推至背后，这才将宝剑从鞘中拔了出来，并向荆轲击去，砍断荆轲左股。荆轲受伤瘫倒，手掷匕首向秦王政击去，匕首击中铜柱，未能击中秦王政。秦王政再次向前以剑击轲，荆轲身受八处创伤，自知不能成功，便倚柱大笑，伸出两腿坐在殿上骂道："今日事未能成，是因为想活着劫持你，得到归还土地的契约以回报太子。"

随即，秦王政左右的侍臣冲向前，杀死了荆轲。荆轲已死，秦王政却好久不能恢复常态。

事后论功行赏，君臣有功及有过者分别都受到相应的赏赐与处分，独赏给侍臣夏无且黄金二百镒，并且说道："无且爱我，是你用药箱掷击荆轲的啊！"

顺我者昌，逆我者亡。对于那些反抗自己的人，秦王政从来不手软，他立刻下令前线秦军大举进攻燕国。

秦王政的复仇行动立竿见影。王翦和辛胜指挥的秦军于当年在易水之西大破燕、代联军，很快占领了燕都蓟城（今北京市）。燕王喜和太子丹慌慌张张地退保辽东郡（郡治在今辽宁省辽阳市），秦将军李信领兵紧追不舍。为摆脱困境，代王嘉建议燕王喜杀太子丹媚秦王，以退秦国之兵。燕王喜走投无路，只好派人杀死藏在衍水（在辽东郡）一带的太子丹，欲将其头献与秦王。然而秦军根本不予理睬，李信继续麾师猛攻。秦王政二十五年（公元前222年）在辽东生擒燕王喜。随即回师攻代，将盘踞此地达六年之久的代王嘉俘虏。至此，燕、赵彻底灭亡。在此之前，秦王政在已占领的燕地重建和新设了渔阳（郡治在今北京市密云区西南）、右北平（郡治在今天津市蓟州区）、辽西（郡治在今辽宁省义县西）、上谷（郡治在今河北省怀来东南）和广阳（郡治在今北京市城区西南）等五郡，此后又重建了代郡和辽东郡，对这一片广大地区行使有效的政治统治和行政管理。

然而，秦王政的复仇行动还未彻底结束。公元前221年，秦王政已立号为皇帝，下令尽逐燕太子丹及荆轲之客。荆轲的好朋友高渐离改名换姓，隐藏在宋子县（治所在今河北省赵县东北），给人家做庸保①。有一天，他听到主人堂上传出击筑的乐声，不禁为之流连。高渐离是击筑的高手，在堂外听到入迷之处，便赞一声好，听到不佳之处，便又说这里为什么不好。主人的仆人听到了，跑去告诉主人，主人便召高渐离进堂上击筑。高渐离遂将自己珍藏的筑自匣中取出，又换上自己最好的衣服，容光焕发地走入堂内，举座皆惊，不敢踞坐，待之以上宾之礼。高渐离坐好后，从容击筑而歌，高亢激越，座中客皆为之动容，涕泪双流。

高渐离的名声就这样传开了。秦始皇知道了，便召见了他。有人向秦皇报告："这就是高渐离。"秦始皇爱惜他的音乐天分，便赦免了他的死罪，将其双眼弄瞎，使其不致为害自己。而后令其击筑，秦始皇听了，大为赞赏。时间长了，秦始皇的警惕之心逐渐放松下来，座位移得近了些，高渐离感觉到了，便将一大块铅放在筑中，等到再为秦皇击筑时，便举起筑向他砸下去，可惜没有击中，秦皇遂杀掉高渐离。经过这次遇险，秦皇终生不再亲近六国之人。

---

① 庸保：受雇于人充当酒保、杂工等贱役的人。

平魏

秦王政二十二年（公元前225年），王贲攻魏，魏王降，魏灭。

王翦伐燕，攻占燕都之后，秦将李信又提兵深入辽东，继续穷追，终于把燕太子丹的首级送到嬴政面前，让嬴政解气。嬴政见燕、赵已亡，虽有余烬，已不足为虑，这才把矛头掉回，决定平灭魏都大梁，以使燕、赵、韩、魏之地连成一片归统于秦。

魏与韩、赵都是从晋国分出而成为诸侯的，所以史称韩、赵、魏三国为三晋。魏的先祖晋臣毕万是周文王子毕公高的后人，后来到晋做了大夫，因为有功受封于魏（今山西省芮城北）。其子魏犨辅佐晋文公重耳，是春秋时著名的勇士。魏犨之孙魏绛为晋悼公献和戎之策而享誉晋国。魏氏在晋国的大夫争斗中，始终未受到损伤，使家族保持了雄厚的力量，后来又与赵、韩共灭来智氏，到魏文侯时与赵、韩一同受周威烈王赐命成为诸侯。由于魏氏所占的领地多是原晋国本土之地，故晋亡后，有的史书又用晋来称魏。

魏国是战国时期的一个重要国家，同时也是战国时期改革变法的策源地。魏文侯时，有著名的法家先行人物李悝主持变法，著有《法经》，实行"尽地力之教"；又有著名人物西门豹、吴起，都受魏文侯的重用。所以战国之初，魏国曾是最强的诸侯国，并且还占有黄河以西秦国的土地，称为河西之地。但到魏惠王时，因未能听魏相公叔痤重用商鞅之言，结果商鞅去秦为秦孝公实行富国强兵的变法，反过来大破魏国，不仅侵夺了河西之地，还逼使魏从安邑（今山西省夏县西北）迁都于大梁（今河南省开封西北）。从此以后，魏便开始走下坡路了，逐年被秦蚕食。其后，秦庄襄王时，虽有信陵君率诸侯之师败秦之举，使秦敛手不敢加兵，但魏安釐王却因秦国的反间而对信陵君猜忌，自毁栋梁。信陵君死，就又遭秦的大举攻击，魏国君臣无计可施，又想借助嫪毐取悦嬴政之母赵姬，以求能缓解秦的进攻，却没想到嬴政亲政之后嫪、吕皆被诛杀，至此，无路可走，只好向秦屈服而听命于嬴政了。到秦王政十六年（公元前231年）时，韩向秦献南阳之地，魏也向秦献地称臣，国土沦丧，也只剩下都城大梁周围及其以东的地方。

嬴政灭韩、灭赵，又解决了燕，尽管魏已纳土称臣，归顺效命，但对嬴政来说，"卧榻之侧，岂容他人安寝？"一朝顺手，他就要得全天下，就连边远之地他都要囊括，哪允许魏国这个心腹之患留存，所以嬴政在得燕太子丹首级的次年，即秦王政二十二年（公元前225年），便遣派王翦之子王贲率兵攻魏。

且说王贲攻魏，魏王这时没有外援可指望，只能抱城固守。王贲大概恐伤士卒，也不愿意强攻。因大梁之地较低，而在魏惠王时魏曾开凿一条大沟，引黄河水入圃田，又从大梁北郭开凿一条大沟，引圃田水灌溉、航运，即著名的运河鸿沟段的一部分，如今成了王贲用来灭魏的手段。所以王贲就按智伯说的"水可以灭人国"的办法，阻断故渠，引黄河、大沟的水东南流出，淹灌魏都大梁城，后来这条水路就叫作梁沟。围困淹灌了三个月，大梁城被水淹坏，魏王假向秦军请降后，被秦斩杀。魏国灭亡。秦在尽取魏地之后，在魏的东部地区设立了砀郡。

嬴政并灭诸侯，兼取天下，其实也不是容易的，稍不留神，就让他气败神丧，燕太子丹、荆轲之事刚刚过去，他又在安陵找事惹祸，使历史又出现一幕精彩场面。

秦兵攻破大梁灭魏之后，便去经略平定魏的余地，设置郡县，可是出乎嬴政所料，当秦兵收地至安陵（今河南省鄢陵县北）时，却受阻没能成功。

安陵是魏的附庸属地，地仅五十里。魏襄王在位时，将其弟成侯封于安陵，其后子孙世世奉守，至此已近百年。安陵之地虽小，但安陵君臣世守礼义，所以虽在战国兼并之世，却能绵延百年。在信陵君率五国之师挫抑秦兵之后，因秦从韩国夺取的管邑（今河南省郑州市）离魏都很近，对魏有威胁，所以信陵君要攻下它。而秦管邑的守令是安陵人缩高之子，信陵君攻管邑攻不下来，就想要安陵的缩高到军前效命。许其五大夫职位并任执节尉。缩高拒绝说："如果我去，这是以父攻子，要受天下人的耻笑；而如果让子投降，这又是父教子不忠，背叛其主，也违背道义。"因此不肯前往。信陵君大怒，派使者到安陵，让安陵君把缩高送来，如果安陵君不送，就要发十万大兵讨伐安陵。安陵君则回答说："安陵先君成侯奉魏襄王的诏命保守此地，亲手接受太府所藏的法令，法令的上篇说：'子弑父，臣弑君，常法规定不能赦免。即使国有大赦，但以城降敌和临阵脱逃的人，也不在赦免之列。'现在缩高不受高位，是为了保全父子之义，而信陵君说'一定要送缩高前去'，这是让我违背襄王的诏命而废弃太府的法令，就是死，我也不敢那样做。"缩高知道后说："信陵君为人，勇猛自信，这些话如果传回去，必将使安陵受祸，我已经保全了自己的名节，但也不能违背人臣的忠义，怎么能让我的君主因我而受魏的兵祸呢！"于是缩高就到信陵君使者住的地方自刎而死，信陵君知道后，就赶紧派人向安陵君道歉谢过。

安陵之地在韩、魏之间，秦灭亡韩、魏没觉费力，但安陵却取不下来，嬴政当然是不会轻易罢手的。他想用欺骗的手段骗取安陵之地，以达到军事上所未曾达到的目的，于是派使臣去安陵，向安陵君说道："寡人愿意以五百里的土地来换取安陵之地，请安陵君答应寡人的请求。"

安陵君回答说："大王施加恩惠，以大换小，这是好意，然而，我是受地于我的先王，愿意终身奉守，不敢拿它去进行交换。"

对嬴政的假话，安陵君虽然用委婉的言辞拒绝了。但国与国之间，既有来使，也得回派使臣去申明意见，就派出唐且去秦，回报嬴政。嬴政因为知道自己的假话被人识破，就以一副盛气凌人的架势接见安陵使臣唐且，并对唐且说道："寡人以五百里的土地换取安陵，而安陵君却不听从于寡人，是为什么呢？况且以韩、魏之大，秦说灭就灭了，而安陵君仅以五十里这么块地方存在，我看安陵君是个老诚忠厚的长者，不忍心灭他。如今我以十倍的土地，来扩大安陵君的封地，然而安陵君却违背寡人的心意，这不是看不起寡人吗？"

唐且回答说："不，不是这样的。安陵君封地是从先王受到的，因而奉守着，就是用千里的土地也不敢交换，何况是五百里的土地呢？"

嬴政听到唐且竟敢这样回答，马上怒形于色，对唐且说道："你大概也曾听说过天子发怒吧？"

唐且回答说："臣未曾听过。"

嬴政就大声说道："天子发怒，就会让百万之人死亡，使千里之地流血。"

唐且见嬴政摆出蛮横不讲理的样子，就针锋相对地反问嬴政："大王曾听说过布衣之士的发怒吗？"

嬴政不屑一顾地说道："布衣人的发怒，不过是打掉帽子、踢掉鞋、揪头绊腿、摁头撞地而已。"

唐且说："大王说的这是平常庸人的发怒，不是我所说的士的发怒。士的发怒，如专诸将刺王僚时，就出现彗星侵月现象；聂政将刺韩傀时，就出现白虹贯日现象；要离将刺庆忌时，就出现苍鹰在殿上击斗的现象。这三个人都是布衣之士，心怀愤怒未发，征兆就反映于天了，现在再加上臣就将是四个人了。如果一定要让士的怒气发作出来，仅死两个人，血也只流五步远，但是，却要让天下人都得穿上白色的丧服，这种情况就出现在今天。"这是唐且见嬴政不可理喻，也采用了非常手段。讲述这番说辞是需要过程的，但当时唐且则是一面说，一面跟随动作，连贯而发的。在警告嬴政士要发怒同死二人的同时，没等嬴政反应过来，唐且已起身拔剑向嬴政刺去。

嬴政一惊，剑已当胸，只能下跪，当时威风全无，脸上露出屈服的神态来。"居约易出人下"是嬴政的根本性情，唐且这一壮举，使嬴政气摄魂丧，在宝剑的约束下，嬴政马上屈服讨起饶来，长跪着向唐且谢过说："先生请坐，何必这样呢，寡人明白了，韩魏灭亡，而安陵却能以五十里的地方独存，是因为有先生啊！"

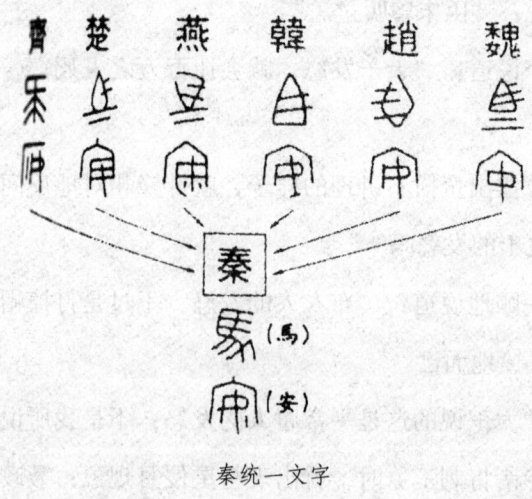

秦统一文字

荡楚

秦灭六国的第五个目标是楚国。

楚是秦兼并山东六国所面临的又一强敌，几代秦王和秦军将士曾多次为此投入大量的兵力，付出过巨大的代价。

春秋时期，楚作为中国南方的大国，物产丰富，兵员众多，曾与晋国长期争霸于中原，在战争中不断兼并邻国土地，是一个领土辽阔、实力雄厚的强国。

战国初年，楚国的疆域在"七雄"之中仍居于首位，辖有今四川省东部、湖北省全部、湖南和安徽两省大部、陕西东南角、河南省南部以及江苏省的淮北中部。楚的四周，东北和秦国接界，北面为韩、郑、宋等国，东和越国接界，南与百越为邻。楚都郢（今湖北省荆州市西北纪南城），战国末年相继迁都于陈（今河南省淮阳县）、寿春（今安徽省寿县西南）。

公元前391年前后，楚悼王重用吴起在楚国实行变法，曾收到富国强兵的效果。

吴起变法失败后，屈、景、昭三家宗室贵族一直把持着楚国的军政大权，致使楚国政治腐败。表现在军事上，是对外战争中的接连失利，丢城丧地。其中，主要是来自秦国的军事进攻。

早在秦惠王时期，秦国为实现富国强兵，同时也为在对外兼并战争中对楚国处于有利的地位，没有采纳张仪首先伐韩的建议，而是采纳了司马错攻取巴蜀的主张。秦在攻取巴蜀后加速了对巴蜀地区的建设，从而使巴蜀成了秦国攻楚的前哨基地。

公元前280年，秦派司马错由蜀攻取楚黔中，楚献汉北及上庸地给秦国。

公元前279年，秦派大将白起大举攻楚，攻取鄢、邓、西陵。

公元前278年，秦大将白起攻下楚都鄢郢，焚烧楚先王陵墓夷陵，攻到竟陵、安陆，建立南郡，向南又攻取洞庭五渚、江南，楚迁都于陈。

公元前277年，秦派蜀守张若再度攻取巫郡、黔中郡。

公元前276年，楚收复黔中十五邑，重新建郡抗秦。

总之，秦昭襄王时期秦将白起在对楚战争中所取得的一系列军事上的胜利，使楚国的领土和军事实力均受到了严重的损失。

楚国虽然在秦昭襄王时期屡屡兵败于秦，丢失大片国土，但仍不失为东方的一个大国，依然具有相当强的军事实力，在秦国尚未扫平中原地区的韩、赵、魏以及燕国之前，秦国不会发动灭亡楚国的战争，以免韩、赵、魏趁秦军全力攻楚时联合攻秦，使秦处于腹背受敌的境地。因此，秦王在剪灭六国的时间表上，楚国自然排在韩、赵、魏、燕之后。当秦军于公元前225年灭亡魏国之后，中原地区已尽入秦国之手，攻楚时的后顾之忧已不复存在；况且，秦军自公元前230年灭韩以来，一路所向披靡，攻无不克，气势正盛。因而，当秦军占有魏都大梁之后，秦王政便立即下达了对楚国发起全面进攻的命令，秦灭六国的最后一次决战即将展开。

秦王政很重视即将对楚国发起的这场全面战争，为此他召集秦国的著名武将，商讨作战方案，确定担任这场战争的秦军统帅。在军事会议上，秦王政春风得意地环视他座前的各位虎将，开口说道："诸位爱卿，此次对楚作战，需要动用多少物资和人马？"

"最多不过二十万人,便可平定楚国!"

抢先回答的这位年轻将领便是李信。李信是秦将中的少壮派,在不久前追击燕军的作战中,曾以数千铁骑在辽东追逐燕太子丹,立了奇功。此时,他正被自己不久前所取得的胜利冲昏了头脑。在秦王政心中,他对这位年轻将领也颇为欣赏,秦王政听了李信的豪言壮语,高兴地频频点头。这时,秦王政见老将王翦一言不发,对李信的誓言露出不以为然的表情,便尊敬地向王翦问道:"老将军,您看对楚作战需用多少人马?"

"非六十万不可。"王翦不冷不热地回答。

秦王政见王翦竟说需动用六十万大军,禁不住笑着说:"王将军确实有些年老了,何以如此怯敌?李将军果然是气壮勇武,其言甚合寡人之意。"

军事会议至此结束,秦王当即命李信及蒙武率二十万大军南下伐楚,即日出发。

王翦见自己的建议不仅没有得到秦王政的采纳,反而在众将面前受到奚落,心里不快,便向秦王政请求告老还乡。秦王政批准了王翦的请求,王翦回到家乡——频阳东乡。

公元前225年,李信所统率的秦军进攻楚国的平舆(今河南省平舆县北),蒙武所统率的秦军进攻楚国的寝(今河南省沈丘县东南),进军之初,秦军进展顺利,两军在城父(今安徽省亳县东南)会师,合兵一处。此时,楚王命名将项燕率大军抵御秦军。

项燕是楚国的名将,下相人,勇而有谋。他见李信、蒙武接连攻下十余座楚国城池,气势正盛,便避免同秦军正面交锋,转向进攻秦国的南郡(鄢郢),调动秦军。这时,项燕乘秦军兵骄不备,跟踪反击,"三日三夜不顿舍,大破李信军"。项燕所率的楚军杀入秦军的壁垒,斩杀秦国的七名都尉,秦军大败逃走。

李信的大败使秦王政大为震怒，同时也使他很快便冷静下来，后悔当初没有听取老将王翦之言，低估了楚国的军事实力。这时，秦王政为了统一大业，不得不厚着脸皮亲自到王翦的家乡请求老将出山，由他来统率秦军对楚作战。

项燕统率楚军乘胜由东向西挺进，秦王政感到形势紧迫，便乘车急驰，风尘仆仆地来到频阳王翦家中。宾主落座后，秦王政面带愧色地向王翦道歉：“寡人未采用将军的计谋，李信出师后果使秦军蒙受耻辱。听说楚军正日夜由东向西扑来，老将军虽然身体欠安，怎能弃寡人与秦国而不顾？”

王翦见秦王政屈尊前来，心里早已明白了大半。言谈间又向他赔礼道歉，请他复出，自知难以回绝。只是秦王政不久前傲慢无礼，当众羞辱他年老胆怯，这口气实在难以下咽，便说道：“老臣年迈多病，常常胡言乱语，还是请大王另择良将吧。”

秦王政见王翦对往事仍然耿耿于怀，便再次向他赔礼说道：“那件事就让它过去吧，老将军不要再讲下去了。”

王翦见秦王政如此一再地向自己赔礼，诚恳地请自己复出将兵，觉得难以推辞。况且自己已为秦王政多年征战沙场，屡建奇功，戎马一生。如今在楚军压境之际，怎能坐视不顾？但是，为完成灭楚的这一艰巨使命，王翦再次郑重地向秦王政提出条件，说道：“承蒙大王不弃，一定要老臣出征，非六十万人马不可。”

在一次战役中，交战的一方一次出动六十万大军，这在战国时代是前所未有的事，这也就难怪上次秦王政笑话王翦。然而王翦却不是小题大做，他不仅充分地估计了楚国的军事实力，而且意识到这次军事行动的特殊性，即并非仅像当年白起那样攻陷楚都、重创楚军、占有楚国的部分领土，而是要灭亡楚国。完成如此重大的使命，没有六十万大军怎能成功？

这时，也只有这时，秦王政答应了王翦所提出的条件，说道："那好，一切都按照老将军的计谋行事。"

王翦与秦王政同车回到咸阳，秦王政立即调选六十万部队归王翦调遣指挥，择日出征。出征的那天，秦军旌旗蔽天、士气昂扬，秦王政送王翦至咸阳城外的灞上。辞别时，秦王政问王翦："老将军难免一路辛苦，不知还有什么事要嘱托的？"

"为国效力，这是老臣分内的事。不过，回师后请大王能多赐给些上好的田宅园池。"

秦王政听闻王翦向他请赐田宅园池，便回答说："老将军只管前行就是了，不用担心，我一定照办。"

王翦说："为大王将兵作战，有功终不能得到封侯。所以趁着大王以为老臣还有用的时候，臣不得不及时地请示赐以田宅园池。我已经年老了，不能不给子孙留下点儿产业啊！"

秦王政闻言不禁开心大笑，二人就此作别。

王翦率大军东进，在出关之时，先后五次派出使者，请秦王政落实赐以田宅园池一事。王翦麾下的人见老将军为请赐田宅一事竟接连五次派出使者，很不理解，有人问王翦："将军如此请求田宅，不是有些太过分了吗？"

王翦回答说："不是像您说的那样，秦王多疑而不信人，今秦王将全国的兵士都交归我指挥，我不向秦王多多请求赐以田宅，说是为子孙留些产业，以此来使秦王对我放心，难道坐视秦王日后对我产生疑心吗？"

公元前224年，王翦率大军抵达前线，在李信面前取出秦王政交给自己的兵符，取代李信而获得指挥秦军的大权。

楚王闻知王翦率大军前来，下令调动楚国的全部军队，命项燕统率全军来抵抗秦军。

王翦到达前线后,下令将士们构筑工事,坚守壁垒,不得出战,有敢违犯军令者,一律斩首。

楚军连日来多次到阵地前沿向秦军挑战,无论楚军士兵们如何辱骂,秦军始终不肯走出壁垒应战,楚军也无可奈何。

王翦与项燕都是当时的名将,秦楚大军的暂时对峙,实际上是二人间的一场斗智:王翦的坚壁不出,是因为秦军远道而来、行军疲倦、立足未稳,而不久前又兵败于楚,故坚壁以养精蓄锐,然后以六十万大军的优势伺机而动;项燕的挑战,并非求胜心切。他深知秦军作战勇猛、王翦老谋深算以及秦军数量上有优势。他的急于求战,是想趁秦军立足未稳和楚军新近获胜后士气高涨,自己以暂时的优势取胜。项燕清楚:王翦和他的六十万甲兵,这本身对楚军在心理上便是一种威慑力量,而且将随着相峙时间的延长而加强。当楚军新近获胜后的高涨士气呈现低落时,王翦以他那士气高涨的六十万甲兵迎面扑来,项燕知道这是难以抵挡的。

在王翦与项燕的斗智中,王翦以他的坚壁不出把握了主动权,并渐渐形成优势。

在两军相峙的日子里,王翦令士卒好生休息,在热天里每日洗浴,用可口饮食来供应士卒,常常到营帐中看望士卒,问寒问暖,与士卒吃同样的饮食,士卒们爱戴自己的统帅,感恩不尽,个个都摩拳擦掌,只等统帅一声令下,为国杀敌。与此同时,王翦一再告诫麾下急于求战的将士,每日要加强军事训练,不可轻敌。

两军相持已久,一日,王翦派人到军营视察,问军中是否在进行训练。使者向王翦回报说:"各军营中正在练习投石、跳跃。"

"士卒可以使用了。"王翦胸有成竹地说。

这时,项燕见王翦一直坚壁不出,急切之中,便下令楚军向东移动,想以此来牵动秦军。然而，项燕这一决策为时已经太晚了，而且给楚军带来了灭顶之灾。

王翦见项燕移师向东，便抓住这一时机，在楚军拔营之际下令秦军以排山倒海之势全线出击，穷追楚军不舍。秦军的前锋壮士，个个勇猛无比，大破楚军于蕲（今安徽省宿县东南）。项燕见楚军主力被歼，知道大势已去，便自杀而死。残余的楚军见统帅已自杀身亡，便四向逃散。秦军乘胜追击，在不到半年的时间里，楚国的大片土地已尽入秦军手中。

公元前223年，王翦率秦军攻入寿春，俘虏楚王负刍。

公元前222年，王翦率秦军平定原属于楚国的江南领土，降服越君，设置会稽郡。

秦军攻入楚都寿春、俘虏楚王负刍以及秦军降服越君、设置会稽郡，标志着秦灭六国的第五个战略目标已经完全实现。

降齐

临淄，战国时期东方最富庶的工商业城市，有居民七万户，"车毂击，人肩摩，连衽成帷，举袂成幕，挥汗成雨，家敦而富，志高而扬"。苏秦的这番话，形象地描述了临淄的繁华。

临淄还是当时著名的文化中心。齐威王、齐宣王时期，作为学术和教育中心，为百家争鸣的思想自由论争的大潮所推动，稷下学宫开始兴盛起来。临淄城南有稷山，南门名稷门，位于附近的学宫因名稷下。当时许多文学游说之士来此评述时事、谈辩学术、臧否人物，达数千人之多。其中如孟子、邹衍、荀子、淳于髡、田骈、接予、慎到、环渊等皆是名扬天下的饱学之士，他们在田齐统治者开放而宽松的文化政策下，一扫心态的封闭、思维的僵化，为各派思想的发展、融合做出了贡献，稷下学宫遂成为当时文化多元的象征。

经济发达、文化繁荣的齐国，在政治军事方面是否也异常强大，代表了一统天下的趋势呢？

春秋五霸，齐桓公为首。杰出政治家管仲辅佐齐桓公，九合诸侯，一匡天下，大有振臂一呼，应者云集的气势。经济上的"通商工之业，便鱼盐之利"；政治上的举贤尚功，不拘一格；文化上的广开言路，兼收并蓄，使齐国充满了活力，远胜于在其南面的死抱着"亲亲尊尊"不放手，因而越来越无生气的鲁国。

公元前386年，田氏代齐，新兴地主阶级彻底掌握了齐国政权。齐威王通过经济、政治等方面的改革，使齐国国力大增，睥睨群雄，"一览众山小"。所以后来秦昭王要称帝，也不得不拉拢齐湣王同加衮冕，成为战国中后期的两霸。

齐湣王其实是个很昏庸的君主。在当时合纵连横闹得纷乱的形势下，他根本看不出秦国已成为山东六国最凶险的敌人，因而不能坚决合纵抗秦。齐湣王对秦、赵两大强国皆怀有深深的戒心，所以他时而联秦伐赵，时而联赵攻秦，还时常筹划着在龙虎相啖食的夹缝中，抽调兵力，去攻夺小国的土地。

公元前286年，在同秦国争夺霸主的过程中，齐湣王如愿以偿，出兵攻灭了宋国。

此时，只要齐湣王善结诸侯，打消他们对齐的恐惧心理，就会形成"诸侯皆欲背秦而服于齐"的大好局面，西向以同强秦争夺天下统一权。

可惜的是，齐湣王只是一个政治庸人，不能在继承祖先功业的基础上有所发挥，他没有派使节出使邻国，与之结好；在内政方面也是治理无方，百姓苦不堪言。秦国乘机联络三晋及燕，共同对付齐国。公元前284年，燕将乐毅率燕、秦、韩、赵、魏五国联军伐齐，在济西和秦周连败齐师。然后，乐毅独领燕军挺进，攻入齐都临淄，尽取齐之重宝藏器。半年之内，乐毅连克齐国七十余城，几乎灭掉了齐国。可笑齐湣王出逃境外仍要摆大国之君的架子，被卫人赶跑，邹、鲁亦拒绝其入境，最后被楚国派来任相的淖齿杀死。

临淄失守后，齐全境只有莒（今山东省莒县）和即墨（今山东省平度市东南）两城坚守不下，指挥者是田齐王室的一个远亲——田单。乐毅引兵围即墨，城内军民拥立田单为将军，将挽狂澜于既倒，解救齐国危难的重任寄托在他身上。

作为杰出的军事家，田单十分重视分化和瓦解敌方。他借燕惠王新立与乐毅不和之机，行反间计，扬言乐毅欲称王于齐，使燕惠王撤掉了乐毅。为瓦解燕军斗志，田单先是派老弱女子守城，遣使向燕诈降，又令即墨富豪贿赂燕将，燕军斗志由此松懈。田单还很注意鼓励己方士气。他身操版插，与士卒同甘共苦，将妻妾尽编于行伍之中，并尽散饮食以飨士卒。他利用城中祭祀先祖时飞鸟尽下啄食的机会，宣称"当有神人为我师"，并果真使一齐卒假扮"神师"，借"神师"之口，宣自己之命，于是齐卒军心大振，燕军闻之则惊惧不定。为激起士卒对燕军的仇恨，抱定死战到底的决心，田单扬言说："齐军就怕燕军在攻城时，派割掉了鼻子的齐国战俘打前锋，若如此，即墨就完了。"燕军信以为真，将抓获的齐卒统统割掉鼻子，守城军民见了，都非常愤怒，誓死与即墨共存亡。田单还秘密派人向燕军散布说：齐人害怕燕人掘戮城外的先人坟墓，惊忧不已。燕军果然在城外掘墓焚尸，即墨军民见此暴行，无不声泪俱下，怒发冲冠，纷纷请求开城，与燕军决一死战。

田单见破燕时机已然成熟，下令征集了一千余头牛，给牛穿上画有五彩龙纹的绛缯之衣，把兵刃绑在牛角上，在牛尾上扎上浸透了油的芦苇，把它们分别驱赶进几十个新挖的城洞里。半夜时分，燕军还在熟睡，田单一声令下，牛尾上的芦苇全被点燃，牛群被烧得狂吼乱叫，瞪着铜铃般的牛眼，挺着牛角上明晃晃的尖刀，发疯般地冲出洞口、冲向燕军。睡梦中被惊醒的燕军见"牛尾火炬"光芒冲天，牛身上皆为五彩龙纹，不知何方神圣，吓得四处奔跑，许多人死伤在牛角双刃和牛蹄之下。此时五千齐军精锐亦掩杀上来，即墨城中老弱人等皆击打铜器，声震天地。燕军大败亏输，狼狈逃往北方。田单指挥齐军随后追击，一直追到燕、齐边界，攻占曾陷于燕的七十余城。

田单大摆火牛阵，出奇制胜，于生死存亡之际拯救了齐国。然而齐国遭此一场浩劫，兵燹遍及全国，城乡残破，百姓流亡，社会经济遭到沉重的打击。更为糟糕的是，齐国君臣胸无大志、目光短浅、唯图苟安，不思秣马厉兵、再图复兴。至此，齐国的衰败是不可避免的了。

君王后本是齐之莒地太史敫的女儿。齐湣王被淖齿杀死后，其子法章改名换姓，若丧家之犬、漏网之鱼，跑到太史敫家做雇工，隐藏起来。太史敫之女见他相貌不同一般，又可怜他是个落魄的人，常背着家里人给他添衣加食。法章见她待自己很好，把实情告诉了她，太史敫之女便同法章做了夫妻。及至法章被齐大臣找到，拥立为襄王，太史敫之女也被立为王后，生子建，所以称其为君王后。

齐襄王死后，君王后的儿子田建于公元前265年继承了王位。此后，君王后可能也在一定程度上参与了齐国大政的决策。君王后采取的是使齐国苟安的策略，媚秦、与诸侯和好等，都是执行这个策略的结果。甚至当秦攻赵，赵向齐借粮，齐亦拒绝。当政者根本听不进臣下联赵抗秦的正确意见，致使秦在长平坑杀了赵卒四十万，齐痛失国界之西为自己消灾挡祸的铁壁铜墙。

秦王政十一岁的时候，君王后死了，一个叫后胜的人做了齐相。从以后的历史发展来看，后胜的唯一使命仿佛就是加速齐国的灭亡。秦庄襄王和秦王政两朝曾多次派人到齐去贿赂后胜，后胜也多次派门客赴秦，秦亦多赠金钱。使臣和门客们都苦苦地劝他不要同其他诸侯国合纵抗秦，不要加强战备，应当同秦成为友邦。后胜果真不修攻战之备，听任秦军的战车碾碎了其他山东五国，使齐秦两国由过去的远距千里，变成如今的山水相连。秦军战车轰轰隆隆的奔驰声已经飞到了齐国上空，这就是司马迁所说的齐王建即位"四十余年不受兵"的结果。

秦王政二十六年（公元前221年），齐王建的"太平"已经到了头。秦王乘灭燕、代、楚三国之威，命将军王贲率得胜之兵自燕国南部南下攻齐。在后胜的操纵下，齐王建此时仍未布置防务，仅仅派兵封锁了西部边界。长期的苟安，使齐军缺乏训练，人不思战，因此王贲一军攻齐非常顺利，兵不血刃，开到临淄城下。

临淄作为姜齐和田齐的国都已达六百三十余年之久，其大小城的总面积达六十多平方华里。高大宏伟的城墙，总长度达两万余米。城墙上开有十一座宽敞的城门，连接着城内外纵横交错的道路，齐王宫是一片雄伟瑰丽的建筑群，坐落在小城的北部，是战国时期中国建筑艺术的杰出代表。

秦军开进了临淄，俘虏了齐王建。在城内，秦军未遭到任何抵抗。秦王政下令将齐王建流放到共（郡治在今河南省辉县），并在齐地设置了齐（郡治在今山东省淄博市东）和琅琊（郡治在今山东省胶南市东南）两个郡。

秦军兵占临淄,标志着秦统一六国之战的胜利结束。至此,长期处于分裂割据之中的华夏大地归于一统。秦王政为统一之战的胜利,为大一统政治格局的开创立下了不朽的功勋。

第五章
称制天下

兵器铜人

齐王建的不战而降,标志着秦灭六国的战略目标已全部实现。为在中国建立起一个空前统一的大帝国,秦王政需要有一个安定的社会秩序,特别是防止六国诸侯残余势力的死灰复燃。而收缴六国兵器和迁徙山东富豪,便是秦王政在统一天下之后为达到上述目的所首先采取的两大措施。

在兼并战争中,六国庞大的军队逐一瓦解了,但却留下了大量的兵器。秦王政是凭借武力夺得天下的,怎能听任六国军队留下的兵器散落民间,酿成后患?因而在剪灭六国的战争中,对于瓦解了的六国军队所使用过的兵器,严令全部收缴,有敢私藏者严惩不贷。对于收缴上来的六国兵器,除部分补充继续作战需用外,大部分从六国故地运回秦都咸阳。待到兼并六国战争完成之时,运至咸阳的六国兵器已经堆积如山。

群雄逐一被剪灭,堆积如山的六国兵器已失去它原有的价值。在秦王政看来,他不再需要这些兵器去为他完成什么使命,更不会允许其他人动用这些兵器来危害自己的江山社稷。

在谋士们的参议下,制订出了处理六国残留兵器的方案,即将这些兵器全部熔铸。六国兵器除楚兵器中有相当数量的铁制兵器外,其余多数为铜制兵器。铁制兵器熔铸后可制作各种农具(秦国各级官府中很早就有大量的各种铁农具租给农户使用),而堆积如山的铜兵器熔铸后却一时派不上用场。于是有人建议,将铜兵器熔铸成巨型铜人像,立于正在修建中的阿房宫前殿的宫门两旁,既可以使天下的人再也得不到兵器,又可以壮天子宫殿之威,同时又可以向天下人宣示兵戈永不再用,永享天下太平。秦王政欣然地批准了这一建议。至于所铸铜人的人数,由于秦王朝是"度以六为名",任何器物的复数,均要与"六"相配合,而所铸的铜人像要立于宫门前通道的两侧,那么当然是要铸成十二个铜人了。这就是《三辅黄图》所说的"销锋镝以为金人十二,以弱天下之人,立于宫门"。而《史记·秦始皇本纪》则说:"收天下兵,聚之咸阳,销以为钟鐻,金人十二,重各千石,置廷宫中。"《史记》与《三辅黄图》的记载,为我们了解秦王政收缴天下兵器、熔铸铜人的始末及其目的,提供了宝贵的史料。

公元前221年,秦统一天下的这一年,秦王政正式下达了销毁六国兵器、熔铸十二铜人的命令,工作随即开始。熔铸十二铜人,这在当时是一件大事,文献中亦不乏其他记载。《汉书·五行志》说:"史记秦始皇帝二十六年(公元前221年),有大人长五丈,足履六尺,皆夷狄服,凡十二人,见于临洮(今甘肃省岷县)。天戒若曰,勿大为夷狄之行,将受其祸。是岁始皇初并六国,反喜以为瑞,销天下兵器,做金人十二以象之。"《五行志》的说法是:"秦始皇以临洮出现十二个身高五丈、穿夷狄服装的巨人为祥瑞,故做金人十二以象之。"这种说法,带有传奇色彩,司马迁作《史记》时未予采取。至于每个铜人的重量,《史记》说是"各重千石"。《三辅旧事》则说"各重二十四万斤"。《水经·河水注》亦载:"秦始皇二十六年,长狄十二见于临洮,长五丈余,以为善祥,铸金人十二以象之。各重二十四万斤,坐之宫门,谓之金狄。皆铭其胸云:'皇帝二十六年,初兼天下以郡县,正法律,同度量,大人来见临洮,身足长五丈六尺',李斯书也。"

关于十二铜人的下落,《史记·秦始皇本纪》《正义》说:秦始皇所铸铜人，西汉时期尚存在于长乐宫门；东汉末年，董卓椎破十个铜人，用来铸小钱，余下的两个铜人徙至清门里；魏明帝时想把余下的两个铜人徙至洛阳，载到霸城时因过重无法运载前行，石季龙将两个铜人徙至邺地，苻坚将两个铜人徙至长安后销毁，如此等等。

无论有关十二铜人的制作及其下落在说法上有多少差异，秦始皇收缴天下兵器熔铸成铜人一事表明：安定秩序、防止人民进行武装暴动，向天下人民宣示太平盛世的到来，是秦始皇收缴兵器、熔铸铜人的初衷。

豪富西迁

秦始皇统一六国后为安定秩序、巩固统治所采取的第二个措施，便是勒令将山东六国的富豪西迁于咸阳，即《史记·秦始皇本纪》所说的"徙天下豪富于咸阳，十二万户"。

所谓豪富，指的是豪强巨富，其中包括六国贵族、富商大贾。六国灭亡后，秦始皇对六国旧贵族及富商大贾并不放心，把他们视为扰动天下不安的祸源。这些人在秦灭六国的过程中，并没有对秦军进行武装抵抗，也不公开与秦政权为敌，秦始皇找不出理由在政治上对他们进行法办，在经济上剥夺其财产。为解决这一问题，秦始皇从当年吴起在楚国变法"令贵人往实广虚之地"中受到启发，于统一天下的当年断然下令，将六国旧贵族强行迁至咸阳，被迁徙的豪富总数达十二万户。

显然，六国豪富、贵族一旦被强令从原地迁出，他们在原地的势力、影响将随着他们的西迁而消失；而他们在当地的产业实际上亦被剥夺。这些人被迁到咸阳或其他地区，由于人地两生，财产又难以随身携带，已不再具有势力与影响，无法作乱。正是基于这种考虑，强令迁徙富豪于咸阳，被认为是消除六国贵族在原地所具有的政治、经济势力的最佳办法，被秦始皇以法令的形式颁发执行。

据《史记》记载，秦始皇强令迁徙豪富，是分期分批进行的：

公元前221年，"徙天下豪富于咸阳，十二万户"；

公元前212年，"徙三万户丽邑，五万家云阳"。

除上述大规模地迁徙豪富之外，其他被个别迁徙的豪富，据《史记·货殖列传》的记载，更是不胜枚举。例如：

秦破魏，魏国豪富孔氏被迁往南阳；

秦破赵，赵国豪富卓氏被迁往蜀地。

秦始皇迁徙豪富的目的，主要是从政治上考虑。一旦从所居的六国故地迁出后，他们在当地的势力便不复存在了。至于他们在被迫迁徙时财产上的损失，是强迁时的伴生现象。秦始皇并非意在剥夺他们的财产，可以证明这一点的是，秦王朝并不限制这些被迁徙的豪富到达被迁徙的地点后重新发财致富。据《史记·货殖列传》记载：

赵国"迁虏"卓氏被强迁蜀地，"夫妻推辇"而行，到达临邛后，"即铁山鼓铸，远筹策，倾滇蜀之民，富至僮千人。田池射猎之乐，拟于人君"。

"程郑，山东迁虏也，亦冶铸，贾椎髻之民，富埒卓氏，俱富临邛。"

"宛孔氏之先，梁人也，用铁冶为业。秦伐魏，迁孔氏南阳。大鼓铸，规陂池，连车骑，游诸侯，因通商贾之利，有游闲公子之赐与名。"

这些被强迁者，孔氏的祖先原以冶铁为业，被迁到南阳后，又重操旧业，"家致富数千金"，被强迁前的身份是富商大贾。

而被称为"迁虏"的卓氏与程郑，强迁前的身份可能是贵族，并非商贾，他们是在被强迁到临邛之后才冶铁致富的。

史书记载表明，强迁六国豪富、贵族与收缴六国兵器一样，在秦灭六国的战争进程中已被付诸施行，只是到了最终统一天下的公元前221年，才得以在全中国的范围内大规模地实施，其主要标志是在这一年：收缴上来的六国兵器被熔铸成十二个铜人，十二万户豪富强令迁居咸阳。

在某种意义上说，收缴兵器并熔铸铜人与强令迁徙豪富，是秦灭六国战争在更深层次上的实施与延续，其目的在于彻底铲除六国贵族的残余势力，为构筑未来帝国大厦提供稳固的基础与安定的环境。总之，这两项政策法令的制定与实施，体现了秦始皇在政治上的深谋远虑。

称始皇帝

秦王政在灭亡六国的战争中，同时收缴六国兵器与迁徙六国豪富、贵族于咸阳，因此，当齐王建不战而降、天下一统之时，天下的秩序已得到了初步的安定。于是，秦王政不失时机地把立国建制提到了议事日程之上，使久积于胸中的帝国蓝图变成了辉煌的帝国大厦，并从制度建设上予以确立、巩固，以图传之万世。

在秦王政看来，天下是由他统一的，这是前无古人的事业；即将建立的大帝国，当然应由他一手来缔造，这也是前所未有的创举。因此，他本人在帝国中的地位，便成了令他最为关切的问题。

据《史记·秦始皇本纪》记载，"秦初并天下"，秦王政便在咸阳宫召集丞相、御史等大臣，至殿前商议确定帝国首脑的"名号"问题。

异日韩王纳地效玺，请为藩臣。已而倍约，与赵、魏合纵畔秦，故兴兵诛之，虏其王，寡人以为善，庶几息兵革，赵王使其相李牧来约盟，故归其质子。已而倍盟，反我太原，故兴兵诛之，得其王。赵公子嘉乃自立为代王，故举兵击灭之。

魏王始约服入秦，已而与韩、赵谋袭秦，秦兵吏诛，遂破之。

荆王献青阳以西，已而畔约，击我南郡，故发兵诛，得其王，遂定其荆地。

燕王昏乱，其太子丹乃阴令荆轲为贼，兵吏诛，灭其国。

齐王用后胜计，绝秦使，欲为乱，兵吏诛，虏其王，平齐地。

秦王政在回顾兼并六国的历史进程之后，话锋一转，随即便切入正题：寡人以眇眇之身，兴兵除暴乱。赖宗庙之灵，六王咸伏其辜。天下大定，名号不更，无以称其功，传后世，其议帝号。秦王政的这段话，意思是很明确的。他可以把灭亡六国称为"除暴乱"，这一点并不难论证；而"六王咸伏其辜""天下大定"，基本上亦是事实。在这一前提下，不更改他本人的"名号"，便与他所成就的伟大事业、他个人的卓越功勋以及即将建立的大秦帝国不相称，确实是名号不更便"无以称其功"，也不利于"传后世"。总之，秦王政把更改名号作为立国建制的首要问题提出来，是完全合理的，可谓是得其要领。这是因为秦王政所要建立的是前所未有的、空前统一的、中央集权制的君主专制的国家。在这样的新型国家政体之中，不更改原有国君的名号，便不利于确立他本人在帝国中所处的至高无上的地位；从根本上看，也与这种君主专制的国家政体不相适应。可见，更改名号是秦王政建立大秦帝国时的题中应有之义；至于更改名号会使他在心理上得到何种程度上的满足,则是与主题无多大关系的另一问题。有趣的是:一向不以儒家学说为然的秦王政,对于儒家学派创始人孔子"正名"学说的真谛,却是颇有几分领悟的。

参加这次御前会议的大臣有丞相王绾、御史大夫冯劫、廷尉李斯等人,这些人辅佐秦王政多年,今日又见秦王如此言语,早已领会了秦王的意图,便都奉承秦王的意愿说道:"当年的'五帝',地不过千里;千里之外便是'侯服''夷服',各国诸侯或朝见,或不朝见,天子也不能制服。今陛下兴义兵,诛残贼,平定天下,海内皆为郡县,法令出于一统,自上古以来未曾有见,这是五帝所不及的。臣等与博士们商议,博士们说

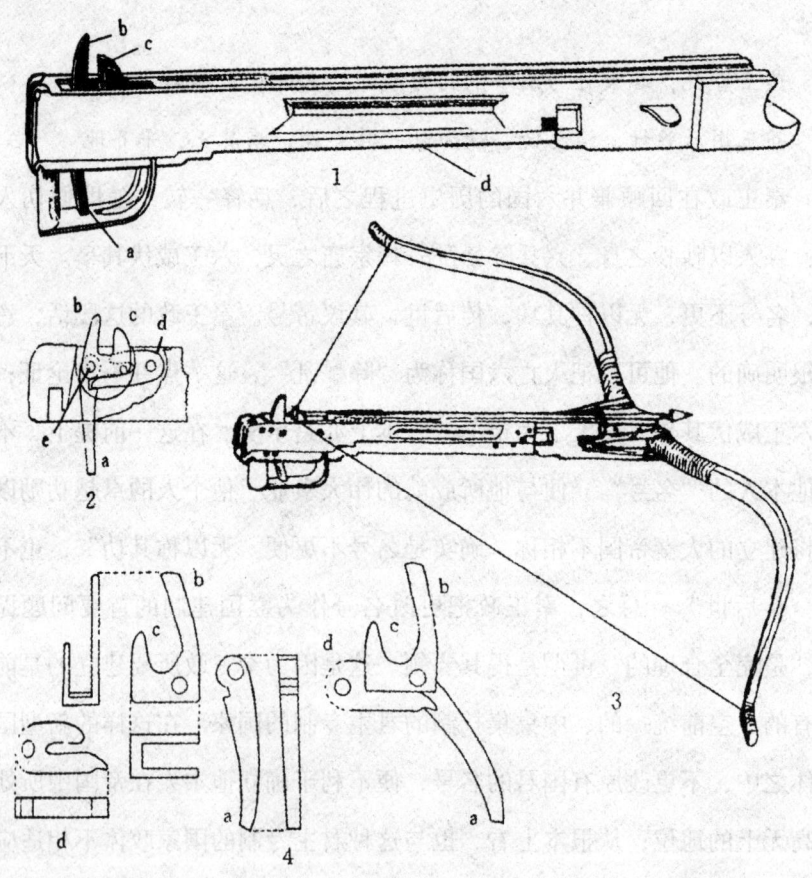

战国弩构成示意图

古有天皇、有地皇、有泰皇，泰皇最尊贵。臣等昧死请上尊号：王为'泰皇'，命为'制'，令为'诏'，天子自称曰'朕'。"

秦王政听罢王绾、冯劫、李斯等人的议论与请示，然后说道："去'泰'留'帝'，采上古帝位号，号曰'皇帝'；其他一如卿等所议，制曰：'可'。"

秦王采纳了王绾等人的建议，并有所更改与补充：

"王"更号为"皇帝"，这是秦王政的发明，从秦始皇帝到清朝末代皇帝溥仪，这一名号被历代封建王朝所奉行未改。

皇帝的制度之命称"制"，令称"诏"，天子自称曰"朕"，这是采纳了王绾、冯劫、李斯等人的建议。从此，"制""诏""朕"便成为皇帝的专用名词，在中国一直延续了两千余年。

"制曰可"是秦王政对王绾等人建议的一个补充，意思是群臣有所上奏，皇帝在下达的制书中，肯定的批答是使用一个"可"字。

与此同时，嬴政以皇帝的名号与身份，追赠他的父亲庄襄王为"太上皇"。

嬴政以皇帝的名号与身份下达的第一道制书是："朕闻太古有号毋谥，中古有号，死而以行为谥。如此，则子议父，臣议君也，甚无谓，朕弗取焉。自今以来，除谥法。朕为始皇帝，后世以计数，二世三世至千万世，传之无穷。"嬴政为维护皇帝至尊无上的权威，在制书中宣布废除谥法，从维护君主专制的角度来看，其理由是充分的。然而具有讽刺意味的是，秦始皇的帝位并没有像他想象的那样传至千秋万世，而是二世而亡；自西汉以后的历代封建王朝，又恢复了谥法。嬴政皇帝废除谥法，最终只是为自己留下了特定的名号：秦始皇帝。

除了"皇帝"名号以及皇帝的命令称"制""诏"外，原来人人可用的"朕"字（原义为"我"）成了唯独皇帝可用的自称，在文字上不准提及皇帝的名字，文件上逢"皇帝""始皇帝"等字均要另起一行，顶格书写；唯皇帝可用玉雕大印，称"玺"，一般人的印不得再称"玺"。此外，有关皇帝的车服旌旗等，也都有特殊的规定。

秦始皇有关皇帝名号等一系列的规定，突出并确定了皇帝在国家政权中所享有的特殊的、至尊无上的地位。这些制度上的规定（除废除谥法外）被此后封建王朝的历代皇帝沿用了两千多年，成了封建专制制度的一个重要组成部分。

秦始皇所创立的有关皇帝名号的一系列制度上的规定，并非"形式方面的东西"，它实质上是要通过这些制度上的规定，确立皇帝在国家最高权力机构中至尊无上的地位，使皇帝在崭新的大秦帝国、新兴的封建专制制度的国家政体中居于"龙头"地位，使国家的中央政权和地方政权隶属于皇帝一人的有效统治之下，由皇帝一人来直接决定国家的军政要务，即所谓"天下之事无大小皆决于上"。

设三公九卿

皇帝名号制度以及五德终始学说，赋予皇帝以"天下之事大小皆决于上"的生杀予夺大权。然而，皇帝要行使这一权力，还有赖于一整套从中央到地方的严密政权机构和官僚制度，有赖于上下有序的承传制度。

大秦帝国的国家最高权力机关是"朝廷"，"朝"是指宫内皇帝朝见百官、商议并决定国家大事的朝堂，"廷"是指宫外国家各职能部门的办事机关，亦称外廷。朝廷的首脑是皇帝，他凌驾于法律之上，享有至高无上的权力，对国家一切事务拥有最后决定权，此之谓"天下之事大小皆决于上"。

直接隶属于皇帝之下的中央政府（即所谓"外廷"），是国家最高的行政机关，其最高长官有丞相、太尉、御史大夫。

丞相：秦设置左右二丞相，"掌丞天子，助理万机"，为文官之长，是中央政府中的最高行政长官，在皇帝的直接领导下，负责处理国家日常的一切行政事务。丞相为"金印紫绶"。秦统一六国后，原廷尉李斯被任命为帝国丞相。

太尉："掌武事""主五兵"，为武官之长，是中央政府中的最高军事长官，在皇帝的直接领导下，负责处理国家日常的一切军事事务，战时拥有领兵作战的权力，但没有调兵权，军队的调动权由皇帝一人拥有，太尉为"金印紫绶"。

御史大夫：主管监察百官，"掌副丞相"，又"掌图籍秘书"，相当于秘书长的职务，又负责监察百官，往往比丞相、太尉拥有更大的实权，御史大夫为"银印青绶"。

丞相、太尉、御史大夫作为皇帝在处理国家行政、军事、监察及文秘三方面事务的助手，以中央政府中上述三方面事务的最高长官的身份，直接对皇帝负责，位在皇帝一人之下，居百官之上，合称"三公"。

"三公"之下设有"九卿"（其数目不止于九），掌管中央政府中的不同职能部门，分管全国的不同行政事务，分别受丞相、太尉、御史大夫的领导，并直接听命于皇帝，秦帝国中央政府的各职能部门有：

奉常："掌宗庙礼仪"，主管宗庙、陵墓以及思想、文化方面的事务和活动，其属官有丞。

郎中令："掌宫殿掖门户"，负责保卫皇帝和上传下达，"主管内诸官"，其属官有大夫（"大夫掌论议"）、郎（"郎掌门户，出充车骑"）、谒者（"谒者掌宾赞受事"）。郎中令以皇帝警卫和机要秘书的身份，与皇帝关系亲近。在九卿之中，郎中令拥有较重的实权。

卫尉："掌宫门卫屯兵"，即掌管皇宫的警卫部队，其属官有丞。

太仆："掌管皇室车马"，其属官有丞。

廷尉："掌刑辟"，是国家司法机关的长官，其属官有正、左右监。

典客："掌诸义蛮夷"，主管秦王朝管辖下的少数民族事务，其属官有丞。

宗正："掌亲属"，主管皇帝宗室亲属事务，其属官有丞。

治粟内史："掌谷货"，主管全国经济和财政收入，其属官有两丞。

少府："掌山海池泽之税"，以供皇室之用，其属官有六丞。

中尉："掌徼循京师"，负责保卫国都，其属官有两丞、侯、司马、千人。

主爵中尉："掌列侯"，掌管授予爵位事宜。

将作少府："掌治宫室"，主管国家宫室等大型土木工程建筑，其属官有两丞。

詹事："掌皇后太子家"，主管皇后及太子宫中事务，其属官有丞。

典属国："掌蛮夷降者"，主管服属于秦王朝的少数民族政权。

秦帝国中央政府各职能部门的设置、官员的职掌以及与皇帝的隶属关系，基本上是秦统一六国前秦国中央政府的继续。秦始皇在这一问题上的贡献是：

第一，秦帝国中央政府各职能部门的设置，考虑到了国家事务的各个方面，各职能部门之间彼此分管的事务界线清楚，每个职能部门长官的职掌明确，从而使中央政府在组织上比从前更加完善，既有继承，又有发展。从更加有效地行使国家职能的角度来看，秦帝国的中央政府在中国政治制度发展史上乃至在世界其他某些国家政治制度发展史上，都是有所贡献的，堪称是一个里程碑。

第二，秦帝国中央政府的组织法对于中国政治制度发展史乃至对于世界其他某些国家君主专制制度发展史的特殊贡献是，它更加有利于进一步加强皇帝至高无上的权力，从组织上使皇帝成为集国家军政大权于一身的专制君主，使中央集权的君主专制制度从此得以确立，开创了中国封建时代的君主专制制度。例如：

丞相、太尉、御史大夫分管国家的行政、军事和监察大权，并使之相互制约，这就从组织上防止了丞相集行政权与军政权于一身。

主管军事的太尉只有统兵权，无调兵权，有军事行动时又往往是由皇帝临时指派统兵大将，这就使军权牢牢地掌握在皇帝一人手中。

御史大夫的监察百官，参与机要，对丞相、太尉的权力起制约作用。

由于"三公"互不统领，皆直接对皇帝负责，国家大事的最后决断权便归于皇帝一人，三公中的任何一个人都无法从组织上成为战国时代于山东六国中屡见不鲜的专断国家大权的"重臣"。

"九卿"虽在"三公"领导之下处理国家日常政务，但皇帝有时却超越三公直接向九卿中的某某下达某项指令、交办某项事务；九卿也有权超越三公直接向皇帝奏事，这就使秦帝国的中央政府更加有效地置于皇帝的直接控制之下，加强皇帝的权力。

皇帝至高无上的权力的行使必须通过一定的机构和官员，并按照一定的程序和方式来进行。为此，皇帝必须自下而上地及时掌握全国的情况，同时及时地下达政令，因此必须建立一套上下有序的承传制度来保证皇帝政令的畅通无阻。秦始皇虽然未能像汉代以后的皇帝那样，建立起一套有利于加强皇帝权力的完善的承传制度，但秦始皇赋予御史大夫参与机要的大权、完善并加强郎中令的职权，则为后世承传制度的建立与完善准备了条件。

郡县之制

秦国自商鞅变法时的"集小都乡邑聚为县",到秦统一六国之前辖境内普遍设置郡县,地方政权中的郡、县两级政府以及乡、亭两级基层行政组织,已日趋完善。秦始皇在这一问题上的主要贡献在于:他把郡县作为国家地方政权唯一的存在形式,以法令的形式在他所兼并的山东六国以及新征服的广大地区颁布施行,这标志着郡县制度最终取代分封制度,从而使中央集权的君主专制政体即郡县制的专制政体得以在全中国的范围内最终确立起来。而秦统一前的山东六国,例如齐国,直到它灭亡之时,仍未能建立起郡县制度。

有关秦帝国的郡县地方政权及乡亭基层行政组织的机构、官员设置情况是:

1.郡。郡是秦帝国中央政府在地方上设置的最高行政机构,它代表国家与中央政府在地方上行使国家的职能。

郡守:郡守是一郡的最高行政长官,秩二千石,主管治民,"掌治其郡"。郡守之下设有郡丞,秩六百石。郡丞协助郡守治理全郡,并处理郡内的司法事宜,包括审判郡内重大案件。

郡尉:郡尉辅佐郡守并分管一郡的军事,"掌佐守,典武职甲卒,秩比二千石"。郡尉之下设有丞,丞佐助郡尉,秩六百石。

监御史:在一郡之内负责监察百姓及官吏,是隶属于中央政府的御史大夫。

郡守、郡尉、监御史在一郡之中代表国家在地方上行使权力,三者之间分工明确,与中央政府中丞相、太尉、御史大夫等三公的分职主事原则是相一致的。

2. 县。县是秦帝国中央政府在地方上设置的第二级政权机关,它分别隶属各个郡,是郡下所辖的地方行政机关。

县令(长):县令(长)作为一县之内最高行政长官,负责治理全县,即所谓"掌治其县",万户以上的县,其行政长官称"县令",秩六百石至千石;万户以下的县,其长官称"县长",秩三百石至五百石。

县丞:县丞协助县令工作并负责司法事务,对县内一般性案件做出判决。县丞秩二百石至四百石。

县尉:县尉负责全县的军事,秩二百石至四百石。

县令(长)、县丞、县尉之下均设有"史",分别称作"令史""丞史""尉史",是令、丞、尉属下的办事小吏。

秩二百石至四百石的官员称为"长吏",秩百石之下至斗食佐史之吏称"少吏"。

3. 乡。县以下设乡一级的基层行政组织,其官员有三老、啬夫、游徼。其中:三老"掌教化",啬夫"职听讼,收赋税";游徼"徼循,禁盗贼"。

4. 亭。乡以下设亭,亭有亭长一人,其职责是平时负责练兵,接待来往官吏,为政府输送财物、传递文书等。亭长之下设"亭父",其职责是掌开闭扫除;又设"求盗",其职责是追捕盗贼。

郡县两级地方政权与乡亭两级基层行政组织在全国范围的普遍设置,在中国历史上是一件前所未有的大事。秦帝国的国家职能由于各级地方行政机构组织的设立、各级地方官员职责分工的明确以及上下级行政机构隶属关系的规定，得到了进一步的加强，使中央集权的君主专制国家政体在地方政权的建设上日趋完备。

秦帝国的中央政权与地方政权的具体情况已如上述。据《史记·秦始皇本纪》的记载，帝国建立伊始，在是实行中央集权制的郡县制度，还是实行西周以来的分封制度的问题上，在秦帝国的大臣中曾引发了一场争论。

秦始皇二十六年（公元前221年），丞相王绾等人向秦始皇进言说："各诸侯国新近被攻破灭亡，燕、齐、楚等国地处偏远，不设置王国，便无法镇抚这些被征服的国家。请在燕、齐、楚等国立皇帝之子为王，望皇帝准奏，如此则天下幸甚。"

秦始皇认为，要不要设置诸侯王国，是有关国家体制的重大问题。既然以王绾丞相为首的一班大臣进言要设置诸侯王国，秦始皇没有对此事立即表态，而是将这一问题交付大臣们讨论，"下其议于群臣"。在讨论中，大臣们都认为王绾等人的意见很有道理，于国有利，即所谓"群臣皆以为便"。在这个时刻，廷尉李斯站出来力排众议，他说："周文王、周武王所分封的同姓子弟很多，然而他们的后代逐渐彼此疏远，相互攻击，如同仇敌一般。各诸侯国之间以武力相诛伐，连周天子也不能禁止。今日四海之内，幸赖陛下的福泽得以统一，各诸侯国都成了大秦的郡县。皇帝的诸王子以及功臣，享有赋税收入以及重赏即可满足。以诸侯国为郡县，如此则容易控制，天下人对此又没有异议，这才是使国家得以安宁的办法，而设置诸侯王国则不利。"

秦始皇是不同意在统一天下后分封诸侯王国的，但他见王绾等人提出这一建议，而王绾本人又身为丞相，不便立即表态，而是通过交付群臣讨论的方式，让两种不同意见充分发表并相互辩论，来进一步阐述郡县制的优越性，驳斥实行分封的主张，在舆论上为郡县天下鸣锣开道。因此，秦始皇见李斯既已论证了"置诸侯不便",便在李斯议论的基础上,进一步明确指出:"天下长期苦战不休,就是因为有诸侯王的缘故。赖祖宗的神灵,天下得以统一安定。再设置诸侯王国,是在他们之间树立刀兵。如此还想得到安宁,岂不是难以做到的吗?还是廷尉的议论正确。"

秦始皇既然肯定了李斯的意见,明确地指出分封诸侯的害处,否定了王绾等人设置诸侯王国的建议,于是便下令在全中国实行郡县制度,"分天下以为三十六郡",李斯被任命为帝国丞相。

王绾与李斯的一场辩论,事关刚刚建立的大秦帝国究竟要施行怎样一种国家政体的重大问题。从历史的发展来看,分封已不适应当时时代发展的需要;而郡县天下,则是自战国以来历史发展的大势所趋。秦始皇作为帝国的创始皇帝,旗帜鲜明地赞成李斯的主张,做出了郡县天下、摒弃分封诸侯的决定,这无疑是秦始皇对中国历史发展所做出的一大贡献。

秦始皇为推行郡县天下的法令,对分封制度做了彻底的否定。这不仅是空前的壮举,而且也为此后的历代封建王朝所不及。这种彻底否定,其核心内容便是取消"食邑""食封"制。秦统一六国之前,仍在实行食邑、食封制度,如吕不韦被封为文信侯,食洛阳十万户,如此等等。秦始皇取消食邑、食封,对各级官吏均按职务给予不同的俸禄,作为官员们的经济生活来源。诚然,秦帝国仍实行二十等爵制,也进行封侯。然而,无论享有多么高的爵位,都不享有封邑。秦王朝之后的历代封建王朝,大多都没有做到这一点,食邑制度在中国历史上曾残存很长一段时间。

公元前221年,秦始皇下达天下以为三十六郡的法令。这三十六郡及其治所是:

三川郡治所在荥阳(今河南省荥阳东北);

河东郡治所在安邑(今河南省夏县西北);

南阳郡治所在宛(今河南省南阳市);

南郡治所在郢（今湖北省荆州市江陵县）；

九江郡治所在寿春（今安徽省寿县）；

会稽郡治所在吴（今江苏省苏州市）；

颍川郡治所在阳翟（今河南省禹州市）；

砀郡治所在砀（今安徽省砀山县）；

泗水郡治所在沛（今江苏省沛县东）；

薛郡治所在鲁（今山东省曲阜市）；

东郡治所在濮阳（今河南省濮阳市南）；

琅琊郡治所在琅琊（今山东省青岛市琅琊镇）；

齐郡治所在临淄（今山东省临淄市北）；

上谷郡治所在沮阳（今河北省怀来县东南）；

渔阳郡治所在渔阳（今北京市密云区西南）；

右北平郡治所在无终（今天津市蓟州区）；

辽西郡治所在阳乐（今辽宁省锦州市西北）；

辽东郡治所在襄平（今辽宁省辽阳市）；

代郡治所在代（今河北省蔚县）；

钜鹿郡治所在巨鹿（今河北省平乡县西南）；

邯郸郡治所在邯郸（今河北省邯郸市西南）；

上党郡治所在长子（今山西省长子县西）；

太原郡治所在晋阳（今山西省太原市西南）；

云中郡治所在云中（今内蒙古自治区托克托县东北）；

雁门郡治所在善无（今山西省右玉县南）；

上郡治所在肤施（今陕西省榆林市东南）；

陇西郡治所在狄道（今甘肃省临洮县）；

北地郡治所在义渠（今甘肃省宁县西北）；

汉中郡治所在南郑（今陕西省汉中市）；

巴郡治所在江州（今重庆市江北区）；

蜀郡治所在成都（今四川省成都市）；

黔中郡治所在黔中（今湖南省沅陵县西）；

长沙郡治所在临湘（今湖南省长沙市）；

广阳郡治所在蓟（今北京市西南）；

楚郡治所在陈（今河南省淮阳县）；

以上三十五郡，连同京都地区的"内史"，秦帝国共设有三十六郡。

秦帝国于公元前221年分天下为三十六郡后，又不断向外扩张领土，并另设新郡。新设的郡有：

常山郡治所可能在元氏（今河北省正定县南）；

河内郡治所在朝歌（今河南省淇县东）；

衡山郡治所在邾（今湖北省黄冈市南）；

东海郡治所在郯（今山东省郯城县西）；

胶东郡治所在即墨（今山东省平度市东南）；

济北郡治所在博阳（今山东省泰安市）；

闽中郡治所在冶（今福建省福州市）；

南海郡治所在番禺（今广东省广州市）；

桂林郡治所在广郁（今广西壮族自治区凌乐县东）；

象郡治所在象林（今越南会安附近）；

九原郡治所在九原（今内蒙古自治区包头市西北）。

以上十一郡，连同公元前221年所设的三十五郡（不含"内史"），秦帝国共设有四十六郡。

以上四十六郡，便是大秦帝国的版图。

焚书坑儒

公元前213年,大秦帝国已度过了八个春秋。秦始皇为缔造这个大帝国,整日忙于国家的制度建设,巡行全国各地。秦始皇踌躇满志,在咸阳宫殿举行盛大的酒会来招待他的群臣百官,除此之外,参加酒会的还有博士七十人。

在酒会上,博士们向秦始皇祝寿,仆射周青臣进前颂扬秦始皇的丰功伟绩。他说:"当年,秦国地不过千里,幸赖陛下神灵明圣,平定海内诸侯,放逐四方蛮夷。凡属日月所照之地,无不入贡朝见。今以诸侯国为郡县,人人安乐自得,没有战争的祸患,并将传之万世。自上古以来的圣王,都比不上陛下的神威与恩德。"

秦始皇听罢周青臣的颂词,很是喜悦。这时,博士淳于越进前说道:"臣听说殷周称王天下,千有余年。封子弟功臣为侯,用来辅助自己。今陛下领有海内,而子弟却身为平民百姓。如果出现晋六卿、齐田氏那样的篡逆之臣,天子无有侯王辅助,靠谁来救援自己?凡事不效法古人而又想长治久安,是从未听说过的。今日青臣在圣上面前阿谀奉承,来加重陛下的过失,他并非忠臣。"

秦始皇并不赞成淳于越的观点,对他重弹八年前王绾在朝堂上所弹过的老调,很是反感。然而,分封与郡县事关重大,秦始皇在群臣面前不失皇帝的风度,将淳于越与周青臣所争论的问题"下其议",交付大臣们讨论。这时，又是李斯出面站在秦始皇的立场上讲话。不同的是，他当年驳斥王绾时官职不过是廷尉；而此刻他出面驳斥淳于越时，却早已是帝国的丞相了。

李斯驳斥淳于越说：

五帝不相复，三代不相袭，各以治，非其相反，时变异也。今陛下创大业，建万世之功，固非愚儒所知。且越言，乃三代之事，何足法也？异时诸侯并争，厚招游学。今天下已定，法令出一，百姓当家则力农工，士则学习法令辟禁。今诸生不师今而学古，以非当世，惑乱黔首。

臣李斯冒死上言：古时天下分散混乱，未能统一，所以诸侯并起，在舆论上都是称道往古并用来非难当今，粉饰空言并用来扰乱实际，而人们又往往以为他们私下所学的这些东西很高明，并以此来非难圣上所建树的宏图大业。今陛下已兼有天下，判别是非而尊立一帝；而那些秉承私学的人，却相互勾结来非难以法为教的制度，闻知有法令下达，便用他们那套私学来妄加评论。入室则内心不满，出家则街谈巷议，以非难主上为名望，以标新立异为高明，煽动门徒群起造谣诽谤。这种情况如不加以禁止，对上则降低人主的权势，对下则使这些人形成党羽。还是严加禁止有利于国。臣李斯请求：

史官所收藏的历代史书，除秦国的史书《秦记》外，其他一律焚烧；

除博士官因职务上的关系外，天下其他人有收藏《诗》《书》以及诸子百家著作的，一律要送交所在郡守、郡尉处焚烧；

有敢于相互谈论《诗》《书》的，处以弃市的刑罚；

有敢于以古非今的，诛杀全族；

各级官员有"见知而不举者"，与违犯此项法令者同罪论处；

此项法令下达后，期满三十日而不焚烧所藏禁书的人，则处以面部刺字并罚做四年苦役的刑罚；

凡属医药、卜筮、种树方面的书籍可以收藏如故，不必焚烧；

如有想学习法律的人，可以到官府向负责普及法律知识的人请教，以吏为师。

李斯这份驳斥淳于越的长篇上书，可分为三个组成部分：第一部分是论证淳于越关于实行分封的理论不能成立；第二部分是论证儒生以"私学"来"以古非今"的严重危害；第三部分则是李斯为制止并消除这一危害而起草的《焚书令》，共有八条。

《焚书令》的八条律文，文字简明，含义准确，可见李斯是早有准备，成竹在胸，只是选择了这一有利的时机才向秦始皇提交这份《焚书令》的。

由李斯所起草和提交的《焚书令》，其理论根据便是韩非当年在《五蠹》篇中所提出的如下一段主张："明主之国，无书简之文，以法为教；无先王之语，以吏为师。"这正是秦始皇当年倍加欣赏的一段高论。而如今李斯依据这一理论所起草的《焚书令》八条，则是为了制止并消除秦帝国在立国建制中所面临的一大危害，可谓是雪中送炭，怎能不令秦始皇高兴万分？秦始皇对淳于越的理论从来都是不赞成的，而丞相李斯在驳斥淳于越的同时所提交的《焚书令》又正中秦始皇的下怀，便当即以制书的形式将《焚书令》向全国正式颁发执行，这便是《史记·秦始皇本纪》所载李斯上书全文之中的"《制》曰：'可'"三字。

以上便是人类历史上罕见的《焚书令》制定的历史背景及其颁布的经过。秦始皇对《焚书令》的批准，使得中国文化史上一场骇人听闻的焚书浩劫随之发生。

焚书令下达后的第二年，秦王朝又发生了坑杀儒生的事件。

在兼并诸侯、建设帝国的实践中，秦始皇是一个现实主义者。若不如此，他怎能以武力统一天下？又怎能使他所建立的帝国屹立于海内？秦始皇所成就的事业，无疑是前无古人的壮举。然而，在成就面前，秦始皇于一片颂扬奉承声中，时常处于自我陶醉的状态，以至于脱离现实，异想天开地对访仙寻药、寻求长生不老表现出很大的兴趣。秦始皇在这种心态的支配之下，晚年达到了甘受方士愚弄的地步。

所谓方士，即"方术之士"，原是战国时期起源于齐燕两国滨海地区以求仙、炼丹而自称能长生不死的人。齐燕两国的滨海，举目无边，波涛连天，当然能给人以遐想；而海市蜃楼景观的时而出现，又给人以追求。因此，这一地区的方士和他们散布的种种奇闻，早已在民间的长期传说之中演绎成许许多多动人的神话故事。而那些被视为方士或以方士自居的人，在这一地区的民间无不成了颇具影响的名士。

秦始皇二十八年（公元前219年），秦始皇同他的东巡车队，浩浩荡荡地来到齐国故地。齐地的方士徐福早已闻知秦始皇有求仙长生的意愿，便投其所好地向秦始皇说："东海之上，有三座仙山立于大海之中，名为蓬莱、方丈、瀛洲，均有仙人居住。"秦始皇听后十分高兴，便向徐福询问如何求见仙人。徐福见皇帝信以为真，便煞有介事地向秦始皇说："陛下，访求仙人不难，只需挑选数千名童男、童女，制造几十只大船，备齐鼓乐礼物，便可以入海求见。"

秦始皇见徐福说得如此真切，便下令按徐福所提出的要求一一照办。

然而，徐福率船队及数千名童男、童女出海后，却一直杳无音信。

秦始皇三十二年（公元前215年），秦始皇东巡来到燕国故地碣石（今河北省乐亭县西南）。碣石东临沧海，秦始皇触景生情，深以徐福出海后杳无音信为憾。在急切求仙的心情之下，秦始皇又派燕地人卢生去寻求仙人羡门、高誓，接着又使令韩终、侯生、石生等人出海去寻求仙人的长生不老之药。由于仙人与长生不老之药根本不存在，卢生当然无法得到。

徐福、卢生等人不是一去不返，就是空手而还，并没有寻求到仙人与长生不死之药。这种结果本应使秦始皇有所清醒,然而他却对方士的谎言依然相信。卢生寻仙求药不得,便通过献上伪造的鬼神图书来继续进行欺骗,同时又用编造的"真人"来蛊惑秦始皇。卢生向秦始皇说:"臣等寻仙求药,常常不能遇到,大多是因为有妨害者。人主应时常便服出行,用来排除恶鬼。恶鬼被排除,真人便会到来。人主的居处如被人臣所知,便会对神仙构成妨害。真人神通广大,入水不湿、入火不被燃烧,凌驾于云气之上,与天地共长久。今圣上治理天下,未能心神安适。愿圣上所居宫屋,不令他人所知。然后真人可至,长生不死之药可得。"

秦始皇对卢生的话深信不疑,说道:"我羡慕真人。"

此后,秦始皇便自称"真人",不再自称"朕"。同时下令于咸阳周边二百里内,造宫观二百七十座,以甬道相连,用帷帐、钟鼓、美人充实其中,以供皇帝居住。如有人泄露皇帝的去处与住所,则处以死刑。

一次,秦始皇临幸梁山宫,从山上望见山下有一队车骑,首尾甚长,人数颇多,便手指山下向侍从问道:"这是何人的车骑,人数如此众多!"侍卫告诉皇帝,山下是丞相李斯的车骑。秦始皇听闻后默然无语,表情上不大高兴。后来,秦始皇的侍从将此事转告李斯,李斯便立即减少了车骑的人数。当秦始皇发现李斯减损车骑时,立刻意识到这是侍从向丞相泄露了自己的意图。秦始皇对于这件事分外警觉,也十分气愤,说道:"这一定是侍从向外泄露了我说过的话。"便立案对当日的侍从进行审问,被讯问者不肯招认,秦始皇便将那天在自己身边的侍从一律杀死。这件事在宫中震动很大,从此之后,任何人都不知道皇帝的所在之处,群臣都是在咸阳宫中奏事和听取命令。

且说卢生、侯生毕竟未能履行前言,没有寻求到仙人良药;又见秦始皇专断独行,动辄杀人,便感到有些不妙。由于心怀鬼胎,卢生、侯生开始恐慌起来,便在一起谋划说:"始皇为人,刚愎自用、暴戾恣睢。他起身于诸侯，但终于兼并天下，可谓是意得欲从，自以为古来圣贤无人可以比及。他专门任用狱吏，以为自己的亲信。虽置博士七十人，不过是摆设而已，从不任用。朝廷中的丞相以及诸位大臣，都是接受现成的指令，为皇帝办事。皇帝乐于以刑杀为威，群臣都畏惧而自保官禄，无人敢尽忠直言。因此，皇帝意识不到自己的过失而日益骄横，群臣因畏惧而用谎言欺上，以讨取皇帝的欢心。"

"按照秦的法律，所献之方如无效验，献方人便要被处以死刑。为朝廷占星望气的官员已多达三百人，这些人精通占星望气之术，皆堪称良士。可是他们都畏惧不敢正言，忌讳颇多，不得不阿谀奉承，谁敢直言皇帝的过失。现今天下之事，事无大小都取决于皇帝。皇帝每日阅览批示重达一百二十斤的公文奏章，不完成此数便不休息。一个如此贪恋权势的人，不可为他寻求仙药。"

于是，卢生与侯生在经过此番谋划之后，为避免身遭横祸，便神不知、鬼不觉地悄悄离开咸阳，行迹无踪可寻。

秦始皇见卢生、侯生等一班方士久久未能寻到仙人与长生不死之药，心中渐渐地产生了怀疑。然而，寻求仙药一事早已张扬得人人皆知，就连他自己也时时自称"真人"，便也只好耐心等待，仍然盼望着真人降临，寻求到仙药。然而，卢生与侯生的逃走以及此事在京城中所引起的纷纷议论，终于使秦始皇有几分清醒了。他所尊崇的方士逃走了，骗局终于真相大白。然而，这些江湖骗子是他秦始皇从海滨请到京城咸阳，并且赏赐甚厚。秦始皇深感此事有损其皇帝尊严，于是恼羞成怒，不得不向天下人做一番自我表白，同时声讨方士，并且嫁祸于无辜的儒生。秦始皇说："我上年收缴天下不中用的书，尽行除去。然后便召集大批文学、方术之士，以兴起天下的太平盛世。方术之士们想要炼求奇药，今日得知韩终离去后终无音信，徐福等人为寻求仙药已耗费百万，始终未能得到仙药，只是为了谋求奸利而已。卢生等人，我对他们尊崇厚赐，可是他们却对我进行诽谤，来加重我由于轻信他们而产生的过失。卢生、侯生是逃走了，但在咸阳城中的一些儒生却借着此事大作文章，蛊惑人心。我已派人查问，确实有的儒生借此以妖言惑乱百姓。"

于是，秦始皇令御史立案查问咸阳城中的儒生。儒生们相互揭发，犯法禁者四百六十余人，全部被活埋于咸阳，其目的是令天下人知之，惩戒后世。

这就是秦始皇一手制造的坑杀儒生一案。

关于杀害儒生一案，除《史记·秦始皇本纪》的上述记载外，《史记·儒林列传》《正义》引卫宏《诏定古文尚书序》也有记载：秦始皇既已公布《焚书令》，恐天下人不遵从这一法令，便对来到咸阳的儒生一律拜作为郎，前后多达七百人。与此同时，秦始皇为谋杀这些儒生，秘密地在骊山陵墓区的山谷中气温暖和的地方种瓜。瓜成熟后，诏令博士、儒生们对于冬季瓜熟进行议论，人人说法不一。于是令他们到谷中观看这一奇观，同时在现场暗设机关。诸生到达现场后，参观议论之时，触发机关，土方自上而下，将儒生全部压于土中，呼救之声终于随坑平而止。

《文献通考·学校考》的记载又有所不同，认为秦始皇与秦二世皆坑杀过儒生：秦始皇使令御史立案查问儒生，儒生们相互揭发，以至于坑杀儒生四百六十余人。同时，秦始皇又令人在冬季种瓜于骊山，瓜熟后令博士、儒生们前往观看，用"伏机"杀死七百余人。秦二世时，陈胜起兵后，召博士、诸生议论此事，以"非所宜言"罪又杀死数十人。

以上便是后世人们所说的"焚书坑儒"事件。

有关"焚书坑儒"的记载表明，秦始皇统一六国后，新兴的大秦帝国究竟要采用何种政治制度，在秦国统治集团的上层有着激烈的斗争。这种有关国家制度建设问题的斗争，又同意识形态领域里两种思想的斗争紧密相连，从而构成了秦王朝统治阶级内部斗争的主要内容，是秦王朝政治上的一大特色。

所谓郡县与分封之争，涉及国家政体，事关重大，是秦王朝统治集团内部斗争的焦点问题。据史书所载，秦王朝朝堂之上的两次纷争，都是由这个问题所引发的。公元前221年，是由丞相王绾提出在燕、齐、楚故地封诸侯王所起的，但遭到了廷尉李斯的反驳，而秦始皇赞成李斯的意见，其结果是分天下为三十六郡。八年以后，博士淳于越再次在朝堂上挑起分封与郡县的争论，但遭到了丞相李斯的驳斥，秦始皇赞成李斯的意见，其结果是引发了"焚书"以及"坑儒"。

"焚书坑儒"作为一场浩劫，古今已多有评论。它给社会所带来的灾难，人们已多有认识。

第六章
平定边患

北击匈奴

秦始皇"焚书坑儒"的残暴做法,连他的长子扶苏都表示坚决反对,他对父亲说:"天下刚刚太平,远方的百姓还没有安稳。儒生们只不过是孔子的门徒。一些读书人能掀起多大风浪?重刑制裁书生,恐怕会引起骚乱。"

"这些人中有以装神弄鬼欺骗朕的,也有以古非今诽谤朕的,不严加惩治,如何警示天下!"秦始皇气愤地说。

扶苏又将他巡察外地的所见所闻向秦始皇报告。他的本意是希望父亲能够轻刑法减徭役,给百姓以休养生息的机会,以巩固秦朝统治,但却把秦始皇心中的怒火再次点燃起来。秦始皇走到扶苏面前,注视着他,怒声道:"天下都拿修筑长城和移民实边的事来指责朕,他们应该到北方去看看,那里的黔首(指百姓)过的是什么日子!天天生活在死亡的阴影之下,几年辛苦所得的一点收获,几天就全部被匈奴拿走。不彻底解决这个问题,匈奴之祸就会逐渐蔓延到内地来。他们不懂,你是朕的儿子,你应该懂!"说到这里,秦始皇突然停住,注视着眼前的长子,笑纹涌上眼角,慈爱之情使他的声音变得柔和了:"扶苏,朕命你去上郡任大将军蒙恬的监军,一来,真正看看民间疾苦;二来,学习点军事,对你将来会有好处。"

"是,儿臣遵命。"扶苏叩首退出。

第六章 平定边患

公元前215年，秦始皇第四次出巡，这次出巡主要的目的是巡视北方边塞。从咸阳出发直至碣石，沿途皆原韩、赵、魏、齐边境交界，有不少原来建的城郭、关塞、路卡阻塞交通。秦始皇下令堕毁城郭，决通川防，夷平大道上的险阻。到了碣石他又令颂功刻石，把这些功绩都记载下来。然后又经右北平、渔阳、上谷、雁门、云中诸郡，视察了北方边塞。当时北方匈奴部族经常来骚扰，给边境造成了一定的威胁，所以秦始皇回来就下令大将军蒙恬率三十万大军北击匈奴，并修筑万里长城，还先后迁移几十万户内地居民到北部边疆屯垦戍边，现在又派长子扶苏亲赴前线。

匈奴是个古老的民族，其祖先叫淳维，大约与夏王朝同时。匈奴这个称谓最初见于战国时代，在战国之前，有时称荤粥，有时称鬼方，有时称猃狁，都是匈奴的转音。匈奴是个游牧民族，没有文字，若不是大史学家司马迁在《史记》中特辟有《匈奴列传》，那么这个在历史上很重要的民族的一些情况，后人将很难知道。据司马迁记载，匈奴的风俗习惯和生活方式与中原的农业民族是迥然不同的，他写道：匈奴……生活于蛮荒之地，跟随畜牧四处迁徙。牲畜的种类主要有马、牛、羊，其中比较奇特的是骆驼、驴、骡……匈奴人因逐水草而四处迁徙，所以没有城市也没有农业。但各部落间也划定自己的势力范围。没有文字书籍，语言是他们彼此联系的唯一工具。匈奴人在儿童时就能骑马，弯弓射杀飞鸟和老鼠；稍微长大后，就能射杀狐狸和野兔，以此作为食物。年轻人全都是射箭好手，也全都是能打仗的战士。匈奴人的风俗，平时大家集中全力搞畜牧业，把打猎当成重要的副业；战时，人人参战。匈奴人的长兵器是弓箭，短兵器是刀矛。打仗时，他们有利就前进，不利则后退，不以逃跑为耻辱。从君王以下，都以肉为食，以皮为衣，外面披着皮袄。年轻人吃上等饭食，老人吃剩下的东西。以年轻健壮为贵，以衰老虚弱为贱。父亲死后，儿子可以娶后母为妻；兄弟死后，活着的可娶兄弟的妻子……司马迁笔下匈奴人的风俗，在中原人看来既新奇又不可理解。实际匈奴人对中原人的那套礼仪和农耕生活同样感到陌生，用今天的话说就是两个民族两种文化。自古至今，文化差异和因文化差异而形成的心理隔阂，从来就是各民族间互相交往和理解的最主要的障碍，也是各民族间不断产生冲突的主要原因。

秦始皇也深知对遥远的外族用兵非同小可，于是决定召开御前会议讨论这件大事。在讨论中，大臣们分成两派：主战派和反战派。以蒙恬为代表的军事贵族坚决拥护和支持秦始皇北伐匈奴的战略决策。天下统一后，国家恢复了文治，军事贵族们觉得他们失去了用武之地，在政治上有可能遭到冷落。为了确保他们不可动摇的政治地位，他们需要战争，因为只有战争才能给他们带来更大的权力和更多的财富。所以听到秦始皇打算北伐匈奴时，他们自然由衷地表示拥护和支持。

然而这次，一向以深刻领会秦始皇意图为能事的丞相李斯，却一反常态，成为反战派的代表，坚决反对北伐匈奴的决策。他直言不讳地说："我不同意。据我了解，匈奴与内地不同，他们不住城市，除牲畜外无可守之财，来去不定，很难控制。如果我们轻兵深入，粮草绝难以持久；如果我们举军齐进，携粮以行，势必行动迟缓，捕捉不到战机。我们即使夺得了匈奴的土地，也无利可图；征服了匈奴的民众，也难以统治他们。这样，我们战胜之后，就必须把他们杀光，这又不是民之父母的我们应该干的事。我认为，这场战争只能耗损我们的国力，使匈奴拍手称快，陛下的举措实非长治久安之策。"李斯之所以敢于如此扫秦始皇的兴，原因有二：其一，他毕竟是总理全国事务的丞相，难道他不知道在建国后这短短几年中秦始皇折腾的程度吗？修宫殿、修驰道、修坟墓、大移民、大巡游，除了生产活动之外，这些事情齐头并进、花样翻新，搞得轰轰烈烈、沸沸扬扬。要以李斯的理智去考虑，这些事情应该有个轻重缓急，有个孰本孰末之分，但他还是全心全意支持皇帝的主张，然后认认真真、不折不扣地去落实这些主张。因为他清楚他的权力是谁给的，他的富贵是哪里来的。今天，他敢于鼓起勇气，去触逆鳞，实在是感到在这许许多多的非生产性活动之外，如果再来一次大规模的对外战争，帝国的人力、财力、物力将支撑不住了；其二，作为官僚化知识分子代表的李斯，也绝不愿意看到军事贵族们通过对外战争捞取更大、更多的政治资本，反过来威胁他们的政治地位。想到这些，他就不得不冒点政治风险，第一次在大庭广众之下，犯颜直谏了。

但事情的结果是很清楚的，秦始皇有个特点，那就是谁越赞成某件事，他倒未见得去干，但是谁越反对某件事，他反倒要坚决去干。这种逆反心理其实很好理解，这无非是一些人维护权威和尊严的一种愚蠢的做法。对于个性十分敏感的秦始皇，这种心理就表现得更为突出。秦始皇听完李斯的这番言论，大为不悦，他突然觉得文官实在是面目可憎，听到战争、流血他们就变得畏缩不前、蝇营狗苟，真不如这些能征善战的赳赳武夫忠诚、勇敢，能够摸透他这个帝王的心思。他断然否定了反战派的意见，任命大将蒙恬为统帅，率军三十万，北伐匈奴。

蒙恬在秦帝国可是个非同小可的人物，他是大将蒙骜的孙子、蒙武的儿子。前者活跃于秦昭王到秦始皇即位之初，屡立战功，名扬天下，死于秦始皇七年；后者是灭楚战役的主将，俘虏过楚王负刍，又参加了平定东越的战役，也是一位战功卓著的军事家。蒙恬承祖业，得为秦将，曾在灭齐战役中大显身手。蒙氏三代为将，在秦国后期的政治舞台上很有影响，堪称纯粹的军事贵族。蒙恬不仅懂军事，而且精通法律，喜欢文学，所以很受秦始皇的赏识。而蒙恬的弟弟蒙毅，更是秦始皇的亲信，他"位至上卿，出则参乘，入则御前"。兄弟两人，"恬任外事而毅常为内谋，名为忠信，故虽诸将相莫敢与之争焉"。蒙恬与蒙毅可以说是少壮派军事贵族的代表人物，是当时政坛上升起的两颗耀眼的新星，这次秦始皇把对匈奴发动战争的重任交给了他们，就很说明问题。

秦国的军人虽然号称"虎狼之师"，但过去打的是内战，是与群雄逐鹿于中原。中原土地平阔、气候温暖、交通畅达、地形熟悉，所以十分便于用兵。这次，秦帝国的三十万大军所到之处却是千里之外的苦寒之地。这里荒无人烟、大漠横亘、气候恶劣、土壤瘠薄，兼之无路可走，辎重难继，使这场战争打起来十分艰苦。

秦始皇三十二年（公元前215年）夏秋之际，蒙恬率军来到河套地区。当时河套以北到阴山，河套以南到鄂尔多斯大草原这一广大地区，是匈奴人的主要活动场所。蒙恬兵分两路，自己率领主力军由上郡经榆林，迂回到河套北部；另外一支秦军由萧关（今甘肃省原州县东）插入河套南部，形成了对河套地区匈奴人的包围之势。但这场战役并不像蒙恬设想的那么壮烈，因为匈奴人自以为力量单薄，无法对抗来势汹汹的三十万秦军。于是在其领袖头曼的带领下，采取了"利则进、不利则退"的机动灵活战术，主动北撤。秦军在未遭到抵抗的情况下，将河套以南的"河南地"全部收复，并更名为"新秦中"。捷报传到咸阳，秦始皇大为振奋，立刻命令蒙恬军在原地度过冬天，准备第二年对匈奴发动春季战役。

秦始皇三十三年（公元前214年）初春，在熬过了一个最艰苦的冬天之后，蒙恬又率秦军主力由九原（今内蒙古自治区包头市西北）渡过黄河，攻占了高阙（今内蒙古自治区托克托、萨拉齐二县北，山名）和阳山（今狼山山脉）这片后来被称为"北假中"的地区；另一支秦军西渡黄河，一直打到贺兰山，方才收兵。至此，对匈奴的战争告一段落。

这场战争与其说是歼灭匈奴人的战争，不如说是一场驱赶匈奴人的战争，因为在这场战争中，秦军始终没有捕捉到匈奴的主力，没有找到歼灭其有生力量的作战机会。由于匈奴人的主力远遁他处，使秦军"终不能逾河而北"，完全彻底地击垮匈奴人，结果不仅使匈奴的威胁依然存在，而且激化了秦与匈奴的矛盾，加速了匈奴的崛起。面对着蒙恬的三十万大军，他们很容易认识到，只有团结一致才能对付当时大军压境的严重局势，这就是所谓"同忧者相亲"。面对这种新形势，秦军只能转攻为守，从而失去了战略主动权。

经过秦始皇的批准，蒙恬军由野战军转为边防军，担负起长期守边的任务。为了巩固这一地区的防务，秦帝国在榆中（今内蒙古自治区鄂尔多斯黄河北岸）沿着黄河向东，直到阴山脚下的这片广大地区设置了四十四个行政县，在黄河沿岸筑城以为要塞，并强迫内地大批"罪人"到新设置的各县服苦役，在秦始皇三十六年（公元前211年），又强迫内地民户三万家迁到北河、榆中地区戍边。此外在高阙、狼山等前线地区，修筑守望台，强迫草原民族北迁。

修建长城

匈奴人虽然被打走了，可他们千百年来，养成了一种飘忽不定的生活习性和勇猛好斗的强悍性格，因此，经常发生南侵骚扰之事。要防范他们大规模的卷土重来，怎么办呢？秦始皇想来想去，决定修筑长城。这一次修筑长城，除了连接加固增高旧有的燕、赵、秦长城之外，在许多地段，还要增修新的长城。为了这个浩大工程，秦始皇下令从全国强征几十万夫役，由蒙恬任总指挥，日夜赶筑。

这长城所经过的地方，不是坦荡平原，而是随处都有高山峡谷，需要因山就势，遇峰则上，通壑则下，这就更增加了工程的艰难。那个时候没有机械，开山采石，搬运垒砌，全靠人力。建筑工地上成千上万来自贫苦百姓之家的夫役，在山巅谷底移动着，有的开山凿石、有的拉石运土、有的正开发新的场地。巨石滚动的隆隆声，泥土下崩的哗啦声，监工挥着皮鞭的呵斥声，痛苦难耐的劳作者的呻吟声交织在一起，打破了山野神秘的寂静。

北国的夏天虽然短暂，可火热的太阳直射着一切，使山石都发出了白光，火烧火燎地使人感到窒息，这时候，无数的夫役像快要死的鱼，张着嘴巴，一刻不停地劳作着。当有一阵凉风吹来，人们刚要稍稍清爽一下时，远处的云团滚过来了，接着是耀眼的惊人的闪电，可怕的霹雳震得山摇地动，狂风骤起，天地顿时变得黑沉沉的，雨紧跟着下起来，人们既躲闪不及，也无处可躲，索性在那风雨中，任它吹，任它淋，以自己的血肉之躯，与亲手筑起的长城共存！进入漫长的冬天，冷风肆虐地吹个不停，它卷起的尘沙，打瞎了人们的眼睛，吹冻了人们的腮帮、耳朵和鼻尖。这还不算，有时风雪竟如发狂的老魔鬼怒号着向人们袭击，使人站不住、走不动、爬不得，最后被冻僵……

不知有多少贫苦夫役，来时刚刚成婚，是个壮实后生，经过长年累月的劳苦折磨、风吹雨打，渐渐腰弯背驼，面目憔悴，由少变老，侥幸不死，还算万福。不知有多少人，背着好几块几十斤重的大城砖，往那山岭上攀登，一时力不能支，头晕目眩，一头栽下万丈深谷，摔得粉身碎骨。还有不少人，活活累死在那新垒的墙基之上，结果被砖石砌在了里边，尸骨变成了长城的一抔泥土。民间传说的"孟姜女哭长城"的故事，虽然所述并不确切，但也足以说明，这长城的修筑，曾使无数人家妻离子散，家破人亡；曾使无数人丧身荒远北疆，埋骨于山巅路旁。

劳苦人民经过许多年的努力，才用自己的血汗和生命筑起了驰名于世的万里长城。这长城西起临洮（今甘肃省岷县），经河套地区过黄河，沿着阴山、燕山向东而去，直达辽东。它就像一条巨龙一样，高低起伏，蜿蜒万余里，屹立在崇山峻岭之上。这长城的修筑，不光是古代世界一项伟大工程，就在今天，也仍被看作是坚不可摧、不能逾越的象征。它充分体现了我国劳动人民热爱自由、独立的雄伟气魄，和那种不怕艰辛劳苦、顽强斗争的精神。

且说大将蒙恬在监筑长城期间，忽又接到始皇帝的诏命，要他督修从边区的九原到首都咸阳附近的"直道"。秦始皇帝修这条直道的目的很明确，是为了便于中央同北部边区的联系，及时调动军队互相支援。这项工程也十分艰巨，全长一千八百里，沿途多是山地，层岭复杂，深谷潆洄。蒙恬领有诏命，岂敢懈怠？又强征来无数夫役，今日劈山，明日填谷，不知断送了多少人的性命，耗费了多少资财，直到秦始皇死，这条直道也没完工。

公子扶苏奉旨戍边，在咸阳辞亲别友，从驰道上直道，由直道快马加鞭，朝行夜宿，直奔蒙恬驻秦国北疆的司令部——九原郡。

公元前212年，扶苏到蒙恬部队任监军，秦始皇的原意是让他在这里学政治学军事，以待今后重用。蒙恬当然明白秦始皇的良苦用心，所以欢迎扶苏的酒宴过后，便派专人陪同扶苏沿长城由西向东巡视了整个工程。

秦长城西端的起点为临洮，而它的东端是碣石。碣石之地有三个：一个在河北昌黎，一个在辽西兴城，一个在朝鲜半岛北部的遂城。今朝鲜平安南道曾出土过秦戈等遗物，这些遗物应该是当年秦兵戍守时所用的，表明秦帝国的统治势力确实越过鸭绿江到达了朝鲜半岛北部一带。

战国时期的秦、赵、燕北部长城作为防御体系，在长城沿线筑有台、鄣、城等工事。秦长城也有这种台、鄣、城等工事，以供士兵驻扎戍守。

台、鄣、城的形制、规模与燕长城的工事大体相同。长城的台址，如围场县15号的烽火台，形如圆台，底部直径15米，上部直径2.5米。长城的鄣址，如赤峰北五里岔村的遗址，长50米，宽40米。长城的城址，如围场县的岱伊古城，长、宽均为200米，台、鄣、城都是供将士驻戍用的。

秦长城的建成，对于巩固中原政权的边防，保障北方边境的安定，对北方社会经济、文化的发展，还有中原文化和北方文化的交流以及当地民族的融合，都起了十分积极的作用。它是秦人留给后世的一笔宝贵物质财富与精神财富。

秦始皇统一六国以后，各种各样难以处理的事物，随同整个天下一齐扑入他的怀抱。他要制定帝号，确立郡县制度，设置三公九卿，统一文字、车轨、货币、度量衡，还要修建陵墓、宫殿……忙得不可开交。就是这样，秦始皇也没有忘记下达这样一条命令：修筑通往西南地区的道路。

筑路工程的负责官员叫常頞，他率领着军兵和民夫在大西南的崇山峻岭之中开始筑路。这一带山高水急，崖直谷深，地形险要且气候多变，豺狼虎豹出没无常，条件十分艰苦。经过多年的努力，筑路者硬是在寂无人行的群山中开出了一条道路。由于受条件限制，这条道路只有五尺宽，故被称为"五尺道"，虽然如此，西南的崇山峻岭也因此而变为通途。

秦长城遗迹

那么，五尺道的尽头是什么地方呢？

秦汉时期，对分布在相当于今之甘肃南部、四川西部和南部及云南、贵州等地的诸多少数民族称为西南夷。在这片十分广阔的民族区域内，当时已建有众多的地方政权。其中，夜郎是最大的一个，辖有相当今之贵州西部、北部、云南北部和广西北部的地区。《史记·西南夷列传》说，夜郎以西还有众多的靡莫族政权，最大的是在历史上比较有名的滇（今云南省滇池地区）。由滇再向北，以邛都的疆域为最广。上述这些少数民族地区的人民皆已实现定居，主要经营农业。由此往西的广大地区，其居民大多是古羌人，他们的社会进化水平还不高，比较落后，尚处在原始社会父系民族公社的发展阶段。该地区为数不多的民族政权有昆明（今云南省洱海地区），有徙（今四川省境内）、笮都（今四川省投源县境内）。由笮都再向东北，分布着数十个民族政权，最大的是冉（今四川省茂汶地区）。该地的社会发展水平也很不一致，有的定居务农，有的以游牧或狩猎为生，逐水草而居。由此向东北，分布着数十个氏族人建立起来的政权，疆域比较大的是白马（辖有今四川省北部和甘肃省南部地区）。《史记·西南夷列传》说："此皆巴蜀西南外蛮夷也。"战国时期，上述大部分地区由秦国和楚国实行一种名义上的统辖，二者间保持着十分松散的联系。

战国后期，在这一地区，曾经发生过这样一件事情。

楚威王在位的时候，总派遣将军庄蹻领兵沿沅江经略巴、黔中二郡以西之地。关于庄蹻的身份，司马迁说他是楚庄王的苗裔，唐朝人又说他是楚庄王的弟弟，是个大盗。所以现代历史学界又有学者认为，庄蹻是楚国的一个农民起义领袖，他是在起义失败之后，率领起义军余部主动撤往该地区的。庄蹻领兵来到滇池之后，只见湖水清澈，湖面非常宽广，真个是烟波浩渺，方圆足有三百里。而滇池岸边的土地更是肥沃富饶，有数千里之广。庄跻看中了这块宝地,遂在此驻扎下来,镇压了当地的一些反对者,为楚国又开辟了一大块疆域。庄跻遂派遣属下返回楚国向楚威王汇报。当时中原地区七雄割据、战火连年、兵燹不断,到处兵荒马乱。秦国亦加强了对楚国的进攻,恰于此时夺占了楚国的巴郡和黔中两个郡,将远在滇池的庄跻同楚国的联系切断了。庄跻无法归报楚王,遂凭借着强大的兵力,在此地扎下根来。他命令属下都穿上当地民族的服装,遵守当地民族的风俗习惯,力图将荆楚文化同当地的民族文化融汇在一起,减少当地人对他们的疑惧或不满情绪;庄跻亦自立为滇王,重建了滇政权。当地的经济文化由此注入了新的活力,开始有了比较大的发展。

秦始皇统一全国以后,虽然在名义上是"率土之滨,莫非王臣",然而,由于西南一带地形复杂,山高林密,崖陡谷深,河流湍急,交通条件十分恶劣,自古以来即被人们视为畏途。兼之这里气候湿热,疾疫流行,所以秦朝中央政府在实际上并没有向西南这片神秘的土地派驻一兵一卒,一官一吏,未能建立起有效的政治统治。对此现状,有席卷天下、包举宇内、囊括四海之意、并吞八荒之心的秦始皇当然不能满意。但是,鉴于西南地区特殊的地理环境,秦始皇又不能像攻打六国那样,出动虎狼之兵扫荡西南,毕其功于一役。何况那里并没有什么了不起的军事力量,没有出现明显的同皇帝陛下对着干的民族情绪。因此,秦始皇抓住了解决问题的关键,即修路,先解决交通问题,将西南地区与中原在交通网络上连成一体,然后再解决建立地方政府、对该地区实行直接的有效的政治和经济管理等难题。

实践证明,秦始皇的这一决策是正确的。尽管开通五尺道的进程比较缓慢,受地理条件的限制不能一蹴而就,然而随着道路一寸一寸地向西南方向延伸,统一西南夷的愿望就变得越来越现实起来。终于,这条铺设在崇山峻岭中的五尺道修通了!它的北端,连接着难于上青天的巴蜀栈道;

而其南端，则紧紧抓着风光旖旎的大西南。秦始皇随之将其早已制订好了的计划付诸实施，主要是向那里派驻官吏，设置了行政机构。另外，根据当时的情况推测，秦始皇可能还派遣了一定数量的军队到那里，以雪亮的刀锋支持秦朝在当地的统治。

于是，西南地区有史以来第一次同中原地区有了直接的政治、经济和文化往来，对推动当地社会的发展，促进少数民族地区的文化进步，起到了很好的作用；同时，也由此加快了华夏族同西南各民族之间的融合，在一定程度上加深了民族之间的了解和理解，提高了对大一统政治文化的认同性，有利于多民族统一国家的发展。

此后，尽管西南地区在秦末汉初曾脱离了中央的控制，与中原失去了直接的政治联系，但是，由秦始皇开辟的统一西南的事业却并未夭折，终于在另一个雄才大略的皇帝——汉武帝当政的时代，实现了对西南的更为全面的统一。

在今湖南、江西南部和广西、广东交界之处，耸立着五道雄峻的山岭：越城岭、都庞岭、萌渚岭、骑田岭和大庾岭，即惯常所说的五岭。岭南以及与之相邻的闽越地区的经济发展水平较之江南地区则更为落后，即使到了唐代，这里也无法同北方相比。所以，当时一些戴罪官员都被贬到这里做小官，如柳宗元被贬到柳州做司马，"欲为圣王除弊事"的韩昌黎，也被"文贬潮阳路八千"，谪发到岭南来。

春秋至秦朝，在东南和南方地区，生活着文化与中原华夏族不同的民族——越。越，又名粤，是一个历史古老的民族。在其内部，部落众多，故又名百越。春秋时期的越国即是由百越中的于越人建立起来的。越王勾践卧薪尝胆，十年生聚，十年教训，终于灭掉了死对头吴国，独霸东南。但百越人的光辉历史仅此而已。至秦朝时，百越中比较大的是闽越和南越，其中南越分布的范围最广阔，人数也最多。

几乎在修筑通往西南夷的五尺道的同时，秦始皇又对百越地区产生了浓厚的兴趣，他命令发兵岭南。人们不禁要问：那一片蛮荒之地究竟有什么东西在吸引他呢？

《淮南子·人间训》对此问题做了这样的回答：秦王利越之犀角、象齿、翡翠、珠玑。认为是岭南的犀角一类的宝物诱惑了秦始皇。这个说法对不对呢？我们认为，至少可以说，秦始皇发兵南越的一个重要动机是为了满足自己的贪欲。作为中国历史上第一个专制皇帝，秦始皇理所当然地将天下看作是自己的私产。他的种种行动之中都鲜明地体现了他为人、为帝的这个特点。秦统一六国之后，秦始皇在京师咸阳模仿六国的宫殿样式大造殿宇，或宏伟壮丽，或小巧玲珑，或孤高耸立，或连绵数里，形成了一片辉煌如霞的建筑群。用来充实这些宫殿的，主要有两样东西，一是大批年轻貌美的女子，二是光彩夺目价值连城的金银珠宝。所以，秦始皇发兵岭南的一个直接原因，即是掠夺那里的奇珍异宝，以便充实京师咸阳的宫殿。

那么，还有没有其他方面的原因呢？

开疆拓土的意识在先秦时期的统治阶级之中即已产生，它和当时的社会政治制度有着十分紧密的联系。自春秋时期起，由于实行了所谓众星拱月式的分封制度，使得各个诸侯可以凭借自己手中掌握的政治、经济和军事权力，同周天子分庭抗礼，甚至将天子呼来唤去，根本不把所谓王室权威放在眼里。而各诸侯国若欲生存，则必须尽最大的努力，加强自己的经济和军事实力，在保卫自己的同时，加紧向其他诸侯国进攻。春秋五霸就是诸侯之间矛盾和斗争的产物。进入战国时代，兼并战争更为激烈，社会财富被大量浪费，无钱无势的老百姓更是被压在社会的最底层，他们的生命财产得不到任何保障，因此，当时许多著名的思想家都尖锐地抨击了统治者的穷兵黩武，例如墨子和孟子。然而，就是在这种血腥战争中，开疆拓土的意识被发挥到极致，并最终导致在客观上形成了全国大一统的趋势。因此，在秦始皇这样的封建帝王看来，大一统即意味着开疆拓土，意味着兴兵打仗，并且最终意味着将极大地扩充自己的实力，真正实现富有四海、主宰天下的梦想。而举凡雄才大略的君主，在政治、军事以及经济方面都获得了极大的成功，这使他们更加藐视一切，也更加想把一切都抓到手里，让一切都服从自己，如寒冬的一片枯叶，在自己的脚下瑟瑟发抖。这种意识，在表面上看来，是一种统一意识，而在本质上则表现为专制意识、专制作风。就历史本身的发展过程而言，在当时，没有专制，也就没有统一，正是在专制主义的君主集权制度建立以后，以开疆拓土为表面形式的统一战争才得以顺利开展和结束。我们认为，对秦始皇来说，这才是最大的诱惑。

世人皆谓秦始皇为暴君，不过，秦始皇可能从来没有亲手持刀杀人的记录。他唯一一次与人面对面地刀兵对垒，大概就是在统一全国以前，荆轲"图穷匕首见"，把他追得绕着柱子仓皇奔逃的时候。此外，秦始皇的刀子，可能再未出过刀鞘。那是因为，别人用刀用剑杀人，他则用嘴巴杀人。他一声令下，某某人被族诛，白发苍苍的老人和襁褓中的婴儿都倒在血泊之中，黄土地被染成了一片血红色；他一道诏书，几万乃至几十万大军便集结边庭、塞外对垒、兵戈相击、血肉横飞、伏尸遍野、天下缟素。

此次征伐岭南亦是如此。

按照秦始皇批准的作战计划，秦朝中央派出了总数达五十万人的庞大兵力，由尉屠睢任统帅，雄赳赳气昂昂地向南方进发，秦始皇坐镇京师咸阳，遥控战局。

尉屠睢率领的秦军，一共分为五路向南进攻。第一路"塞镡城之岭"，第二路"守九嶷之塞"，第三路"处番禺之都"，第四路"守南野之界"，第五路"结余干之水"（见《淮南子·人间训》）。据林剑鸣先生《秦史稿》的研究，这五路兵马的具体进军路线是这样的：一路由今江西向东，进攻东瓯和闽越；一路循今江西南昌，经大庾岭攻入广东北部；一路循今湖南长沙，经骑田岭直捣番禺；一路由萌渚岭攻入今广西贺州市；一路经越城岭攻入今广西桂林地区。

战争就这样展开了。从秦军五条战线出击的情况来看，进军东南的秦军比较顺利，很快平定了闽越和东瓯。这主要是因为这一地区尽管经济和文化十分落后，但距离中原比较近，接受中原文化比较早，也比较深。例如在江淮地区，自远古时期起，即居住着众多的夷人。《后汉书·东夷列传》说，夷有九种，为畎夷、于夷、方夷、黄夷、白夷、赤夷、玄夷、风夷、阳夷。据说夷族自夏朝时起即与中原产生了比较密切的联系，而其主要表现，即是与中原华夏族进行过多次的战争。江淮地区在战争中加强了同中原的政治、经济和文化上的往来与交流。秦始皇统一六国以后，江淮的夷人皆散为民户，直接处于秦朝郡县的管理之下。因此，固然该地区的经济仍十分落后，但上述进步却不可能不影响到东瓯和闽越一带，使其对中原的向心力强于岭南。另外，早在秦朝实现统一六国以前，秦国的政治统治即已到达过东南地区。秦始皇二十五年（前222年），秦国名将王翦率兵平定了楚国所统辖的江南地区，降伏了越君，并设置会稽郡，对此地区进行统一的行政管理。会稽在地理上距离东瓯和闽越更近，受中原的影响也会相应地更大，这些都给迅速平定东南地区奠定了良好的基础。所以，在秦始皇出兵的当年，即公元前221年，秦朝即在东南建立了闽中郡（治所在今福建省福州市）。

然而，与东南地区的战事相比，进军岭南的战事进行得十分艰难，一个重要的原因，是岭南的越人进行了顽强的抵抗。越人充分利用了他们十分熟悉的地形，同秦军苦苦周旋。有的地方山深林密，越人便逃进密林之中躲藏起来。习惯于在中原开阔地区作战的秦军，不熟悉地理环境，又没有在密林之中作战的经验，不敢贸然进攻，只好在密林之外的空地上驻扎下来。而越人则采取了游击的战术，敌疲我扰。多日以后，秦军士卒劳倦，人困马乏，战斗力迅速下降，越人则乘机杀出阴森可怕的密林，给秦军以致命的一击，使秦军遭到重大伤亡，连最高统帅尉屠睢也被岭南的越人杀死！这样，秦军虽然在兵力上占据绝对的优势，对越人却无可奈何。

比这更为严重的问题，是秦军的后勤供应十分困难。俗话说：兵马未动，粮草先行。秦始皇自战争中成长，又亲自策划和指挥了具有空前规模的统一战争，怎能不懂得这个道理。不过，一时之间，雄才大略的秦始皇也颇有些无奈：南方的河流纵横交错，从黄土高原一路打过来的秦始皇的军队一下子也搞不清这里的地理情况，只觉得到处都是河湖汊港，宽的、窄的、深的、浅的，弯弯曲曲的，不知道哪来的这么多的水，也不知道它们要流到哪里去。如此复杂的地形，不仅使秦军运动不便，也给军用的粮草供应造成了极大的困难。

汉朝人编纂的《风俗通义》叙述了这样一个脍炙人口的故事。

据说秦昭王的军队占领蜀地之后，派一个叫李冰的人做蜀郡的郡守。蜀郡这个地方，有一条大江在境内流过，名叫岷江。恰逢李冰上任之际，岷江发了大水，江中冒出一个凶神恶煞的牛精，声言两岸的人民每年都要给他送来两名美貌的姑娘做老婆，如若不然，必将兴风作浪，吞没两岸。李冰知道后，即变作一头灰色的牛同妖怪变化的灰牛拼命角斗，并且在事前向属下交代说，那头脸朝南，腰间有一条白毛的灰牛就是他自己。属下们趁着李冰同妖怪角斗之际，用剑将妖怪刺死。从此以后，蜀郡年年五谷丰登，妖怪彻底消失。

李冰斗妖的故事当然是子虚乌有，然而，李冰的确是先秦时期秦国的治水能手。

古代最伟大的水利工程，当数享誉中外的四川都江堰。

千里岷江，两岸崖壁峭立，山高谷深，水流湍急，声若雷鸣。激流入灌县后，江水在平川上更为暴虐，冲决堤岸，淹没庐舍。从上游挟带的大量泥沙也淤积在这里，极易抬高河床，酿成更大的水灾。

一座玉垒山又阻滞了东流的江水，使山之西江水泛滥，而山之东则往往赤地千里，大旱不已。秦昭王时，蜀郡太守李冰及其子痛下决心，要彻底根治岷江水患。经过细致的实地考察和周密准确的计算，李冰组织了上万名民夫，在江心筑起分水堤堰，将狂暴的岷江分为内外两江，玉垒山也被凿开一个"宝瓶口"，使内江水大时水流自行越过低堰泄入外江；枯水时节，水量又可以集中于内江，保证农田灌溉用水。于是，成都平原逐渐成为沃野千里的"天府之国"，这座水利工程至今仍然发挥着巨大的排灌作用。而且无论当代的水利专家如何使之更为完善，都没有脱离李冰当初的设想。

秦国有比较悠久的治水传统和十分丰富的治水经验。除了都江堰以外，秦国比较大的水利工程还有郑国渠，是在秦始皇为秦王时期兴修而成的。然而，自秦始皇统一天下以后，兴修水利的传统被抛弃了，秦始皇醉心于修筑长城、陵墓，建造辉煌的宫殿，虽然他提倡"上农除末"，却将农业的命脉——水利，扔到了脑后。

此番进军岭南受挫，几十万秦军被山山水水围困着，像关在笼子里的一条饿狼，咆哮挣扎。秦始皇于是想到了兴修水利，开通一条水上通道，利用它千里转运，将粮草送往前线。

秦始皇三十三年（公元前214年），秦始皇委派一个名叫禄的监御史（史禄）负责开凿渠道。食君之俸禄，怎敢不尽心竭力！史禄忍着炎热潮湿的气候，带着属下爬山越岭，涉水渡河，辛辛苦苦地勘察地形，计算各种数据，做好开工前的各项准备。

这条名为灵渠的运粮通道是在今广西壮族自治区的兴安县开凿的，

在我国的长江流域和岭南的珠江流域之间，五岭隔断了南北之间的往来，不仅水路不通，就是陆路亦因地势险峻而难于畅通。漓江和湘江同出于兴安，史禄利用两河之间最近距离只有几里地的天然条件，动工开凿运河。首先，史禄率领士卒使用山石截断了滚滚东去的湘江水，然后，由此再开凿两条运河，分别进入湘江和漓江，靠北的一条运河拉着引来的湘江水绕了一个大圈子，再汇入湘江；靠南的一条运河比较长一些，大约有三十三公里，将引来的湘江水沿着蜿蜒起伏的丘陵汇入漓江，这条南运河就是灵渠（因漓江当时又名灵河得名）。

开凿灵渠的最终目的在于向前线秦军运送粮草，所以，史禄必须解决灵渠的船只航行问题，不能只是将湘江水汇入漓江，在形式上沟通长江和珠江两大水系即告完工大吉。然而，灵渠所流经的地区，都是绵延起伏的丘陵，山虽不是很高，坡度却比较大，必然使江水的流速更大，同时，水的深浅也不容易控制。为了解决这两个难题，史禄汲取了历史上秦国和当地丰富的兴修水利的经验，首先命令军士们将运河河道开凿得弯弯曲曲，尽量缩小水流的落差，减缓水的流速。另外，经过史禄的精心设计，在运河沿线，还设置了几十座船闸，可以利用它拦截水流，抬升和下降船只，以便运粮船能翻山越岭，安然抵达目的地。

灵渠开凿成功了，它沟通了长江和珠江两大水系，成为中国南北交通的重要水道，一直到清代，灵渠上依然是百舸争流、航运繁忙。灵渠的开凿，为巩固统一，促进南北方经济和文化的交流，创造了极为有利的条件。而主持这个工程的史禄，作为伟大的秦朝水利科学家，被永远地记在了历史的光荣簿上。

当年灵渠凿通的消息传到了咸阳，秦始皇很快下令沿水路向前线运输粮草，以保证军需，支持前方作战。在此之前，秦始皇唯恐他的五十万大军人手不够，曾派任嚣和赵佗两员大将，率领"楼船之士"——水军开往前线增援。当此灵渠凿通之时，楼船便可以长驱南下了。根据古籍的记载，楼船是古代的一种巨型战舰，其最大的特征是在舰上建有重楼，配备了各种大型的进攻和防御的武器和设施，例如女墙、拍竿等，其战斗力在当时的战船中首屈一指。

在如此先进的武器和强大的攻势面前，"被发文身，错臂左衽"的岭南越人再也抵挡不住了，只好停止抵抗，缴械投降，向皇帝俯首称臣。为了巩固岭南的统一局面，秦始皇制定了如下措施。

第一，于公元前214年发"尝逋亡人、赘婿、贾人略取陆梁地"（《史记·秦始皇本纪》）。所谓"逋亡人"，即逃亡的罪犯；赘婿是指就婚于女方的贫苦人，他们的社会地位十分低下，被列为"七科谪"（吏有罪一，亡命二，赘婿三，贾人四，故有市籍五，父母有市籍六，大父母有市籍七）之一，所谓陆梁地，即指五岭以南地区。翌年，即公元前213年，秦始皇又下令将中原五十万罪犯强行迁徙到岭南地区，"戍五岭，与越杂处"。

第二，在岭南设立了地方行政机关，即象郡（治所在今广西壮族自治区崇左市）、桂林郡（治所在今广西壮族自治区桂平市）和南海郡（治所在今广东省广州市），委派官吏管理当地事务，并设置了以负责军事事务为主的南海尉。皇帝陛下的水军首领任嚣于此时担任了南海尉之职，而另一位水军首领赵佗，则担任了南海郡的龙川县令，成了越人的父母官。秦末以后，群雄逐鹿中原，无暇顾及岭南，赵佗遂乘机自立为南越王，这倒是秦始皇没有想到的。

秦始皇通过征伐岭南，再次将社会推向前进。那些迁徙到岭南的大量人口，从内地带去了先进的农业、手工业等生产工具和生产技术，在以后漫长的岁月中，他们和当地的越人一起，加速了开发该地区的速度，并且在共同的开发中开始了民族融合的过程，促进了经济和文化的发展。

在政治上，秦始皇结束了岭南地区长期以来由越人奴隶主割据混战、各霸一方的混乱状态，使岭南地区也加入到统一的民族大家庭中来。该地区行政建郡的设立，成为当地经济开发的政治基础。

第七章
五次出巡

巡行二郡

陇西、北地是秦帝国西部边境上的二郡，其治所分别在狄道（今甘肃省临洮县）和义渠（今甘肃省宁县西北）。

秦始皇二十七年（公元前220年），即秦灭山东六国后的第一年，秦始皇便率领庞大的车队和随行官员，从都城咸阳出发西行，巡行秦帝国西部边境上的陇西、北地二郡。行进路线是车出咸阳城以后，沿渭河河谷的大路，一路西行，经由今宝鸡市，入甘肃，到达渭水的发源地——秦陇西郡的治所（今甘肃省临洮县）。在临洮稍事休息后，秦始皇的车队折向东北方向行进，进入北地郡，到达泾水上游的鸡头山（今甘肃省平凉市西），然后东行，经过回中（今甘肃省平凉市北），沿泾水的河谷大道回到咸阳。

从以后的几次巡游来看，秦始皇对于他巡行全国各地，有深远的考虑。秦始皇把巡行陇西、北地二郡作为他大规模巡游全国各地的一个序曲，目的是什么？史书并没有记载。这里，我们只能举出如下的客观事实并略做一些推断。

渭水流域乃至于渭水上游（今甘肃省东部），是秦人祖先的发祥地，周孝王时，秦人祖先被召至"升渭之间"（今陕西省扶风县和眉县一带）。后来又迁都于雍，于秦穆公时代称霸于西戎。战国时期，秦献公迁都于栎阳。秦孝公迁都于咸阳。秦迁都于咸阳后日益强盛，终于兼并了天下。渭水流域既然是秦人的发祥地，秦始皇于兼并天下后的巡行中，把西北边境的陇西郡作为巡行全国各地的序曲，在主观上赋予追本溯源、光宗耀祖、不忘祖先的意义，则是题中应有之义。至于扬威西部边境、巩固边防的意义，亦是巡行的必然客观后果。而巡行北地郡，则是巡行陇西郡附带之举，并没因此而绕路取道回咸阳，由于北地也是秦帝国西境上的一郡，因而顺路巡行。

陇西与北地都是秦国的故郡，同刚刚平定的山东六国相比，这里秩序安定，与六国故地战火熄灭不久的情景大不相同。因此，秦始皇把巡行陇西、北地二郡作为稳定后方以及巡行全国各地的总演习，并以此作为巡行全国各地的序曲，是很合乎逻辑的。

林剑鸣先生著《秦史稿》一书中，称秦始皇巡行陇西、北郡的目的，"不仅是向当地臣民，而且也是向域外各国炫耀武功。因为当时通过西域走向中亚的一条路，是中国与外国联系最密切的路线。秦始皇来到西部边郡宣扬秦王朝'皇威'，再通过迁徙不定的'戎'人，将秦朝的消息传向遥远的西方，进一步加深了自穆公以来秦对西方的影响，这就是秦始皇第一次出巡就向西进发的原因"。林先生的上述论断，是一个颇有见地的观点。

泰山封禅

秦始皇二十八年（公元前219年），即秦灭六国后的第二年，秦始皇命车驾出关，巡行帝国的东南地区。

如果说公元前220年的巡行陇西、北地是在秦国故土上的一次"颂德"，那么，这次巡游东南，则是在新征服领地上的一次"扬威"。据史书所载，秦王政是坐镇咸阳来指挥兼并六国战争的。他这次出游之前，他本人未曾东越函谷关（今河南省灵宝市）一步。这次，他要平生第一次巡视他所征服的东南大片国土，在帝国东南地区的臣民面前展现秦帝国和他始皇帝本人的神威，心情怎能不激动。为此，对于这次巡行东南，秦始皇做了精心的策划与周密的安排。

为充分体现帝国和皇帝的神威，秦始皇为这次巡行配置了一个庞大的车队和隆重的仪仗。据《后汉书·舆服志》记载："大驾属车八十一乘，法驾半之。属车皆皂盖赤里，木，戈矛弩箙，尚书、御史所载。最后一车，悬豹尾，豹尾以前，比省中。"即是说，皇帝出巡时的车驾，按规模有大驾、法驾、小驾之分。大驾有属车八十一乘，由公卿奉引，太仆御、大将军参乘。法驾属车三十六乘，小驾属车九乘。据载，秦始皇的车驾仪仗，兼收东方各诸侯国车驾仪仗的特点，因而颇为舒适、威武、壮观。秦始皇巡游东南，是秦帝国建立后最为隆重的大事之一，当然要用有属车八十一乘的"大驾"，一路上可谓是浩浩荡荡、威风凛凛。

从秦始皇陵铜车马的出土，我们得以目睹当年秦始皇东巡时车驾的实况。1980年出土的两驾铜车马，铜车、铜马、铜俑的大小约相当于真车、真马和真人的二分之一，制作精美，车与系驾的结构完全模拟实物，与真车基本上没有差异。出土的铜车马已经修复完好，公开向世人展出。

出土的两套车驾，第一乘车定名为"高车"，第二乘车定名为"安车"。高车在前，安车在后，排成一组。

高车车体小巧玲珑，车舆为横长方形，长0.485米，宽0.74米，系驾完整，车马通长2.57米，宽0.955米。一柄独杆圆盖的车伞，使车伞顶至地面高达1.68米，22根伞骨支撑着圆形伞盖，伞盖直径为1.22米。车舆左右侧有阑板，在前阑板上沿紧连一双层轼板，高度可达御官俑的腹部。行车时，御官以腹部倚住车轼，便可以在驾车行进中保持身体的平衡。舆内大小可容纳二至三人，左侧位置空虚，以待尊者乘坐；御官立于伞下右偏处，身佩长剑，腰系玉环，头顶鹖冠，足登方口翘尖履，目光前视，双手执辔，辔绳终端直达车马口中的衔橛。轼下挂有一块悬板，原物应是丝绸类挂帘，模型系用青铜铸造，掀开悬板，在前阑板内侧有一铜质箭服，内置50根锋利的铜箭，另有4根平头箭。左阑板内侧附装一副盾服，服内插着一件迄今在考古发掘中出土年代最早、形状最完整的盾牌，色泽鲜艳，线条流畅。高车为双轮单辕，驾四马。从高车的造型和兵器配置来看，它是带有"兵车"性质的车。这种车如果编入秦始皇巡游时的车队中，当然就是皇帝的侍卫所乘。

安车的形制比高车大得多，驾后通长3.171米，高1.06米，宽度与高车相近，也是单辕四马。安车车舆较长，分前后二室。前室近于正方形，宽0.35米，进深0.36米。舆底铸有斜方格皮条编织纹，象征着实物为皮条编织物；舆正面的正方格纹凸起成浮雕状，象征着实物近似现代软椅表面绷起的软垫。安车前坐着的御官俑，其神态比高车的御官俑显得格外谦恭谨慎。安车的后室敞大，宽0.78米，进深0.88米。舆底的斜方格皮条编织物的铸纹纹样，类似于中国南方的棕床，显得轻软。阑板上沿搭盖着一幅鱼脊形支架，中间为脊梁，两侧分布鱼刺形弓盖，共计有36根。车盖上覆着龟甲状的椭圆形车盖。盖长1.78米，宽1.29米，在车厢四边伸出宽檐。位于前室的御官俑身置于前檐之下，可避风霜雨雪。车舆后室的前阑上方，有一门帘状掀窗，左右两侧又各开一个推拉式小窗。三副窗板均镂孔铸成菱花纹小孔，闭窗后仍可隐约看到窗外景物的大致状况，起到了今日纱窗的作用。车厢后边开门，门上装单扇门板，门板装有银质门扣，开闭自如。舆内软垫前方设有长几形车轼，轼下中空，可容乘员跽坐时将两膝伸入。左右两侧窗下各有一块小平台，位置于两轮之上，可容人置肘其上，供人在休息时转换身体重心的支撑点。从后室的装修形式来看，它可任人坐卧、凭依，称心舒适。人居车室之中，可坐可卧，开窗时可一览途中景色，闭窗后可安息养神。总之，在这种设计巧妙、装修舒适的车室之中，乘车主人可因此而减轻许多旅途上的疲劳。

《史记·吕后本纪》于"少府远奉天子法驾"集解引蔡邕曰："天子有大驾、小驾、法驾。上乘金根车，驾六马，有五时副车，驾四马，侍中参乘，属车三十六乘。"

按照蔡邕所言，天子出行时的车队有皇帝的车乘，驾六马；有五时副车，驾四马；另有属车（或八十一、三十六、九不等）。秦始皇陵出土安车驾四马，可能是副车，而非皇帝的车乘。副车既然那样精美、舒适，那么秦始皇的车乘该是如何考究、舒适，便可想而知了。

据《史记·秦始皇本纪》所载，秦始皇此次东巡重要的随行官员，有列侯武城侯王离、列侯通武侯王贲、伦侯建成侯赵亥、伦侯昌武侯成、伦侯武信侯冯毋择、丞相隗林、丞相王绾、卿李斯、卿王戊、五大夫赵婴、五大夫杨樛共十一人。随行的其他官员如尚书、御史之类，亦不在少数。

由于此次东巡，秦始皇拟定到泰山封禅，因而车驾规模之大、随行重要官员之多，亦非前后其他诸多次巡游可比。由于此次巡游有预定的封禅内容，因而随行的官员之中，博士、儒生也为数不少。

秦始皇在一切准备停当后，于公元前219年率车队出咸阳城东巡。浩浩荡荡的车队沿渭水南岸的"华阴平舒道"东行，行进在宽50步（合今69.3米）、每隔3丈（合今6.93米）树一棵青松的驰道之上。一路经过现今的临潼、渭南、华阴、潼关而抵达函谷关（今河南省灵宝市）。天子车驾东行，一路巡视所经郡县，郡县官员要随时向皇帝奉献食品，为巡行车队的官员、人马提供食宿；与此同时，文武百官和地方官员要随时向秦始皇"奏事"，秦始皇会下达有关旨令。也就是说，在巡游期间，秦始皇仍然过问并处理天下的政务，行使皇帝裁决国家重大事务的权力。

由咸阳至函谷关，一路所经都是秦国的故地。函谷关当年作为秦国东部边境的关隘要塞，山东六国的联军，就是抵达关下，向秦国示威，而如今函谷关以东，尽是大秦国土，怎能不令秦始皇激动不已，志得意满。

车驾出函谷关后，秦始皇便以胜利者的姿态和皇帝的身份，扬威于关东郡县了。车队由函谷关沿驰道东行，途经洛阳，到达今山东省邹县东南的峄山，并登上邹峄山，在山上立石刻石，歌颂秦统一天下的功德。

据北魏郦道元《水经注》所载：峄山在邹县北，峄邑便是以峄山命名的。峄山东西长二十里，有高峰独出，耸入云端。山中积石累累，几无土壤。山石间多有孔穴，洞穴间相通连，穴内大者有如数间房屋宽阔，当地人称这些洞穴为"峄孔"。兵荒马乱之时，少女们往往入洞穴中躲避，洞外寇贼虽多，也不能加害于她们。今山南有峄，北山有绝岩。当年秦始皇观礼于鲁地，登于峄山之上，命丞相李斯用大篆字体刻石于山岭，名曰"昼门"。

从《水经注》的记载来看，邹峄山是今山东省曲阜市南面的形胜之地，风景秀丽，故秦始皇车驾来到原鲁国地界后，首先登峄山，在峄山之上刻石歌颂大秦功德。

据《金石萃编》卷四所载，峄山刻石之文如下：皇帝立国，维初在昔，嗣世称王。讨伐乱逆，威动四极，武义直方。戎臣奉诏，经时不久，灭六暴强。廿有六年，上荐高号，孝道显明。既献泰成，乃降专惠，亲巡远方。登于峄山，群臣从者，咸思攸长。追念乱世，分土建邦，以开争理。攻战日作，流血于野，自泰古始。世无万数，陀及五帝，莫能禁止。乃今皇帝，壹家天下，兵不复起。灾害灭除，黔首康定、利泽长久。群臣诵略，刻此乐石，以著经纪。在峄山刻石一文中说，是西周的分封诸侯，导致了后来的连年攻战，"流血于野"；而唯有始皇帝的统一天下，才带来了"兵不复起，灾害灭除，黔首康定"，以此来为秦始皇歌功颂德。

峄山刻石，当是出自李斯的手笔。

据《太平御览》引《三代地理书》说"秦始皇乘羊车，登峄山"。

据《秦始皇本纪》记载，秦始皇登邹峄山除刻石颂德外，其重要使命是在这里召集齐鲁的儒生（邹峄山距儒家的圣地曲阜较近），"议封禅望祭山川之事"。

传说中古代的历代帝王，当天下太平时，都要登上泰山的山顶，筑坛祭天。据《史记·封禅书》记载，"古者封泰山（在泰山山顶设坛祭天曰封）禅梁父（在泰山下叫梁父的小山瘗埋祭品祭地的仪式曰禅）者，七十二家"。伏羲、神农、炎帝、黄帝、颛顼、帝喾、尧、舜、禹、汤、周成王等，都曾到泰山封禅。只是春秋战国以来，战乱不已，到泰山封禅的帝王已几乎不见。因而，秦始皇虽然也听闻古代帝王到泰山封禅祭天，但因年代久远断绝，有关封禅的仪式，就连随同秦始皇从咸阳前来的儒生、博士也说不清楚了。正因为如此，《封禅书》说秦始皇登邹峄山刻石颂功的同时，特意"征从齐、鲁之儒生、博士七十人，至乎泰山下"，请他们议论封禅的仪式。在议论中有的儒生说，古时封禅用蒲草裹住车轮，以免有伤于山石草木，扫地而祭，席用苴秸；有的儒生则说并非如此。众人议论纷纷，莫衷一是。

秦始皇见齐鲁的儒生们也说不清楚封禅的礼仪，各讲一套，又难以遵行，很是令他失望。面对这些摇头晃脑的儒生，秦始皇一气之下，索性将随从的儒生全部斥退，下令清路备车，率大臣与侍卫从泰山南坡直登山顶。

在泰山山顶，秦始皇行祭天之礼。礼毕，令人立石于山巅，命李斯手书刻石之文。刻石之文，《史记》未载，晋太康《郡国志》所记刻词，不知所据何书，现录之以供参考。

事天以礼，立身以义。事父以教，成人以仁。四守之内，莫不郡县。四夷八蛮，咸来贡职。民庶蕃息，天禄永得，刻石改号。

秦始皇于泰山山顶命李斯手书的刻石，至今尚存十字。然而，这十个字很可能是后人"覆刻"，并非当年的真迹。泰山祭天礼毕，秦始皇率文武百官从泰山北坡取道下山。下山后，于梁父（今山东省新泰市西）行禅礼。由于儒生们被斥退于山下，因而秦始皇在山上山下所举行的封禅典礼，是采用秦国在雍都祭祀上帝时的礼仪来作为封禅典礼的礼仪的。有关秦始皇泰山封禅所采用的礼仪，据《史记》所载："而封藏皆秘之，世不得而记也。"

秦始皇登临泰山封禅时，于半山坡曾遇暴风骤雨，不得不避雨于山腰的大松树之下。霎时雨过天晴，秦始皇愁眉一展，立刻在百官面前兴高采烈地称赞松树为他避雨有功，当即封松树为五松大夫，文武官员们凑趣地高呼皇帝万岁。今泰山腰的五松亭，相传是秦始皇当年封禅的避雨处。

那些曾一度兴高采烈的儒生，没料到全都被留在山下，未能参与封禅的典礼。当秦始皇半山遇暴风雨的消息传来时，儒生们在私下挖苦讽刺，说是秦始皇封禅时礼仪有缺，所以上天才用暴风雨来警告他。

泰山封禅，心中最为得意的还是秦始皇。尽管登山前儒生们的喋喋不休与半山坡的偶遇风雨，曾给他带来短暂的不快，但毕竟是完成了封禅大典，刻石颂功，了却了心中的夙愿。自登上皇帝之位以来，秦始皇对五德终始学说甚感兴趣，意在宣扬自己是受命于天；而泰山封禅则是宣扬受命于天、皇权神授的最好形式，他怎能不为此而志得意满呢？

在禅于梁父举行祭地仪式之后，秦始皇又命人立石刻词，由李斯用大篆手书刻石之文。秦始皇在此后的诸多次巡游刻石，皆用大篆字体，以示庄重。《史记·秦始皇本纪》曾记载梁父刻石的铭文：

皇帝临位，作制明法，臣下修饰。二十有六年，初并天下，罔不宾服。亲巡远方黎民，登兹泰山，周览东极。从臣思迹，本原事业，祗诵功德。治道运行，诸产得宜，皆有法式。大义休明，垂于后世，顺承勿革。

皇帝躬圣，既平天下，不懈于治。夙兴夜寐，建设长利，专隆教诲。训经宣达，远近毕理，咸承圣志。贵贱分明，男女礼顺，慎遵职事。昭隔内外，靡不清净，施于后嗣。化及无穷，遵奉遗诏，永承重戒。

秦始皇巡行全国所留下的诸多刻石文辞中，为秦帝国与秦始皇歌功颂德，是所有刻石的主题与中心内容。梁父刻石的特点，一是它点明了秦始皇的功德，主要在于他为秦帝国所制定的法律制度，即所谓"作制明法""诸产得宜，皆有法式"；二是它告诫"后嗣"把秦始皇为秦帝国制定的法律制度，永远奉行下去，不许更改，即所谓"顺承勿革""遵奉遗诏，永承重戒"。可见，这是秦始皇巡行刻石中最有史料价值的刻石文辞。

秦"杜"虎符

登琅琊台

泰山封禅之后，秦始皇的巡行车队便东下直奔他向往已久的大海。来自黄土高原的秦始皇，平生第一次见到大海，仿佛进入了另一个世界。他沿着渤海之滨，途经黄（今山东省黄县东南）、腄（今山东省福山县东南）、登临成山（今山东省荣成县东三十里的成山角，即中国大陆的最东端），然后登之罘山（今山东省芝罘半岛），在山上立石刻辞颂德。

秦始皇由之罘来到琅琊（今山东省胶南市琅琊西北）。早在春秋末年，越王勾践灭吴，徙都于此，立台以观东海，号令诸侯。秦始皇来到此地后，对勾践琅琊台甚感兴趣，下令立层台于山上，谓之琅琊台。此台孤立于众山之上，可东望大海，景色壮观，始皇"大乐之"。在这里停留三个月之久，下令"徙黔首三万户琅琊台下，复十二岁""作琅琊台、立石刻、颂秦德、明得意"。

《太平御览》引伏滔《地记》中的一段记载："琅琊城东南十里有郎山，即古琅琊台也。秦始皇二十八年，至琅琊，大乐之，留三月，作琅琊台。台赤孤山地。然高显于众山之上，高五里，下周二十余里。山上垒石为台，石形如砖，长八尺，广四尺，厚尺半。三级而上，级高三丈，上级平敞，二百余步。刻石立碑，纪秦功德。汉武帝亦登此台。"

于这段记载之中，可见琅琊台的壮观气势。

《史记·秦始皇本纪》记载了琅琊刻石的铭文：

维廿八年，皇帝作始。端平法度，万物之纪。以明人事，合同父子。圣智仁义，显白道理。东抚东土，以省卒士。事已大毕，乃临于海。皇帝之功，劝劳本事。上农除末，黔首是富。普天之下，抟心揖志。器械一量，同书文字。日月所照，舟舆所载。皆终其命，莫不得意。应时动事，是维皇帝。匡饬异俗，陵水经地。忧恤黔首，朝夕不懈。除疑定法，咸知所辟。方伯分职，诸治经易。举错必当，莫不如画。皇帝之明，临察四方。尊卑贵贱，不逾次行。奸邪不容，皆务贞良。细大尽力，莫敢怠荒。远迩辟隐，专务肃庄。端直敦忠，事业有常。皇帝之德，存定四极。诛乱除害，兴利致福。节事以时，诸产繁殖。黔首安宁，不用兵革。六亲相保，终无寇贼。欢欣奉教，尽知法式。六合之内，皇帝之土。西涉流沙，南尽北户。东有东海，北过大夏。人迹所至，无不臣者。功盖五帝，泽及牛马。莫不受德，各安其宇。维秦王兼有天下，立名为皇帝，乃抚东土，至于琅琊。列侯武成侯王离、列侯通武侯王贲、伦侯建成侯赵亥、伦侯昌武侯成、伦侯武信侯冯毋择、丞相隗林、丞相王绾、卿李斯、卿王戊、五大夫赵婴、五大夫杨樛从，与议于海上。曰："古之帝者，地不过千里，诸侯各守其封域，或朝或否，相侵暴乱，残伐不止，犹刻金石，以自为纪。古之五帝三王，知教不同，法度不明，假威鬼神，以欺远方，实不称名。故不长久。其身未殁，诸侯倍叛，法令不行。今皇帝并一海内，以为郡县，天下和平，昭明宗庙，体道行德，尊号大成。群臣相与诵皇帝功德，刻于金石，以为表经。

以上便是《史记》所录琅琊刻石的全文。在秦始皇的所有刻石之中，唯有这一刻石文字最多，而且在《史记》所载的六处刻石文字中，唯有琅琊刻石碑文实物至今尚存，其珍贵价值可想而知。

容庚《秦始皇刻石考》云："始皇刻石之文，载于《史记》者凡六，今石之传者，惟一琅琊台。泰山尚存十字，疑是覆刻，之罘、碣石、会稽，皆属仿写，东观独不传。今传峄山之文，又为《史记》所不载。"

容庚之文，还记述了琅琊一台及秦碑："琅琊台在诸城县治东南百六十里。台三层，层三丈许。最上平正，周二百步有奇。东南西三面环海，迤北为登台沙道。台上旧有海神祠、礼日亭，皆倾圮。祠垣内西南隅，秦碑在焉。色沈黝，质甚粗而坚若铁。以工部营造尺计之，居高丈五尺，下宽六尺，中宽五尺，上宽三尺，顶宽三尺三寸。南北厚二尺五寸，始皇诏在东面，仅存字形，南面久泐，多宋金人题名。……"

著名的琅琊刻石，虽是长篇歌功颂德文字，但也记载了秦帝国建立之后废分封、设郡县、车同轨、书同文、明法度、统一度量衡以及重农抑商等诸多重大举措，又记了载秦帝国辽阔疆土的四边所至，因而也是研究秦帝国施政方针、制度建设的宝贵史料。

琅琊台石刻

怒伐湘山

秦始皇几分留恋、几分遗恨地离开琅琊台，车驾沿黄海海滨的驰道，奔西南而行，到达东海郡的郡治郯（今山东省郯城县西）。在郯城稍事休息后，启程抵达彭城（今江苏省徐州市）。在彭城，秦始皇听闻象征着周天子权力的周鼎沉没于泗水之中，很想得到这国宝，使秦之代周更为合乎天意，便下令千人入泗水寻找周鼎，结果毫无所得。于是，秦始皇心情不快地南下渡过淮水，到达长江中游的衡山郡郡治邾（今湖北省黄冈市南）、南郡郡治郢。

秦始皇带领文武官员及随行人员，乘大船沿长江顺流而下，取道湘山祠（今湖南省岳阳县西），想要登临南岳衡山（今湖南省衡山县西，海拔1290米）。然而，船队在湘山祠江面遇到大风浪，几乎船翻人亡，不得渡江。登岸后，秦始皇问随行的博士说："湘君是何方之神？"

博士回答说："听说湘君原是尧的女儿，舜的妻子，死后葬于此地，后人尊湘君为神，立湘山祠。"

秦始皇正为渡江遇风险而发怒，听博士说什么湘君神，更是恼上加怒，以为是湘君同自己过不去。既已登岸，惊魂已定，作为功过三皇五帝的皇帝，秦始皇还怕什么？他怎能受什么湘君神的气！为与湘君神比试高低，秦始皇于大怒之下，令三千名刑徒将湘山上的树全部砍伐，使湘山成为一座秃山。

面对着秃山，秦始皇出了这口气，以为自己战胜了湘水女神。同时，秦始皇将使他得以登岸脱险的洞庭山（又名湘山，在洞庭湖中）命名为君山。

秦始皇的这次南巡，本想登临衡山。可是一路并不顺利。因此，巡游的兴致没有了，游途中的疲劳也袭来了，发怒伐树正是他这种心情的集中表现。于是他取消了继续南行登临衡山的预定计划，命车驾取道回都城咸阳。

秦始皇取道南郡治所鄀，路经安陆（今湖北省安陆市），由安陆入今河南省境，由河南经商南、武关进入陕南。从湖北回咸阳，经武关、商县、蓝田，这是一条捷径。谁知十二年过后，刘邦正是由这条路线率义军经武关到达咸阳附近的灞水，秦王子婴向刘邦投降。

秦始皇的第一次东巡、南巡，就这样结束了。

遇刺事件

秦始皇二十九年（公元前218年）初春，秦始皇再出函谷关巡行东方。如此频繁地巡行东南，表明他对被自己征服的山东六国颇不放心，秦王朝对这一地区的统治还不够巩固。《史记·高祖本纪》所载："始皇尝曰：'东南有天子气。'于是东游以厌之。"秦始皇此次出游遭遇刺客，亦可说明这一点。此外，秦始皇这次东巡时再度登之罘，至琅琊，接见方士，说明他对到渤海之滨寻仙求药仍抱有十分浓厚的兴趣。

秦始皇出关东巡的路线，与上次相同。然而，皇帝的车驾到达河南阳武博浪沙（今河南省原阳县城东南隅有"古博浪沙"碑）时，一场突然的事件发生了。

博浪沙地处黄河故道，这里虽无高山密林，却杂草树丛密集，沙丘起伏，一片荒凉。春寒之中，柳枝刚刚吐芽。遍地枯草之下，早已有嫩芽破土而出。举目远望，大地已是斑斑点点。

秦始皇的庞大车队，自西土一路而来，马蹄声、车轮声伴随着马铃声由远而近。遥望驰道的上空，笼罩着黄尘。巡行车队由皇帝的车乘、副车等所谓的"安车"和侍卫乘坐的"高车"（兵车），以及其他所谓"属车"组成。八十余驾车马呈一字形沿驰道行进，犹如一条长龙蜿蜒在曲折起伏的沙丘之中。不必说，皇帝的车队是戒备森严的，高大而健壮的侍卫，手持长戟立于兵车之上，虎视四方，威风凛凛。在车队中，侍卫所乘立的兵车占了一半以上。车队中兵车与侍卫的配备，是足以能保证皇帝旅途安全的。

这是秦始皇即皇帝位后连续的第三次大举巡游。前两次巡游帝国的西北与东南，旅途上并没有发生过危及皇帝安全的事件。此次出函谷关不远，车队刚刚走出韩国故地，进入原魏国的东界。车队前面的几驾开路兵车刚刚沿驰道向右绕过一个沙丘，装饰豪华而独特的皇帝乘车也行近驰道的拐角处。就在这时，只见道旁的杂草树丛中突然蹿出一个高大的身影，迅猛地径直向车队扑来。站立在皇帝安车前后兵车上的侍卫，刹那间几乎全部被这突然出现的情况惊呆了。这些训练有素的侍卫们，在他们定神看清身影是一个手持凶器的刺客并决定下车当场捉拿之际，那个高大的刺客已双腿叉立于驰道路基之下，扬臂将手中的凶器掷向安车。只见一道寒光从眼前掠过，砰的一声，一辆安车的车厢后室被击中，接着便是那驾安车前四匹大马的一阵嘶鸣。就在这轰击声中，只见刺客在掷出凶器后，立即转身蹿入杂草树丛之中，转眼间已无影无踪。

站立在兵车上的侍卫们看得清楚：刺客从路旁的杂草树丛中蹿出，扑向路基之下，立身掷出凶器，直到转身蹿入杂草树丛，这全部过程竟发在三五秒钟的霎时间。

刺客所击中的是兵车后面的第一辆安车，它是车队中的"副车"，而秦始皇当时就坐在这辆副车后面的专车即所谓"金根车"之中。秦始皇车队中的副车，与皇帝乘坐的车在形制上没有大的区别，这样才能起到"副车"的两大用途：第一，它是皇帝的备用乘车，以备皇帝的乘车出现故障时使用；第二，与皇帝乘车形制基本相同的若干辆副车被编入车队之中，使图谋危害皇帝的暴徒一时摸不清皇帝究竟乘坐的是哪辆车，这无疑将增加皇帝在旅途中的安全系数。

从秦始皇陵出土的铜车马模型中可知：那辆被定名为"高车"的模型，是侍卫乘立的兵车，车马通长2.57米。而那辆被定名为"安车"的模型，在形制上比高车大得多，驾后通长3.171米，车舆较长，分前后二室，它是供皇帝及大臣们在旅途中坐卧用的。可见，正是皇帝所乘坐的专车与副车形制基本相同而与兵车形制明显有差异的这一事实，使得刺客误认为兵车后的第一辆安车便是秦始皇乘坐的专车。刺客虽然击中了目标，但秦始皇却安然地坐在专车之中。

在一声巨响和马匹嘶鸣声中，专车戛然停住。坐在车中的秦始皇拉开左边车窗向外望去，只见从前后兵车上跳下来的侍卫，手持长戟奔向驰道路基之下左侧的杂草树丛。

这时，李斯已走至专车车窗之下，躬身向秦始皇问安。秦始皇从专车的后门走下。当秦始皇在李斯的搀扶下走出车门，举目看到前面被击碎的副车后室，便明白了大半。二人走到副车前，向车厢内望去，一个重有百余斤的大铁椎击入车厢中，从车厢内深深嵌入副车的右轮，右轮的辐条已被击断数根。秦始皇与李斯看过现场后便全然明白了：铁槌是从左车轮之上的车窗上方飞入车中，然后沿弧线嵌入右车轮的。铁槌在车厢内所走过的弧线，正在乘客坐卧的位置之上。

很显然，如果不是刺客把副车误认为皇帝专车，那后果真是不堪设想！秦始皇与李斯看过现场后，你看我，我看你，谁也没有说什么。这时，随从的文武官员已来到秦始皇面前，个个垂手而立，面带惊慌之色，一字形排列在路旁，听候差遣。

文武官员此刻还没有看到车厢内的现场情景，只见皇帝镇静如常，看不出带有什么惊恐、紧张或恼怒的表情，只是负有护驾之责的丞相李斯表情十分严肃。

秦始皇没有看到刺客掷槌的一刹那，甚至连刺客的身影也未能收入眼帘，他只是看到了破碎的车厢与铁槌的静态现场，这种现场给予他的第一个感受是暗自庆幸。确切地说，在这次旅途遇刺的事件中，秦始皇的感官并没有受到惊险场面的直接刺激，因而他面无惊恐之色；由于心中为误中副车而暗自庆幸，因而他面无恼怒之容。秦始皇这种异乎寻常的镇静表情，使惊恐万分的随从文武官员们暗自称奇，便不约而同地齐声说道："皇帝神威，臣等听命于陛下。"

秦始皇看到随从的文武官员竟被惊成这个样子，心中感到很是可笑，同时也为自己的异常镇静而感到格外的得意自豪，深感自己是天下当之无愧的皇帝，遇乱不惊。秦始皇微笑着对路旁的文武官员们说："卿等不必惊慌，不过是一个小小的狂徒想加害于朕，已经逃走了，即刻便可擒拿归案。没有你们的事了，都各自暂且上车歇息去吧。"

就在随从的文武官员陆续各自上车之后，十几名追捕刺客的侍卫相继三三两两地结伴归来，一无所获。这距离出事还不到半个时辰。

秦始皇见没有捉拿到刺客，脸上立刻现出怒气。当他听到侍卫们的禀报后才确切得知：刺客从突然出现、掷槌击车到即刻消失，只是在刹那之间；而侍卫们跳下兵车时，刺客已消失在树丛之中。因为秦始皇闻声凭窗外望时也未能见到刺客的身影，只看到武士们正跳下路基去追捕刺客。侍卫们还禀告说：谁也没有看到刺客蹿入草丛后的身影和去向，搜索了这一带的杂草树丛，也未见到半点人影，担心皇帝还另有其他吩咐，便回来向皇帝禀报听命。

对于侍卫们的后一段禀报，秦始皇也相信了。他从副车的被击现场判断，刺客是一个训练有素的高手，这是一次有周密预谋的行刺。秦始皇没有责怪侍卫未能捉到凶手，便对追捕刺客的侍卫们说："你们辛苦了，都各回到自己的车上去吧。"

陪同秦始皇听侍卫禀报的官员只有丞相李斯一人。李斯见皇帝脸上的怒气在听完侍卫禀报后非但没有消失，反而越来越重，便向前请示道："暴徒冒犯圣上，应诏令天下严加追拿法办，以儆效尤。"

秦始皇点了点头。

李斯见皇帝站立在路基上沉默无语，猜想到皇帝此刻心情复杂，有些话要由他李斯代说了。善于揣度皇帝心意的李斯，向前进言说："陛下，此刻时不过午，不能被这个小小的狂徒扰乱了圣上的东巡，是不是……"

"起驾！"秦始皇刚毅而果断地做出了决定。接着又用缓和的语调回首对李斯说，"余下的事就由你处理了。"

李斯接受皇帝的旨令后，便当即召随行的郎中令即刻到皇帝面前领旨，立即向天下发布追捕凶犯的紧急通缉令。郎中令领旨走后，李斯向尚在周围警戒的侍卫们发出命令，撤除警戒线，侍卫们各自回归兵车，起驾继续前行。

秦始皇请身后的李斯同登自己的专车，李斯为皇帝赐给自己的这一殊荣而深感无限荣幸。事实上，秦始皇此刻心绪烦乱、惊魂未定，车中需要有位大臣陪伴他；就事发后的表现而论，唯有李斯是他可借以宽慰的大臣。

秦始皇的东巡车队，在经过大约一个时辰的惊扰之后，又井然有序地继续向前行走。车队的行进速度比往常显然是缓慢了许多，但车中的秦始皇、李斯以及随行的文武官员们，却丝毫没有感觉到车速变慢。

果然不出乎秦始皇所料，这是一次有预谋的行刺，而策划人则是后来为刘邦充当军师的张良。

据《史记·留侯世家》所载，张良的祖先是韩国的贵族，他的祖父曾任韩昭侯、宣惠王、襄哀王的相国；父亲张平曾任韩釐王、悼惠王的相国。父亲张平在秦灭韩的前二十年病卒，张良因当时年少而未在韩国担任官职。韩国被秦灭亡时，张良尚有家童三百人，家产甚丰。张良痛恨秦王灭韩，为给韩国报仇，他在弟弟病死时也顾不上安葬；为寻求刺客刺杀秦皇，他变卖了全部家产。张良曾到淮阳学礼，又东游拜见隐士沧海君。后来，张良果然得到一名大力士，能投掷一百二十斤重的铁槌，所掷无不击中目标。

这位未能给后世留下姓名的大力士，向张良表示愿意为刺杀秦始皇效死，张良便策划了这次刺杀。刺杀地点选择在原韩魏两国交界的黄河故道，这里是一片荒凉的沙丘，人迹罕至，有杂草树丛可以掩体，又不像驰道所经由的山林地段那样容易引起秦始皇车队的警觉。张良熟悉这一带的地形，事先的掩藏和事后的撤离与转移，都可以较容易的周密布置。

袭击地点的选择，张良更是煞费苦心。经实地勘测，张良选择了驰道面东的向右急转弯处：秦始皇的专车行至这弯路转角时，专车将在前后兵车上侍卫们的视线中有短暂地消失，专车的左侧将暴露在侍卫们力所不及的空间。从这里袭击秦始皇专车，不但易于下手，也便于及时撤离。况且转角路基之下的树丛很密，光线暗淡，便于事先埋伏。事实表明，行刺地点的选择是高明的，它使击中目标和安全撤离这两大预期目标均易实现。

至于刺客误把副车作为袭击目标，则是另一回事，与行刺地点的选择无关。事实上，秦始皇专车前后兵车上的侍卫，是在刺客站立在路基之下投掷铁槌时才看清楚刺客的；当侍卫跳下兵车时，刺客手中掷出的铁槌已将副车击中并转身蹿入树丛之中。

刺客是无可指责的，他哪里能事先得知秦始皇是坐在兵车之后的第几辆安车之中。他按照预定计划安全撤离了，无奈秦始皇怎样通缉，始终未能捉到这位刺客。安全起见，张良行刺失败后，也远离韩国，更名改姓，藏身于下邳（今江苏省睢宁县西北）。张良与刺客的安全转移，除了计划上的周密之外，也得力于韩国百姓的保护。当时在韩国乃至于山东六国的百姓之中，反秦情绪一直是比较强烈的。

以上便是秦始皇东游时于博浪沙"为盗所惊"事件的始末，史书对于这一事件的细节内容，并没有留下记载。

《史记·秦始皇本纪》于"始皇东游，至阳武博浪沙中，为盗所惊"之下只有"求弗得，乃令天下大索十日，登之罘刻石""旋，遂入琅琊，道上党入"寥寥数语的记载，说刺客没有捉到，全国范围的大搜捕令为期是十日，博浪沙事件后秦始皇东巡的目的地是上年巡视过的之罘与琅琊，并在之罘刻石歌颂功德，然后到达琅琊，由琅琊取道上党而还。

秦始皇为什么仍把渤海之滨的之罘与黄海之滨的琅琊作为第二次东巡的目的地并由琅琊取道上党回咸阳，史书没有记载。这很可能与秦始皇寻仙求药的急切心情有关。然而，他这次东游海滨并没有得到可以使他高兴的消息。

《史记·秦始皇本纪》中关于秦始皇的第二次东巡，只有四十字的粗略记载，但却不厌其烦地记录了之罘刻石两面的长篇铭文，这表明司马迁很珍视刻石铭文的史料价值，现一并照录如下：

维二十九年，时在中春，阳和方起。皇帝东游，巡登之罘，临照于海。从臣嘉观，原念休烈，追诵本始。大圣作治，建定法度，显箸纲纪。外教诸侯，光施文惠，明以义理。六国回辟，贪戾无厌，虐杀不已。皇帝哀众，遂发讨师，奋扬武德。义诛信行，威燀旁达，莫不宾服。烹灭强暴，振救黔首，周定四极。普施明法，经纬天下，永为仪则。大矣哉！宇县之中，承顺圣意。群臣诵功，请刻于石，表垂于常式。

东观的刻石铭文是：维二十九年，皇帝春游，览省远方，逮于海隅，遂登之罘，昭临朝阳。观望广丽，从臣咸念，原道至明。圣法初兴，清理疆内，外诛暴强。武威旁畅，振动四极，禽灭六王。阐并天下，灾害绝息，永偃戎兵。皇帝明德，经理宇内，视听不怠。作立大义，昭设备器，咸有章旗。职臣遵分，各知所行，事无嫌疑。黔首改化，远迩同度，临古绝尤。常职既定，后嗣循业，长承圣治。群臣嘉德，祇诵圣烈，请刻之罘。

据《史记·封禅书》记载，秦始皇在归途中曾经"过恒山"。恒山在今河北省曲阳县西北与山西省接壤处，为"五岳"中的"北岳"。在恒山，秦始皇没有刻石颂德。

过恒山后，秦始皇沿漳水河谷"从上党（治所在壶关，今山西省长治市）归"，返回咸阳，第二次东巡至此结束。

东临碣石

秦始皇第二次东巡回到咸阳后，不知是由于博浪沙"为盗所惊"，还是因为寻仙求药一无所得，抑或是由于国事繁忙，足足有两年的时间，皇帝的车驾没有出咸阳巡游。到了第三年，即秦始皇三十二年（公元前215年），秦始皇的车队再次离开咸阳，巡行帝国的东北及北方边塞。他选定的第一个巡行目标是渤海之滨的碣石（今河北省乐亭县附近），这显然同他对寻仙求药念念不忘有关。

从咸阳至碣石，秦始皇的车队一路要经过原韩、魏、赵、齐等国的交界地带以及黄河所经过的地方。战国时期，山东各国为防务上的需要，都各在边境修了不少城郭与关塞亭障，沿黄河所修的堤防，也大多是"以邻为壑"。这一切，常常会导致水患的发生，于交通也甚为不便，已不适应天下一统的客观需要。秦始皇在巡行途中，对于这些旧有的城塞和堤防给帝国与百姓带来的障碍与祸患，心中很是讨厌，于是巡行途中便下达了"坏城郭、决通堤防"的法令。这一法令的施行，对于发展我国华北地区的社会经济和安定人民生活，无疑起到了积极的作用。

秦始皇到达碣石后，据《史记·秦始皇本纪》所载，他曾"使燕人卢生求羡门、高誓""因使韩终、侯公、石生，求仙人不死之药"。卢生是燕地的一名方士，羡门与高誓都是传说中的"古仙人"，可见，寻仙求药仍是秦始皇来碣石的动机之一。而《史记·封禅书》则言："游碣石，考入海方士。"《集解》引服虔等人的解释说："疑其诈，故考之""考其虚实也"。秦始皇在四年前来到渤海之滨时，就有不少方士向他讲海上有神仙与长生不老之药，他也派方士入海寻找，结果总是一无所得。秦始皇的"疑其诈""考其虚实"是可以理解的。然而"疑"与"考"，并未能使秦始皇放弃对神仙与长生不死之药的幻想与追求。

秦始皇是第一次来到碣石，因而在"碣石门"刻石颂德。据《史记·秦始皇本纪》所载，刻石的"其辞曰"：

遂兴师旅，诛戮无道，为逆灭息。武殄暴逆，文复无罪，庶心咸服。

惠论功劳，赏及牛马，恩肥土域。皇帝奋威，德并诸侯，初一泰平。堕坏城郭，决通川防，夷去险阻。地势既定，黎庶无䌛，天下咸抚。男乐其畴，女修其业，事各有序。惠被诸产，久并来田，莫不安所。群臣诵烈，请刻此石，垂著仪矩。

秦始皇在碣石寻仙求药，北魏人郦道元著《水经·濡水注》，曾记载了一段有关秦始皇求仙的神话故事，故事的梗概是：

濡水东南至㑡县碣石山，今日犹有石枕于海中，如同甬道一般，长达数千里。山顶有巨石如圆柱形，时现时没，立于大海之中。当潮水大至之时，圆柱隐而不见；潮水退后，圆柱形巨石复出，屹立于海中，不知深浅，世代称它为"天桥柱"。天桥柱的形状，犹如人工造就，然而这又是人力所无法做到的。三国时期吴国的学者韦昭也说这个圆柱形的天桥柱便是古人所说的"碣石"。《三齐略记》上说，当年秦始皇在海中建造石桥，海神暗中帮助他竖立石柱。秦始皇请求与海神相见，海神传话说："我形貌丑陋，相见时如不为我画像，我便与你相见。"秦始皇答应了海神所提出的条件，便入海四十里与海神相见。见到海神时，秦始皇与左右随行人员个个目瞪口呆，哪里敢动手画像。然而，船上随行的"画工"也许是职业上的关系，暗中用脚往船板上画海神的图像。海神见画工暗自用脚为自己画像，顿时大怒说："皇帝违背前约，速速离去。"秦始皇回转乘马登岸时，马的前蹄方立，后蹄所踏之石当即崩塌，仅秦始皇一人得以登岸，画工溺死于海中，众山之石皆倾注于海。今海岸岩石仍作倾斜于海的形状，可能就是这个缘故。

《水经注》所载《三齐略记》中的这段神话故事，不正是与秦始皇当年一心想求得神仙与长生不老药有关吗？

郦道元在《水经·碣石山注》中，对碣石山本有正确的解释，其文曰："大禹凿其石，右夹而纳河，秦始皇、汉武帝皆尝登之。海水西浸，岁月逾甚，而苞其山，故言水中矣。"

秦始皇于碣石派卢生、韩终、侯公、石生等人入海寻仙求长生不死之药，在碣石门刻石颂德之后，便率领车队去往帝国的北部边境巡行，一路经右北平郡的治所无终（今河北省蓟州市）、渔阳郡的治所渔阳（今北京市密云西南）、上谷郡的治所沮阳（今河北省怀来东南）、代郡的治所代（今河北省蔚县）、雁门郡的治所善无（今山西省右玉县南）、云中郡的治所云中（今内蒙古自治区托克托县东北），来到了上郡的治所肤施（今陕西省榆林县东南）。

秦始皇巡行右北平、渔阳、上谷、代、雁门、云中诸郡的目的，意在巩固帝国的北方边境，为防止匈奴入侵采取相应的措施。在代郡，被派往海上寻仙求药的卢生从海上回来。卢生曾多次向始皇谈海上神仙之事，而实际上却一无所得。这次，卢生为向秦始皇交差，便编造了一些鬼神故事，同时上奏了一部宣扬符命占验的图箓之书，书上有"亡秦者胡也"五字。当时正一心思念防御匈奴的秦始皇，见图箓上有"亡秦者胡也"五字，便信以为真。自战国以来，包括匈奴在内的一些北方游牧民族，中原人统称他们为"胡"。

晚年迷信于神仙的秦始皇，把图箓上的话奉为神明。为消除日后亡秦的祸患，秦始皇在从代郡回到都城咸阳后，便命令蒙恬率三十万大军北击胡人，攻取黄河河套以南被匈奴所侵占的大片土地。秦始皇的第三次出游，巡行帝国东北部边境，便以做出攻击匈奴的决定并返回咸阳而结束。

南巡

秦始皇由云梦乘船沿长江顺流而下,曾登上庐山。秦始皇登庐山,见于《水经·庐江水注》以及《水经注》《太平御览》所引《浔阳记》,而不为《史记》所载。据《水经·庐山水注》所载:"庐山之南有上霄石,高壁与霄汉连接。"秦始皇三十六年(公元前211年),感叹此岳远,遂以上霄为号。上霄之南,大禹曾刻石标识其丈尺里数,至今犹得见刻石的名号。旧日的先人曾说过,当年大禹治水至此,刻石记功;也有人说这是秦始皇登庐山时的刻石。总之,这都是年代久远的事,现已无法辨识了。

《水经·庐江水注》引《浔阳记》载:"庐山上有三石梁,长数十丈,广不盈尺,杳然无底……秦始皇、汉武帝及太史公司马迁咸登其岩,望九江而眺钟彭焉。"

《太平御览》引《浔阳记》载:"上霄峰在庐山东南。秦始皇登之。与霄汉相连,因名之。高处有刻名之字,大如掌背隐起焉,仅百余言。"

秦始皇自庐山下来,乘船沿长江顺水而下,经过丹阳(今安徽省当涂县东),走水路到达钱塘(今浙江省杭州市)。原拟临浙江渡水登会稽山,由于"水波恶"不宜渡舟,只得西行一百二十里从"狭中"(今浙江省富阳市附近)渡水。渡水后,秦始皇登上会稽山。

会稽山在今浙江省中部绍兴、嵊州、诸暨、东阳间,是钱塘江支流浦阳江与曹娥江的分水岭,近于南北走向。会稽山的主峰在嵊州西北。相传大禹当年在这里大会诸侯，始名"会稽"，即"会计"的意思。相传秦始皇登此山以望南海，故又名秦望山。

在会稽山，秦始皇命丞相李斯撰文并手书刻石之文，"立石刻颂秦德"。刻石的铭文，见于《史记·秦始皇本纪》的记载：

皇帝休烈，平一宇内，德惠攸长。三十有七年，亲巡天下，周览远方。遂登会稽，宣省习俗，黔首斋庄。群臣诵功，本原事迹，追道高明。秦圣临国，始定刑名，显陈旧章。初平法式，审别职任，以立恒常。六王专倍，贪戾傲猛，率众自强。暴虐恣行，负力而骄，数动甲兵。阴通间使，以事合从，行为辟方。内饰诈谋，外来侵边，遂起祸殃。义威诛之，殄熄暴悖，乱贼灭亡。圣德广密，六合之中，被泽无疆。皇帝并宇，兼听万事，远近毕清。运理群物，考验事实，各载其名。贵贱并通，善否陈前，靡有隐情。饰省宣义，有子而嫁，倍死不贞。防隔内外，禁止淫泆，男女洁诚。夫为寄豭，杀之无罪，男秉义程。妻为逃嫁，子不得母，咸化廉清。大治濯俗，天下承风，蒙被休经。皆遵度轨，和安敦勉，莫不顺令。黔首修洁，人乐同则，嘉保太平。后敬奉法，常治无极，舆舟不倾。从臣诵烈，请刻此石，光垂休铭。

《史记·秦始皇本纪·正义》解释说：

"其碑见在会稽山上，其文及书皆李斯，其字四寸，画如小指，圆镌。今文字整顿，是小篆字。"

宋人姚宽撰《西溪丛语》言秦始皇所立石碑上的文字"皆为风雨所剥，隐约就碑可见""非伪碑也，或云大篆，或云小篆，皆不可考"。

据北宋元丰八年（1085年）刊行的《元丰九域志》记载："刻石前，有方石数丈，云是始皇坐。两厢石分八所，云是丞相以下坐，故今有丞相石之名。"

秦始皇的会稽刻石，除了与其他刻石相类似的歌功颂德的文字外，另有六十个字是有关整顿风俗教化的文字,其内容是针对这一地区在男女关系、婚姻形态上存有较多的原始社会的遗风,被秦始皇视为"淫泆",并明令加以禁止。所谓"夫为寄豭,杀之无罪",是说进入别人家中淫乱的男子即所谓"奸夫",一经发现,人人皆可得而诛之,杀死奸夫者无罪。这一段珍贵的史料表明,秦始皇在建立帝国后,继承自秦孝公、商鞅变法以来重视"移风易俗"的传统,注重对少数民族地区落后风俗的改造。

秦始皇于会稽山刻石颂德之后,又曾在江浙一带巡游其他地方,即所谓"憩陃湖、至县、游会稽、渡江乘"。

据《越绝书》记载,秦始皇到达会稽山已是正月甲戌日(秦以十月为岁首),加之在县又逗留月余,"渡江乘"的时刻正是严冬与早春交替的季节。然而,秦始皇却不顾北方乍暖还寒的早春季节,又决定沿海滨北上了。

海上射鱼

江南的早春二月,风和日丽、百花盛开。刚刚游遍了江南水乡名山的秦始皇,有生以来第一次在南方度过了冬天。他对这次江南之游很是满意,此刻正是游兴未已。也许是春光的呼唤,使得秦始皇不想由此取道回咸阳,而是从江乘渡江,沿海滨北上,寻访他多年来梦寐以求的神仙与长生不死之药去了。

秦始皇的车驾来到了阔别八年、朝思暮想的琅琊台,这是他第三次来到琅琊,前两次分别在公元前219年、公元前218年。重登八年前由他下令重修的琅琊台，眺望大海，秦始皇的心中又充满了无限的遐想。

在琅琊，那位九年前向秦始皇谈及海上神山与长生不死之药的方士徐福，再次求见皇帝。徐福九年前入海寻仙求药，一无所得。他自知上次入海求仙，花费巨大，难免遭到皇帝的谴责。但是，他之所以敢在卢生畏罪潜逃后再次求见，是由于他又重新编造了一套谎言，作为献给秦始皇的"见面礼"。徐福以及随同他求见皇帝的几名方士，深信这套由谎言编织成的"见面礼"能引起秦始皇的兴趣。果然不出徐福等人的预料，秦始皇不仅接见了他们，而且饶有兴趣地听取了徐福的谎言。徐福向秦始皇说道："圣上，蓬莱岛上的仙药本来是可以得到的，只是海上的大鲛鱼时常出没，掀翻船只，伤人性命，因而难以靠近并登上仙岛。臣等请求圣上派善射的射手与臣一同乘船出海，发现大鲛鱼后便用连弩来射杀它们，如此则仙岛可至，仙药可得。"

秦始皇见徐福讲得合乎情理，请求派射手同往，不像是骗自己，心中已经默许，但鉴于卢生等方士几年前的欺诈和潜逃，所以没有对徐福的请求当即表态。

由于心中思念寻仙求药，昼有所思，夜则入梦。就在接见徐福的这天晚上，秦始皇做了一梦，梦见自己与海神交战，那海神的形状与人相似。

第二天清晨，秦始皇便召见随行的博士，把夜间梦到与海神交战的事讲给博士，请博士为他"占梦"，问此梦主何吉凶。

博士明白皇帝的心意，同样用谎言来向秦始皇说梦："圣上，此梦是预示天子，海神所以未能得见，是因为有大鲛鱼的阻挠。今圣上祈祷求见海神，而有些'恶神'阻挠，当除去'恶神'，'善神'便可见到。"

秦始皇见是海神托梦给自己，与徐福所说的情况完全一致，便信以为真，当即下令派人出海，带着渔具捕捉"巨鱼"，而秦始皇本人也带着弓箭手巡行于海边，待大鲛鱼出现时用连弩射杀。

就这样，海中有手持鱼叉的捕捉巨鱼的船队，与海岸上由秦始皇带领的手持连弩的弓箭手，海陆并进，由琅琊台沿黄海之滨北上，捕杀被称为"恶神"的大鲛鱼。

这支海陆并进的捕捉巨鱼的队伍，一路浩浩荡荡，但是直到山东半岛东端的荣成（今山东半岛最东端的成山角），海陆上的两支队伍却连一条大鲛鱼的影子也没有见到。

黄海之上，大鲛鱼时有出现。然而，当秦始皇派人沿海滨一路北上射杀巨鱼时，却连巨鱼的影子都没有见到，这令秦始皇大为扫兴。他下令绕过成山角，沿海滨西行。在到达之罘海面时，这才遇到一条巨鱼，被射手射杀，总算是给皇帝留下了一点面子。

巨鱼是被射杀了，但虚构的海神却不与秦始皇相见。在之罘，秦始皇自感身体有些不适，没有久留，便下令取道回咸阳。

从岁首十月算起，秦始皇这次巡游至此已有八个多月了。这是他历次出巡在外时间最长的一次，也是最后的一次，不久，他便病死于归途之中。

秦始皇在皇帝位共十二年。十二年之中，他前后五次大规模外出巡游各地，经过了现今甘肃、宁夏、内蒙古、陕西、山西、河北、河南、山东、江苏、安徽、浙江、江西、湖北、湖南、四川等十五个省区，行程数万余里。这种情况，在中国历代的封建帝王中并不多见。

第八章
酷法暴政

沉重徭役

唐代著名大诗人杜牧的《阿房宫赋》开头的几句话，说的是秦始皇统一六国以后，大修阿房宫，那宫殿一个挨着一个，层层叠叠，竟挤满了长达三百多里的地方，以至于连天上的太阳都看不清楚了。

秦始皇称帝以前，一心想着如何削平六国，统一天下；刚刚称帝的时候，他一心想的是如何巩固治理好他的国家。但是，没有了对手，没有了看得见的敌人，他很快就沉湎于享乐之中了。

秦始皇三十五年（公元前212年），秦始皇觉得咸阳人太多，而前几代秦王留下的宫殿又太小，已经无法满足他享乐的需要了。听说周文王定都在丰（今陕西省西安市西南），周武王定都在镐（今陕西省西安市长安区西北），丰和镐之间这块地方，是帝王之都，于是他便在这一带的上林苑中大修宫殿。

他先造了一个占地空前之大的前殿，称为阿房。这座大殿东西宽五百步（相当于69米），南北长五十丈（115米）。如果一个挨一个坐着的话，这里可以坐一万多人，而大殿的前面，还可以立起大旗。从这个大殿直到南山，还修起一条宽广的大道。而在南山的山峰上，修起了高耸的阙，还修了一条复道，跨越渭河，从这座阿房殿直通咸阳。这条大道就像天上的天极把星座与星座连起来一样，把大殿同咸阳连接起来。

在这里，秦始皇不仅修建了巨大的前殿，还在几百里长的范围内，修建了一整套宫殿群，后人把这一群宫殿合称为阿房宫。

为了修筑这些宫殿，秦始皇征发了囚徒七十多万人。其中一部分人用来修筑阿房宫，另一部分人派往骊山（今陕西省西安市临潼区城南）修筑其他宫殿或工程。人们从北山开采石料，从蜀（今四川省）和荆（今湖北省）开采木材，供秦始皇的各项工程使用。这几年修的宫殿，不仅有阿房宫，在关内地区（潼关以西）还有三百座，关外地区（潼关以东）还有四百座。这些宫殿，就是他一天换一座，也要几年才住得完。为了服务于这些宫殿，他还迁移三万户人家到骊邑（今陕西省西安市临潼区附近），五万户人家到云阳（今陕西省淳化县北）。

对于这些宫殿的豪华程度，杜牧在《阿房宫赋》中的一些描写，可以使我们略知一二。"二川溶溶，流入宫墙"，有两条河（渭川和樊川）流经宫墙。"五步一楼，十步一阁"。有"长桥卧波"，长桥横跨在河水之上，有"复道行空"，长廊架在高空。"蜂房水涡，矗不知几千万落"，有些房子像蜂窝那样，是六角形的。河水都是迂回曲折的，形成了一串串的旋涡。矗立着高楼大厦的院落，成千上万，数不胜数。

至于这里的景象，更是繁华喧闹。"歌台暖响，春光融融；舞殿冷袖，风雨凄凄"，歌手们唱歌时呵出的气，使歌台变暖，就像春天；而舞女们那长袖扇起的风，又使舞厅变冷，像是风雨凄凄的秋天。

这些宫殿里的人都来自何方？"妃嫔媵嫱，王子皇孙，辞楼下殿，辇来于秦。朝歌夜弦，为秦宫人"。他们都是原来六国国王的妃嫔和王族，不得不离开自己原来的楼阁，给秦始皇当妃嫔、宫女和仆人。那些妃嫔、宫女，"尽态妍""而望幸焉""有不得见者，三十六年"。她们极力打扮自己，希望见到秦始皇，可是有的人等了三十六年，也没有见到。秦始皇当了三十七年的国王和皇帝，这里"三十六年"，是说最后一年，他就死了。

这里面的财宝也不计其数，因为"燕赵之收藏""韩魏之经营""齐楚之精英"，总而言之，六国的宝物，都被掠夺到这里来了。可是，却没有人珍惜这些东西。"鼎铛玉石，金块珠砾，弃掷逦迤"，人们用鼎当锅铛（支锅的架子），把金子当土块，把珍珠当石子，扔得到处都是。

这样的奢侈，能维持多久呢？

秦始皇发五十万大兵北逐匈奴，又发五十万大兵南平百越，而国内各地，还要有大量的戍卒，这就给百姓加上了沉重的兵役负担。并且，那时当兵，是要自备服装和武器的。《诗经·秦风·无衣》有这样的诗句："岂曰无衣？与子同袍。王于兴师，修我戈矛……"。这是一首秦国激昂的战歌。但我们也可以从侧面看出，战士就要出发参加征战，却连衣服还没有，但他还是要去修磨自己的武器。可见百姓从军打仗，不但要付出生命的代价，而且还要自己负担服装武器。

秦始皇又大修万里长城、修驰道、修阿房宫、修骊山陵墓，每项工程，征用的劳动力也好，刑徒也好，出徭役的民工也好，都是以十万计。这说明，百姓在负担沉重兵役的同时，还要负担沉重的徭役。

有人估计，秦时的全国人口，大约在两千万人左右，假如每四人有一个"丁"——青壮年男子，全国的成丁数也不过五百万人，怎能禁得起秦始皇这样无止境的征用？如果对这个成丁数的估计可靠的话，秦始皇已经差不多把民力用尽了。他是把全国的百姓都视为他的奴仆，任意驱使。《汉书·食货志》记述了一段汉代理学家董仲舒的议论。他说，古代"使民不过三日，其力易足"。古代，百姓徭役，一年不过三天，很容易完成。"至秦则不然……月为更卒，已复为正，一岁屯戍，一岁力役，三十倍于古"。秦朝的徭役制度与古代大不相同，做完了更卒，还要去做正卒。"更卒"是给郡县服徭役，一个月更换一次，而"正卒"则是到首都去服徭役。这样，百姓每年服的徭役，是古代的三十倍。

这里所说的期限，是实际工作的期限，不包括路上的时间以及诸如返工故障等原因拖延的时间。那时的工程所在地，路途都很遥远，役夫们徒步往返，可以想见路途上耗费的时间之长了。所以，百姓实际服劳役的时间，比"三十倍于古"只能是有过之而无不及。

如果百姓不肯服徭役，或者服徭役的时间不够，等等，都要受到严厉的惩罚。

上面说的这些情况，可以从1975年在湖北云梦睡虎地出土的秦简中得到证实，这些秦简很大一部分是讲秦朝法律的。其中有一条是《徭律》，就是有关服徭役的法令。里面说："未卒岁或坏缺，令县复兴徒垣之，勿计为徭。"如果役夫们完成的工作，不到一年就坏了，县就要再次招集役夫们完成，而干这个活的工作量，是不能计算为徭役的工作量的。《徭律》中类似的规定还有一些。

《徭律》还规定："御中发征，乏弗行，赀二甲；失期三日到五日，谇；六日到旬，赀一盾；过旬，赀一甲。"意思是说，国家征发你服徭役，你要是不去，就罚你两副铠甲。如果迟到了三天到五天，就要受到斥责；迟到六天到一旬（十天），要罚一副盾。超过十天，要罚一副铠甲。

大量的、无休止的征发徭役，把民间的劳动力都征空了。《汉书·食货志》说道："至于始皇，遂并天下，内兴功作，外攘夷狄，收泰半之赋，发闾左之戍。男子力耕不足粮饷，女子纺绩不足衣服。竭天下之资以奉其政，犹未足以澹其欲也。"大意是说，到了秦始皇的时代，兼并了天下，在国内，大修各种工程；对国外，又同少数民族作战。对百姓，收取三分之二的高租，把村子里的穷人都征去服役。结果，男人全力耕种，却无法吃饱肚子；女子全力去织布，却穿不暖衣服。因为秦始皇把天下所有的资源都用来为他服务，还是满足不了他个人的欲望。

这里的"闾"指村庄的门。秦时以右为贵，富人都住在闾的右边，而穷人才住在闾的左边。"发闾左"就是征发穷人服兵役或徭役。为《汉书》作注的颜师古引用应劭的话，进一步解释说，秦始皇开始时征发的是那些犯了罪的官吏、嫁到女家的男人和商人，这些人不够，就征发曾经当过商人的人，接着就征发爷爷、奶奶、爸爸、妈妈中当过商人的人。这些当然还不够，于是就不管是不是和商人贴边，凡是穷人就征发。

沉重的徭役，会给百姓带来什么后果呢？《汉书·食货志》引用晁错的话，描写汉代的农民负担时，说："今农夫五口之家，其服役者不下二人。其能耕者不过百亩，百亩之收不过百石。春耕夏耘秋获冬藏，伐薪樵，治官府，给徭役。春不得避风雨，夏不得避暑热，秋不得避阴雨，冬不得避冻寒。四时之间，亡（无）日休息……"汉代的情形，与秦代相比，已经得到了大大的改善。而秦始皇的时代，比这还要严重不知多少倍。

我们曾说过秦始皇"收泰半之赋"的话。"泰半"就是大半的意思。颜师古解释这一句话时说："泰半，三分取其二。"要把收成的三分之二交给官府，可见秦始皇的时代，百姓的租赋负担同样是非常之重的。

董仲舒曾经对汉武帝说："古者税民，不过什一。"古代向百姓征收的赋税，不超过收成的十分之一。加上徭役也轻，百姓的财力，内足以养老尽孝，外足以供给皇帝官府的需要，还有足够的力量抚养妻子儿女。由此可见，秦皇朝对百姓的榨取太重了。并且，秦始皇还把所有能够取利的资源都控制起来，"专川泽之利，管山林之饶"，水中的、山上的产品，都不准百姓享用。"田租口赋，盐铁之利，二十倍于古"，意思是说，秦皇朝不但向百姓收取田租和口赋（人头税），并且剥夺了他们经营盐铁的权利，因而百姓的负担是古代的二十倍。

本来，秦国在商鞅变法以前，还有着井田制的残余。农民是靠井田中的一小块"私田"上的收成，来维持自己家人的生活的。商鞅变法实行

"坏井田"（废除井田制），"初税亩"（开始征收田税），这是历史上的一大进步。农民除了交租税的部分，都是自己的，因此这个办法大大提高了农民种田的积极性。

秦始皇三十一年（公元前216年），"令黔首自实田"，也就是让百姓自己呈报土地的数量和等级，以便确定租赋的数量。这本来也是一件很正常的事情，可是，随着秦始皇的日益奢侈和各种消耗的大幅度增加，必然要大大提高赋税的标准和数量，加重农民的负担。

《淮南子·汜论训》里说道："秦之时，高为台榭，大为苑囿，远为驰道，铸金人，发谪戍，入刍藁，头会箕赋，输于少府。"在"刍藁"的后面，高诱解释说："戍守长城也。入刍藁之税以为国用也。"意思是说，这是供戍守长城用的税。"刍藁"的本意是干草，在这里则是一种税的名称。后面还有几句注解说："头会，随民口数，人责其税。箕赋，似箕然敛民财多，取意也。少府，官名，如今司农。"根据高诱的这几句注解，我们可以知道，"头会"就是人头税；"箕"就是筐一类的容器；"箕敛"就是像用箕装东西那样，把百姓的钱财都收走了，是用来形容搜刮钱财之多的一个比喻；"少府"就像汉代的司农，是中央政权的国家机构。"输于少府"，是说这些税都送到皇帝直属的少府那里去了。

《淮南子》的作者是汉代的淮南王刘安，就是说，他生活的年代，距离秦始皇并不遥远，而作注的高诱，也是汉代人。他们提供的情况，应该说还是比较可靠的。

刘安说的这些情况，从考古发掘中也可以得到证实。在《睡虎地秦简》中，有一条说："入顷刍藁，以其授田之数，无垦不垦，顷入刍三石，藁二石……"大意是说，刍是按授田数计算的，不论是否开垦了，都要按规定的标准缴纳。

秦代百姓不但要出"头会"即人头税，还要出"户赋"，就是以户为单位的赋税。商鞅变法的一个重要内容，就是每家兄弟数人，到了一定年龄，必须分户。这对于促进人口的增长，起了一定的作用，但也不可避免地加重了百姓的赋税负担。而秦始皇的时代，仍旧实行商鞅时的法律。从赋税的角度来看，则是有增无减。

为了储藏从百姓那里搜刮上来的粮食，秦还在各地设立了一批规模很大的粮仓。如在咸阳附近就有陈留仓、敖仓、霸上仓、栎阳仓、咸阳仓。《睡虎地秦简》有一条说："栎阳二万石一积，咸阳十万石一积。"栎阳仓每仓能容二万石，而咸阳仓每仓能容十万石。而这些仓中装的，都是从百姓身上搜刮来的民脂民膏。所以，尽管百姓生活无着，这些官仓中还是储备了大量的粮食的。汉高祖元年（公元前206年），尚未称帝的刘邦来到咸阳霸上，这里原来属于秦国的百姓，热烈地欢迎刘邦的到来，争着用牛羊酒食慰问汉军。刘邦说："仓粟多，不欲费民。"秦国的粮仓中有很多粮食，我不忍心浪费百姓的粮食。刘邦这么说，虽然有笼络民心的成分，但也可以从中看出，秦国经过这样大量的消耗，仓库中仍然有大量的粮食，这也可以从一个侧面反映出秦朝对百姓的搜刮是很严重的。

在这样残酷的盘剥之下，百姓的生活非常困苦。董仲舒说，秦时百姓，"贫者无立锥之地"，贫苦百姓连可以立下一根锥子的土地都没有。"贫民常衣牛马之衣，而食犬彘之食"，犬是狗，彘是猪，意思是百姓过着猪狗不如的生活。

严刑酷法

秦国自从在孝公时代任用商鞅，实行变法以来，一直是以法治国的。以法治国，本来是正确的治国方法。从春秋战国的历史来看，凡是实行法制的国家，在实行法制的时期，都能使国家得到很大的发展，甚至是从弱变强。而不实行法制的国家，往往倒退落后、日益贫弱。秦国能够兼并六国，与它实行法制有着密切的关系。

但是，秦国实行的法律，有点过于严酷。《战国策·秦策》一开始就评价了商鞅变法。它说："商君治秦，法令至行，公平无私，罚不讳强大，赏不私近亲。法及太子，黥劓其傅。期年之后，道不拾遗，民不枉取，兵革大强，诸侯畏惧。然刻深寡恩，特以强服之耳。"商鞅管理秦国，法令非常有效，不讲私情。惩罚的时候，不避讳强有力的大人物，而奖赏的时候，又不照顾亲情。太子犯法，也要用法律来制裁太子的两个老师，一个受了黥刑，在脸上被刺了字；一个受了劓刑，被割掉了鼻子。几年以后，秦国就形成了道不拾遗的风气，百姓不要不属于自己的东西。结果，秦国的军事力量大大增强，诸侯都害怕秦国。可是，秦国的法律又过于刻薄，毫无感情可言，只是靠强力压服而已。

商鞅这样做的理论基础，是"轻罪重罚"和"以刑去刑"。他认为，只有严厉地处罚轻罪，才能使人们不敢犯轻罪，当然更不敢犯重罪。人们不敢犯罪，才能消灭犯罪。商鞅法制的另一个特点，是不许百姓讲话，只许他们服从，批评他的人要受到惩处，称赞他的人也要受到惩处，因为百姓根本就没有评论的权利。

商鞅后来受到当上国王（惠王）的太子及同党的迫害，想逃离秦国，可是按照由他自己制定的严格法律，他连住宿的地方都没有，到头来落得被捉住车裂的下场，这就是"作法自毙"这个成语告诉我们的故事。

以后历代秦国国王，基本上都实行商鞅的以法治国的办法，并且使秦国逐渐强大起来，终于兼并了六国。如果以这种严厉的法律作为治国强国的工具，它是有效的，有利的。但在秦始皇统治的后期，把它作为维护自己荒淫无道的工具的时候，它就完全成了百姓的桎梏了。

秦始皇是非常重视法律的。秦始皇二十六年（公元前221年），嬴政刚刚完成统一大业，决定称帝。《史记·秦始皇本纪》说，这时的秦始皇，"事皆决于法"。以后秦始皇巡游各地，刻碑立石，几乎每一处刻石都要提到"端平法度""始定刑名"这一类的话。秦始皇对赵高的信任，在很大程度上是因为他精通法律，并能教导胡亥断狱。在睡虎地出土的一千一百支秦简中，有关法律的就达六百多支，占到总数的一多半，可见秦始皇时代，人们对法律的重视程度了。

秦始皇时代的法律，是非常明确地针对"民"的，也就是对付百姓的，这从《睡虎地秦墓竹简》的法律条文中可以看得很清楚。有一条简很明白地写道，法律要"矫正民心，去其邪僻，除其恶俗"。

在这种思想的主导下，秦始皇完全剥夺了人民的言论自由，在宣布焚书令的时候，就宣布"有敢偶语诗书者弃市"，连背地里谈论诗书都犯死罪。《史记·高祖本纪》记述刘邦进入咸阳以前，屯兵霸上的时候，对秦国父老说："父老苦秦苛法久矣，诽谤者族，偶语弃市。"古代"诽谤"二字与今天的意义不完全相同，它有时是贬义，指以不实之词诋毁人，但有时也是中性词，只表示提意见，舜帝设立"诽谤之木"，就是供大家提意见的。

而刘邦这里说的"诽谤",就是指提意见,而不是指"恶意攻击"。在秦朝的时候,如果有人胆敢给朝廷提意见,就要诛灭(杀)其全家。

秦代百姓不但完全没有言论的自由,也没有行动的自由。商鞅规定,百姓出门必须持有"验",也就是证件,否则不得离家。秦始皇时代是否有所改善呢?《睡虎地秦墓竹简》有一条写道:"发伪书,弗知,赀二甲。"意思是说,官吏让伪造的通行证混了过去而没有发现,要罚两副铠甲。这条规定明白地表示,"通行证制度"在秦始皇时代不但仍在执行,而且更加严厉了。睡虎地所在的云梦,是楚国故地,所以这时的墓葬不可能有秦统一六国以前的文物。专家考证,出土这些秦简的墓,大约埋葬于秦始皇三十年(公元前217年)。

其他方面的严格规定也是很多的,如实行严密的户籍制度和连坐制度。一人犯罪,邻里要受同样的惩罚。

法律严酷,加上官吏贪暴,百姓可就苦不堪言了。所以,《汉书·刑法志》说秦朝"贪暴之吏,刑戮妄加,民愁无聊,亡逃山林,转为盗贼,赭衣半道,断狱岁以千万数"。那些贪暴的官吏,随便给人乱加罪名,百姓愁苦不堪,逃亡到山林中,成为盗贼。道路上走的,有一半是穿着囚服的"罪犯",全国每年发生的案件在千万件以上。

与秦朝的苛法配合相一致的,是它的严刑。秦朝的严刑,可以说是集它以前各个朝代的残酷刑罚于一身。

秦代最重、最残酷的刑罚,就是族刑,即杀灭全家。根据零星的史料记载,秦始皇时代,"敢有挟书者,族""以古非今者,族""诽谤者,族""妄言者,族"。携带书籍的、借古代的事非议秦代的事的、提意见的、胡说八道的,都要被族灭。

族刑也有再扩大的时候,如"夷三族",就是不但要杀了犯法者本人的全家,还要杀掉他的父族、母族和妻族的全家。秦末,李斯是被赵高和秦二世夷三族的,而赵高是被子婴夷三族的。此外,还有夷七族、夷九族、夷十族之说。汉代王充所著《论衡》一书中说,荆轲被诛九族。还有一种死刑叫"灭宗",就是把同一宗族的人全杀死。秦始皇粉碎嫪毐的叛乱以后,嫪毐和他的党羽二十多人,就是被灭宗的。比以上各项更惨无人道的,就是"灭里",就是连邻里也一起杀掉,荆轲的邻里就是这样死于非命的。

秦代的死刑,名目繁多,听起来令人毛骨悚然。"腰斩",是将人拦腰斩断的刑罚。李斯除被夷三族之外,他自己则是被腰斩的。"枭首",是将人头割下来之后,挂在高处示众。嫪毐和他的党羽除被灭宗以外,他们本人则是被枭首的。"弃市"是用得较多的死刑,就是在闹市砍头的死刑。《睡虎地秦墓竹简》中就有"同母异父相与奸,弃市"的法律条款。这种死刑,以后历代都在使用,一直延续到清代。"磔",又称"车裂",民间通称"五马分尸",就是把人的四肢和头分别绑到五辆车上,

秦始皇阅兵场面

然后驱马前行，撕裂人体。"磔"的本意是古代祭祀时肢解牲畜的身体。秦二世皇帝胡亥的十位姐妹就是被他磔死在咸阳的。"戮尸"是杀死人以后陈尸示众。秦始皇的弟弟成反叛以后，被杀死在屯留，成手下的军官全被戮尸。秦二世在对自己的兄弟进行大屠杀的时候，有十二位公子被戮尸于咸阳，另有六位公子被戮尸于杜。"坑"就是活埋，最著名的就是秦始皇坑杀儒生四百六十人。"凿颠"是砸碎脑袋。"镬烹"则是将人在大锅中煮死。嬴政统一六国之前，曾经杀死了二十七位替他母后说情的人。茅焦是第二十八，秦王下令准备好镬，烧好水，要烹茅焦。民间传说的"下油锅"，也指的是这种死刑，不过，这种说法说的是在地狱。"体解"，是将人肢解了的刑罚。荆轲刺秦王失败，被秦王嬴政砍断一条腿，死在殿上，后来被秦王下令体解。"绞"是一种比较"仁慈"的死刑，因为给死者以全尸，而古人很重视这一点。当然，最"温和"的死刑要算"赐死"了，就是皇帝赐给受刑的人一把剑或是一杯毒酒，让他自杀，这种刑罚又叫"自裁"，多是用来对付皇帝的重臣或亲属的，公子扶苏"享受"到的就是这种待遇。这种方法也是历史悠久，传之久远，直到清代还在使用。

　　秦代的肉刑也是五花八门。比较常见的是"黥"，就是在脸上刺字，然后涂墨，使之渗于皮下而永不消失的刑罚。商鞅规定，"弃灰于道"就要受黥刑。"劓"是割鼻子。秦惠王的老师公子虔就是被商鞅施了劓刑的。"宫刑"是指男人割掉生殖器，女人割掉子宫的刑罚。历代的宦官中，有一些就是受过宫刑的人。"笞"，用鞭子抽或用板子打。"榜掠"，就是拷打，赵高就是用这种办法逼迫李斯承认他编造的罪名的。"臧"是一种弄瞎人眼睛的刑罚，高渐离就是受了这种刑罚以后为秦始皇击筑的。"具五刑"，有一些受族刑的人，在被杀前，先黥、劓、砍掉左右脚趾、笞。犯"诽谤"罪的，还要先割舌。李斯在被杀前，就先被"具五刑"。

至于其他的刑罚就更多了。其中最轻的要算"谇",就是斥责。还有"赀",就是罚款。秦代实际上是罚实物,主要是甲和盾。"收",就是把妻子儿女罚做奴隶。"系",就是关押。"迁",就是放逐。用得最多的就是"徒刑",罚作工。仅为秦始皇修骊山陵墓和阿房宫的刑徒就达七十万人,几占全国青壮年男子的七分之一。还有"城旦"(罚修城)、"城旦舂"(女人被罚为修城的人舂米)等,不胜枚举。

始皇病逝

秦始皇三十六年(公元前211年),出现了"荧惑守心"的奇异天象。荧惑出现在心星的位置上,预示着什么呢?据《史记·天官书》说,天下秩序失常,上天就会让荧惑出现在天空的某个区域。它的出现预示着人间会发生战乱;它的消失,就预示着战乱的结束。它的位置对应哪个国家,哪个国家就要遭殃。因为荧惑象征动乱、残杀、疾病、死亡、饥饿、战争。我们今天自然会把这种思想认识当成是迷信,可在科学不发达的古代,异常的天象往往会引起人们的极大关注。特别是在秦帝国暴政压迫下的广大民众,他们希望透过眼前那无边的黑暗,能够看到一线光明。所以,"荧惑守心"的天象出现后,不可能不引起巨大的轰动,他们在心中暗暗祈祷:上苍快降下灾难吧,让这个人间地狱在灾难中毁灭,我们宁愿与它同归于尽。

"荧惑守心"的异常天象,也给秦始皇和他的臣子们带来了深深的恐惧。本来就心事重重的秦始皇，如今觉得心理压力更大了，他默然自问："这不祥之兆究竟意味着什么？据说'荧惑主内乱'，难道天下真的要大乱吗？"何以至此呢？他给天下带来了和平、统一、幸福，人们应该感谢他才是啊！又联想到他亲政时"彗星竟天"的天象，那不是上天有意让他除旧布新吗？他不是圆满实现了上天的意志吗？那么今天荧惑的出现意味着什么呢？"总之，小乱小治，大乱大治，最后乱的只能是敌人！"这么一想，秦始皇反倒轻松了。秦始皇与历史上的独裁者没什么两样，当人们陷入困境时，第一是变得极端唯心，第二是总爱一厢情愿地去解释与他们有关的事情。其实，这正是所有独裁者虚弱的表现。

事有凑巧，这年的异常天象特别多。在东郡，有一流星坠于地上，又是个"大凶之兆"！人们拍手称快。百姓中有人干脆在陨石上刻上这么一行字：始皇帝死而地分。秦始皇盼望长生，民众却盼望他早死，统治者与被统治者从来都想不到一处去。这句话，首先表达了民众对秦始皇的痛恨，而且也表达了民众对秦统一中国的失望。民众原以为统一后的国家会给他们带来和平与幸福，但事与愿违，统一后的秦帝国不仅没给他们带来和平与幸福，相反，带来的却是皮鞭和重压！那么这样的统一又有什么意义呢？

这件事很快传到秦始皇那里，他立刻派执法的御史到该地追究肇事者，但无人出来承担此事。他在盛怒之下，下令把在陨石旁居住的民众通通杀死，然后烧掉这块不祥的石头。疯狂的屠杀并没有消除这些天意、人事对他的打击。他感到自己的精神几乎要崩溃了，为了从恐惧和愤怒中挣扎出来，他让博士们编了首《仙真人诗》，命令乐工们走到哪儿就必须跟着唱到哪儿，他要向上天和民众宣告，他是个"入水不溺、入火不热"的仙真人，谁也别想让他死！

这年秋天，朝廷的使者郑容出使关东，在回咸阳的路上，路过华阴平舒道（今陕西省华阴市西北六里），突然看见有个陌生人手拿一块璧玉，站在路中央。陌生人把使者郑容拦住，并对他说："替我把这块璧玉送给滈池君。"停了片刻，这个人又说："今年祖龙死。"郑容不明白陌生人说了些什么，正想问他，陌生人却神秘地消失在黑暗中，只把那块璧玉放在路中央。郑容百思不得其解，觉得这件事太奇怪，回到咸阳，他把那块璧玉献给秦始皇，然后又将事情的原委当众讲了一遍。秦始皇听后，沉默了很久，自言自语道："滈池君究竟指谁呢？"

他突然想到，咸阳西北不是有一条发源于滈池的滈水吗？滈池君一定是指滈池水的水神了。

但转而一想，为什么要他把这块璧玉交给滈池君呢？他急忙让御府的官吏看看这块璧玉是从哪里来的。御府的官吏说，这是秦始皇二十八年（公元前219年）巡游祭祀长江之神时，沉入江水中的那块璧玉。听到这里，秦始皇终于若有所悟："秦不是以水德兴起的吗？水神一定是想预示我什么事情。"

他又联想到"今年祖龙死"这句话，突然脸色大变："祖，不就是'始'吗？龙，不就是皇帝的象征吗？'今年祖龙死'不就是说'今年始皇帝死'吗？难道水神要告诉我，今年就是我的人生终点吗？"

想到这儿，秦始皇感到一阵晕眩，有些支撑不住了。但他毕竟是帝国的皇帝，怎能在群臣面前显示出他的虚弱呢？他勉强振作起来，返回后宫。

这件事神神秘秘的，很多人不信其有，但史书上确实是这么写的，因此也不能说其无。最合理的解释应该是这样的：当秦始皇的倒行逆施搞得天怒人怨时，人们必然会采取各种方式与他进行不屈不挠的斗争，这件事很可能是反秦志士们策划的一起打击秦始皇的行动，而这一做法对秦始皇这类迷信到了难以自拔程度的君主来说，也许会特别有效。

为了摆脱厄运，秦始皇特意进行了一次认真的占卜，卦象告诉他"出游和迁徙可逢凶化吉"。为了应合卦象，他立刻命令把三万罪犯及其家属迁徙到边远的北河和榆中地区。专制皇帝们经常用这种扬汤止沸的办法，来挽救自己行将灭亡的命运。

第二年，也就是秦始皇三十七年（公元前210年）十月，他急不可待地决定再次巡游天下。此时已是秋末冬初时节，万物凋零、寒风瑟瑟，但为了应合卦象，为了与死神赛跑，他什么也顾不上了。他命令左丞相李斯、蒙毅等人跟随他一起出行；命令右丞相冯去疾留守咸阳，处理庶务，他的小儿子胡亥也想跟父亲出去玩玩，秦始皇答应了。

秦始皇此次出行的目的地是东南地区。他之所以要急匆匆地跑到东南去，倒不是因为北方天气太冷，而是当时一些方士跟他说："东南有天子气。"对处于东南的原楚国地区，秦始皇本来就很不放心，他十分清楚，在统一战争时，楚国人的抵抗最为顽强，为此他投入过六十万大军。楚国灭亡后，楚人的敌对情绪仍然很大，在楚地到处流传着"楚虽三户，亡秦必楚"的口号，如今又有人说"东南有天子气"，这就促使他非到东南地区压一压这股邪气不可。

君臣从咸阳出发，在路上走了一月有余，到云梦泽（洞庭湖一带），秦始皇先是遥望九嶷山（今湖南省宁远县境），祭奠埋葬在那里的古帝舜，然后顺长江东下，直奔东南沿海。路上，随行的方士说："金陵（今江苏省南京市）有王者之势。"秦始皇立刻下令改金陵为秣陵来贬低它，又强迫苦役犯凿断北山，以绝王者之气。

从秣陵沿江来到朱方（今江苏省丹徒镇），方士们说这里也有"天子气"。秦始皇立刻命令三千苦役犯凿断这里的京岘南坑，以破其气，并将朱方更名为丹徒，意思是囚徒之乡。

一行人又从丹徒弃舟陆行而南，来到云阳（今江苏省丹阳市），方士们说这里也有天子气,秦始皇当然也不会放过这里,他立刻命令苦役犯将这里的北岗凿断,把所有笔直的道路改成弯曲状,然后给这里起了个恶名——曲阿。

他们又从曲阿南行到槜李(今浙江省嘉兴市),秦始皇听说这里也有"王势",更是怒不可遏,马上命令十余万苦役犯,把这里的土地翻个底朝天,然后也给这里起了个恶名——囚拳。

秦始皇怒气冲冲地来到钱塘(今浙江省杭州市西),准备在这里渡过钱塘江,但天公不作美,狂风暴雨使江面波浪滔天,这里好像有意不欢迎秦始皇的到来。没办法,一行人沿江西行一百二十里,来到一个叫狭中的渡口,风暴才逐渐平息,他们总算在这里渡过了钱塘江。为了纪念此事,秦始皇命令在这里设立余杭县(今浙江省杭州市余杭区),并迁移他处居民以实此县。

秦始皇又听说剡山(今浙江省嵊州市北)也有王气升起,于是从余杭南行数百里赶到剡山,气急败坏地命人凿断剡山。到此,他觉得东南的天子气已被他断得差不多了,情绪稍微缓和下来。

从会稽山下来,秦始皇准备北上齐鲁。渡钱塘江的时候,周围的百姓听说皇帝经过这里,出于好奇,蜂拥而至,想看看这个皇帝长得究竟是个什么模样。在人海中,有两个后来成为叱咤风云的英雄人物,他们就是楚国名将项燕的后代项梁和项羽叔侄俩。项梁是项燕的儿子,项燕被秦将王翦杀死后,项梁一心想报杀父之仇。他的侄子项羽更是个有抱负的青年。项羽小时候,"学书,不成。去学剑,又不成"。项梁很生气,项羽说:"学认字只能记记姓名而已,学剑只能抵抗一个人,没劲。我要学能抵抗千军万马的真本领!"项梁听后大喜过望,知道项羽非同凡人,于是就教他兵法。后来项梁杀人,跑到吴中避难,因为他很有能力,所以这一带的上层人物都很尊重他。这次秦始皇渡钱塘江,叔侄俩也来凑热闹。项羽透过人群见到了秦始皇，他没想到这位真龙天子原来是个其貌不扬的人物，与他这个身长"八尺余，力能扛鼎，才气过人"的硬汉相比，实在差远了。于是不禁脱口说出："彼可取而代之也。"项梁在一旁听到，大惊失色，急忙捂住项羽的嘴，低声说："别胡说，让人听到要诛灭九族的！"说完，拉着项羽消失在人群中。

秦始皇哪里知道就在这片人群中，竟藏着两个秦帝国的掘墓人！渡过钱塘江，秦始皇取道吴郡（今江苏省苏州市），从江乘（今江苏省句容县北）渡过长江，然后沿东海岸北上。路过徐州附近的沛县丰邑时，有人说这里也有天子气，于是秦始皇命令在这里筑一座"厌气台"以除王气。他搞的这套荒诞不经的把戏，后来被一些反秦人物所利用，人们认为既然这里有天子气，当然就会出真龙天子了。在沛县丰邑有个默默无闻的小人物泗水亭长刘邦，此人原是个酒色之徒，但却狡猾多智，很有些组织能力。他曾到咸阳服过徭役，有机会在远处见过秦始皇。他出身贫寒，自然没有项羽那股高傲的贵族气，当他望见秦始皇出行时那仪态万方的王者风度时，禁不住感叹地说："唉，大丈夫真当如此啊！"帝王与小民间巨大的反差确使他从此滋生了政治野心。既然秦始皇说东南有天子气，他就在家乡胡编了些"赤帝子"将来要取代"白帝子"的鬼话来抬高自己，他老婆吕氏也常用刘邦头上"常有云气"之类的鬼话来迷惑人。但这次听说秦始皇要亲自到沛县丰邑来厌王气，刘邦想到平时编的鬼话，吓坏了，急忙逃出家门，跑到附近的芒砀山中藏起来。不过，秦始皇这么一闹，倒意外地赠给了刘邦一份贵重的政治礼品，使他在日后的反秦斗争中，利用这些政治神话捞取到了不少好处。

秦始皇没能找到不死药，非常绝望。再加上奔波数千里，他突然感到心力交瘁，一蹶不振。车队走到平原津（今山东省平原县南）时，他一病不起，从此身体每况愈下。病中他脑际总回响着一个声音："今年祖龙死。"

难道这是命中注定的吗?他不信。他决心要活过今年,到那时他就能战胜死神。可是这一年余下的时间却又显得那么漫长,好像没有尽头似的。

随行的群臣见秦始皇已经病入膏肓,都非常焦急。大家知道皇帝的病恐怕是好不了啦,所以希望皇帝临死之前能够料理好后事,好让他们在新主子登位之前,心中有个底。特别是帝国继承人的问题,更是直接关系到今后前途的大事。但是他们知道秦始皇最忌讳谈有关死的事情,谁又敢冒这个大风险呢?他们心急如焚,既为皇帝的病而悲伤,更为自己的前途而担心。俗语说:"一朝天子一朝臣。"历史经验告诉他们,在新旧皇权的交接过程中,往往预示着旧臣的垮台和新贵的崛起,这就要看新主子的兴趣何在了。

车队昼夜兼程,急奔咸阳。秦始皇的病情越来越严重。秦始皇也知道自己快要不行了,这才写了封玺书,上面仅写了让公子扶苏"与丧会咸阳而葬"这短短的一句话。玺书写完后,密封好,保存在他的亲信大宦官中车府令赵高手中。还没等赵高把这封玺书交给使者发走,公元前210年七月二十日这天,秦始皇便病死于沙丘平台宫(今河北省平乡县)。

李斯虽然非常悲伤,但却很镇定,他怕秦始皇的儿子们和天下人听到秦始皇的死讯后会发生突变,于是决定封锁消息,密不发丧,把秦始皇的尸体放在辒辌车中,让秦始皇生前贴身的宦官们仍像平常那样赶车、进食。随行百官也像平常那样到皇帝车前请安、奏事,宦官从辒辌车中从容地代皇帝一一答奏。当时,除李斯外,只有公子胡亥、赵高和五六个宦官知道皇帝已经死了。为了掩人耳目,车队不再直奔咸阳,而是取道井陉(今河北省井陉县),北上九原。当时正是盛夏,天气异常炎热,秦始皇的尸体开始发臭。李斯等人怕人们知道事情的真相,就命令宦官弄一车鲍鱼随行,以此来遮掩秦始皇尸体的腐臭味。

这样的结局恐怕是这位千古一帝做梦也想不到的。

农民起义

秦二世元年（前209年），七月，发闾左，谪戍渔阳。戍卒陈胜反故荆地。

闾左，指居住于闾里之左的从事农耕的贫民，本是属免除徭役的人。由于秦始皇征徭无度，天下刑徒、逋亡人、赘婿、贾人以及罪吏，都被谪戍殆尽，到秦二世时已没有役夫戍卒可征调了。但秦二世不顾这些，他要继承他父亲秦始皇所做的一切，没有役夫戍卒，就决定征发免除徭役的闾左之人，从而导致了反秦起义爆发。

首倡反秦起义的两个人，是阳城（今河南省方城县东）人陈胜、阳夏（今河南省太康县）人吴广。阳城、阳夏都是战国时的楚国之地，故陈胜、吴广属于楚人。秦二世元年（公元前209年）七月他二人被征发去渔阳（今北京市密云区西）戍守长城，和他们一起被征调的共九百人，由他二人担任屯长。当这九百人在秦尉将的押送下行至蕲县大泽乡（今安徽省宿县东南）时，适逢连降大雨，道路不通，延误了行期。按秦法，不如期行至，都将被斩首。陈胜、吴广既为这九百戍卒的屯长，又面临着前行也死、不行也死的处境，两个人经过商议，决定举行暴动，同秦抗争。

陈胜素有大志，心知天下对秦厌恶、苦愤已久，只是没人敢做反秦的首倡者而已。他还知道秦二世是少子，不应当立为皇帝，应当立为皇帝的是公子扶苏，百姓又多听说扶苏贤明，但不知其死；而楚将项燕为楚人所怀念，是死了还是活着，百姓也不清楚，如果起事时用扶苏、项燕做号召，定会得到响应。他和吴广商议之后，为了解心疑，两个人又去进行了占卜。为他们卜卦的人是一个有心的行卜者，明白二人是为了什么事而来问卜的，不仅告诉他们所谋的事有功，而且还暗示了一句话："足下卜之鬼乎？"陈胜、吴广听了心下暗喜，明白这是指点其借鬼神来威胁众人相从。于是做"陈胜王"丹书放置在渔网中鱼的肚子里，又让吴广夜间在神祠篝火学狐声，呼"大楚兴，陈胜王"，戍卒们买鱼见丹书已然惊异，又听狐鸣，则对陈胜刮目相看。

陈胜、吴广见众人心志已随，便由吴广行苦肉计。趁押送他们的尉将酒醉时，故意扬言要逃亡，使尉将恼怒，对吴广进行鞭打，从而激怒了众人对尉将的愤恨。尉将见状，拔剑要杀吴广。吴广便起身夺剑，在陈胜的帮助下，将押送他们的尉将杀死。然后陈胜将众人召集起来说："大家遇雨，延误了行期，都将被杀头，即使不被杀头，戍边也难活下来。况且壮士不死则已，要死就干一番大事，获一个壮烈的名声，王侯将相难道是天生的吗？"

在陈胜、吴广的号召下，众人全都跟从响应。于是就筑起土坛，用尉将首级祭坛，众人都袒出右臂盟誓，称号大楚，暴动反秦。陈胜、吴广领导的反秦起义就这样爆发了。

陈胜率领这九百戍卒盟誓暴动之后，先假用扶苏、项燕军队的名义，攻占了大泽乡。接着又攻下了蕲（今安徽省宿县）、铚（今安徽省滁州市）、苦（今河南省鹿邑）、柘（今河南省柘城县）、谯（今安徽省亳州市）等地。到达陈（今河南省周口市淮阳区）时，陈胜的起义队伍已经拥有战车六七百辆，骑兵千余，士卒好几万人。

陈地曾做过楚都，当陈胜攻占陈后，便召集三老、豪杰计议，决定称王，以张大楚国为号召，故号为张楚。而以吴广为假王，监诸将西攻荥阳，派宋留攻南阳徇武关，派周文收兵西向函谷关攻秦。又派陈人武臣为将与张耳、陈余率三千人渡河北上经略赵、燕之地，令魏人周市经略魏地，令汝阴人邓宗经略九江。于是，各地郡县纷纷反秦，诛杀秦官吏，响应陈胜。较著名的有：项梁、项羽叔侄杀会稽令起兵于吴，刘邦在萧何、曹参帮助下起兵于丰、沛，田儋、田荣、田横兄弟杀狄令起兵于齐，骊山刑徒黥布起兵于鄱阳，等等。函谷关以东反秦暴动风起云涌，人们对秦始皇十一年残暴统治所积的愤怒，在秦始皇死仅一年之时，就一并爆发了。

而这时，秦二世所想的是如何尽情纵乐而不愿意听到其他的。如果报告东方反乱，他则发怒将报告人下狱治罪，如果说"都是些鼠窃狗偷的群盗，郡守尉正捕捉得差不多了，不用担忧"，他就很高兴。

吴广率众将进攻的荥阳，是由李斯之子三川郡守李由守卫。吴广一时不能攻下。周文则一路无阻，率兵西进，到函谷关时已兵车千乘、兵卒数十万人了，于九十月间破关而入，进兵至戏（今陕西省临潼区东北）。兵临城下，二世胡亥这才惊恐起来，问群臣怎么办。情况紧急，一时之间征兵也来不及，少府章邯便提出：赦免骊山刑徒应急。秦二世照听了，大赦天下，就让章邯率领骊山刑徒出击。

骊山刑徒有七十多万，在数量上比周文的兵多。秦始皇虽然销毁了天下的兵器，但秦武库的兵器还是储存着不少的，以之武装骊山刑徒，则在装备上要比周文的兵精良。骊山刑徒是精锐之师，而周文队伍则是乌合之众，两下相遇，周文之兵自然不是其对手。结果周文被章邯打得大败，只好退出函谷外，驻扎在曹阳（今河南省灵宝市境）盼望应援，可是两个多月也没有人前来应援。在这两个月内，章邯却倒出手来，整顿出一支秦军，然后出关进击周文。周文连战连败，退至渑池，终于被章邯击溃。十一月周文自杀，其军遂散。

围困荥阳诸将，听到周文兵败身死，想要率军西上迎敌，又怕吴广不听，而假称陈胜之命将吴广杀了，然后以精兵与章邯战于敖仓（今河南省荥阳市东北），但也都兵败身死。接着章邯又击溃了荥阳城下之军和陈胜在郯（今山东省郯县北）、许（今河南省许昌东）两支军队。二世又遣长史司马欣、董翳助章邯，击杀陈胜柱国房君，又进击张贺军。陈胜亲出督战，张贺败死于陈城之西。腊月（十二月），陈胜退往汝阴（今安徽省阜阳市），还至下城父（今安徽省涡阳县东南）时，被他的车夫庄贾杀害。

陈胜自七月于大泽乡起义，至腊月而死，时间虽然不到半年，但他在历史上的地位却一直被人们肯定：无论是楚还是汉，都以陈胜为反秦的首义之人。汉高祖刘邦定天下后，特为陈胜置守冢三十家，司马迁作《史记》为陈胜立传，列为世家，比于列国诸侯。

陈胜虽然死了，但反秦的起义并没有被扑灭，秦王朝最终还是让陈胜所置遣的侯王将相给覆亡的。就在陈胜被害不久，曾是陈胜涓人的吕臣组织了苍头军，从新阳（今安徽省界首市北）起兵，攻陈，杀掉庄贾，以礼埋葬陈胜于砀，谥曰隐王。又与黥布联合，反复与秦军争夺陈地，并击败秦军的左右两校，保住陈地。

广陵人召平，奉陈胜命徇广陵（今江苏省扬州市西北），听到陈胜兵败，秦兵将至，就南渡长江，以陈胜之命任命项梁为楚上柱国，让项梁领兵西上击秦。项梁受命，率八千人渡江西进。东阳（今江苏省盱眙县东）陈婴听说后，便率众相从。黥布助吕臣击败秦军后，领兵东行，闻知项梁渡淮而西，便也与蒲将军率军归附于项梁，其他各路将领也纷纷来从。

第八章 酷法暴政

王朝终结

　　陈胜、吴广在大泽乡起义后,各地纷纷起来响应。当时,有一位朝廷的谒者(为国君掌管传达)从东方回到咸阳,如实地汇报了各地民众反叛的消息。昏庸的秦二世听后大发雷霆,把谒者押入狱中,没有把各地的农民起义当回事,照旧日夜享乐。后来,有人报告起义军攻占陈郡,秦二世这才召集博士诸生询问对策,而不是召集文武大臣前来议事。秦二世说:"楚地的戍卒攻下蕲县,进入陈郡,诸位以为应采取何种对策?"

　　秦二世的话音刚落,只见应召的博士诸生三十余人一齐向前说道:"人臣只能听命于帝王,不允许怀有二心;臣下怀有异心,即等于反叛,罪死无赦。愿陛下急速发兵捕灭盗贼。"

　　秦二世闻听此言,立即改变了脸色。此刻,善于察言观色的诸生叔孙通却独自站出来答对说:"诸生所说的都不对。现今天下合为一家,毁坏

秦铜车马

原有郡县的城墙工事，销毁兵器，以示天下不再用兵。况且明主在上，法令已颁布于下，使令人人依法奉职行事，四方辐辏于中央，怎会有敢于反叛的人？诸生所言的群盗，不过是一些鼠盗狗窃之徒而已，不足挂齿。下令郡县守尉捉拿定罪就是了，有什么值得忧虑的！"

秦二世听了叔孙通的议论，顿时喜笑颜开地说："讲得好。"在场的一些博士诸生，秦二世令其一一表态，结果有人说是造反，有人说是盗贼。于是，秦二世令御史查清每个诸生的言论，凡认为是造反的，一一交有关官员审理，以"非所宜言"罪论处；凡认为是盗贼的，一律不予过问。唯有发表令秦二世高兴言论的叔孙通，被赐给帛二十匹，衣服一套，并被任命为博士。

只知贪图享乐的秦二世，竟昏庸到闭眼不愿正视秦帝国大厦将倾的事实，结果是讲实话的获罪，说谎言者受奖。在农民大起义烽火已燃遍秦帝国大地的情况下，居于上位的竟然是这样一个靠自欺欺人过日子的昏庸而残暴的皇帝，手下又重用善于搞阴谋的赵高，善于搞政治投机的李斯。在帝国大厦将倾的时候，他们所关心的不是如何对付即将埋葬他们的各路起义大军，而是在宫廷内部首先互相争斗厮杀起来。

农民起义军行至咸阳附近并被秦将章邯击退之后，李斯曾多次请求进谏，秦二世不予允许。一次，秦二世对李斯进行责问，并引用韩非书中的议论作为根据，说尧与大禹虽贵"有天下"，却勤苦劳累一生，死于外地。秦二世说："贵有天下的人，难道是那种困苦身体、疲劳精神、风餐露宿、粗饭恶食，像臣虏那样整日从事劳作的人吗？这是那些无才能的人所努力从事的，并非贤人的追求。贤人的贵有天下，是专门以天下适用于自己而已，这就是贤人为什么能够贵有天下。所谓贤人，必须能安天下而治万民。今日尚且不能使自身得到好处，又怎会治理天下！所以，我想要随心所欲，为所欲为，长久地享有天下而又无祸害，怎么办才好？"

面对秦二世这一通令人啼笑皆非的荒谬理论，李斯一时未能做出回答。这是因为李斯的儿子李由任三川郡（今河南省荥阳市东北）郡守，未能抵挡住吴广所率领的义军。章邯统率秦军击败吴广后，使者追究三川郡失守的责任，牵连到李由，责备身居三公之位的李斯，为何容忍盗贼如此猖獗。李斯正因此事而恐惧，怕自己因此而失去爵禄，一时想不出办法来。正在为此事犯难的李斯，见秦二世为着"肆志广欲，长享天下"而向自己讨教，便灵机一动，决定迎合秦二世的意图，向秦二世写了一篇"行督责之术"的上书作为答对。上书的开头部分说："贤明的君主，必须是能建立一套办法而实行督责之术的人，督是察其罪，责是责之以刑罚，督责之术即督察官员犯罪并处以刑罚的方法。对官员进行督察，则臣下不敢不竭尽所能为主上效力。如此则臣主的名分确定，君臣上下的大义分明，如此则天下的贤者与无有才能的人，都不敢不竭尽所能为主上效力。因此明主能独自一人统治天下而自己却不受任何限制。如此便可得到无穷的乐趣。贤明的君主对督察之术不可不有所留意。"

李斯的上书于开篇的总论之下，引述了申不害与韩非的有关议论，来进一步阐述君主行督责之术的理论，他的结论是："督责之术一旦设立并付诸实施，则君主的所有欲望没有不可得到的。君臣百姓在督察之下补救过失还来不及，哪会有敢于图谋变乱的？如此则帝王之道完备，可以称得上是明察君主统治臣下的办法。即便是申不害、韩非复生，也不会超过这一方法。"

李斯的上书正中秦二世回避现实、幻想永享富贵安乐的下怀，秦二世阅后十分高兴并立即付诸实行。结果，对官吏的督察更加严苛，向人民征税多的官员被称为"明吏"。结果，犯法而被罚作刑徒的人，几乎占了路上行人的一半，每日被处死于市上的犯人尸体堆积如山。那些杀人多的官吏被称为忠臣。这时，二世又问李斯："这样便可以算作是善于督责了吧？"

在原楚国境内，人们早就在谈论着这样一句话："楚虽三户，亡秦必楚。"这句话的意思是即使楚国只剩下三户人家，将来灭亡秦国的也必然是楚。以陈胜、吴广起义为导火线，反秦的斗争烈火燃遍了楚地。刘邦在沛县（今江苏省沛县）起兵，他曾经在都城咸阳服过劳役。不久之后，他当了沛县附近泗水的亭长。亭长的任务，就是负责监督由沛县送往骊山陵建筑工地的民伕。但是途中不断发生民伕逃跑事件，到了最后，他干脆把所有的民伕都放跑了，自己也躲得无影无踪。当时和他一起行动的十几人就是刘邦起义队伍的核心人物。另外，在吴地（今江苏省苏州市），项燕之子项梁和项梁的外甥项羽，也杀了会稽太守，举兵伐秦。就这样，造反的烽火先是在原来楚国境内点燃，接着便波及旧六国全域，兴兵伐秦如火如荼地发展起来。

几乎也就是在这时候，赵高对秦二世说了这样一席话："天子之所以可贵，就在于他只能让人听到他的声音，而不能让群臣拜见龙颜。也正因为如此，天子才自称为朕，就是兆朕，就是没有清楚地表露出来的征兆的意思。陛下年纪尚轻，还不能诸事万般都精晓。清早上朝，万一事情决定错了，就会在大臣面前出洋相，就不能向天下显示神一般的智慧。陛下还是在宫中深居一段时间，和其他一些熟悉法令的近从待在一起。只要有案件，我就向陛下报告。这样做，大臣们一般的上奏便可以减少，天下也将称颂圣主。"

自从听了这番进言，秦二世便不上朝了，赵高一手遮天。

丞相李斯对此十分不满，赵高知道后便又耍弄奸计，故意跑到李斯那儿，煞有介事地说："关东地方群盗很多，而天子居然全无所知，整天抓民伕营建阿房宫，还让人找一些猫狗一类无用的东西来玩乐。我早就想进谏了，只是官位太低。这下你正好可起大作用了，你为什么不进谏呢？"

李斯说："我当然得进谏了！我很早前就想过这件事。但是，近来天子不上早朝，一直在深宫里面，我有话也没法告诉天子，想见天子也没有机会。"

赵高听后假惺惺地说："丞相真要进谏的话，我瞧准天子有空时就通知你。"

过后不久，有一次，赵高估计秦二世正由美女陪着在饮酒作乐，便告诉李斯说："现在天子有空，可以去上奏了。"

李斯听后便直奔宫门而去。其结果可想而知，李斯不但没有见到天子，反而惹得秦二世一肚子不高兴。秦二世心想："我一天到晚都有时间，丞相你也不来见我，可偏偏我想要轻松一下的时候，你就瞅准这时来了，说什么有要事上奏，丞相你到底是在蔑视我呢，还是在耍弄我？"

赵高在秦二世身旁，见状便火上浇油，乘机大讲李斯的坏话。他说："这还了得？当年在沙丘，丞相也参与了密谋。现在，陛下登上了皇位，而丞相的地位却丝毫没有提高。他肯定是打定主意想当王侯，让陛下封给他领地。再有，以前因为陛下没有下问，所以我也不便说出来。丞相的儿子李由现在是三川郡太守，而楚地群盗陈胜一伙都出生在丞相故乡一带。因有这层关系，楚地群盗极其猖獗，他们通过三川郡时，李由只是守城而不出来迎战。有人传说李由与群盗互通书信，我现在还没抓到证据，所以暂时没有报告。另外，丞相因为负责朝政，所以权势也已经超过陛下了。"秦二世认为赵高讲得很对，想要立案审问李斯，又担心情况不够属实，便派人立案调查三川郡守李由与盗贼私通的情况。

李斯闻听秦二世派人调查儿子与盗贼私通，这才如梦方醒，知道向皇帝进行劝谏以来一些蹊跷的事情是赵高从中设计陷害自己，决定面见秦二世。当时秦二世在甘泉山的离宫观看摔跤和说唱滑稽剧的表演，李斯没有被召见。于是，李斯上书对赵高进行攻击说："臣闻知：臣比拟于君，与国君势均力敌，无不危害于国；妻妾比拟于丈夫，无不危害于家。今有大臣于陛下面前擅专利害，与陛下无有不同，这是极大的不利。当年子罕于宋国为相，亲自主管刑罚，威行国内，终于弑宋桓侯。田常为臣于齐简公，于国内爵位最高，私家财富与公室相等，又向百姓施以恩惠，下得百姓之心，上得群臣之举，终于弑简公于朝，篡夺齐国政权。这都是天下无人不知的。如今赵高有邪恶放纵之志，反叛之行，好比当年子罕为宋相，田常为臣于齐，兼行子罕、田常篡逆之道而劫夺陛下的威信。陛下如不及早图谋，恐怕赵高要发动变乱。"

秦二世看过李斯的上书，半信半疑地对李斯说道："怎么竟会是这样？赵高原不过是一个宦官，但他不因环境安乐而为所欲为，又不因危难而改变忠诚之心，洁身修善，以至于拥有今天的地位。他因忠诚而受到提拔，以诚信而忠于职守，朕确实以他为贤臣，而君侯却对他表示怀疑，这是何缘故？况且朕年少失去先帝，缺少见识，又不熟悉安国治民之事，而君侯又日渐年老，恐怕早晚要失去治理天下的能力。如此情况，朕不把国事委托给赵高，又有谁能担此重任？况且赵高为人精明清廉，强而有力，下知人情，上适朕心，君侯不要对他有所怀疑。"

"不是这样。赵高原不过是一个贱人，不识于道理，贪得无厌，求利不止，地位与权势仅次于君主，而他的欲望又无穷止，臣因此说目前的形势甚是危险。"尽管李斯如此揭露赵高篡权的野心，无奈赵高早已取得了秦二世的信任。秦二世担心李斯杀害赵高，私下把这一切都告诉了赵高。赵高对秦二世说："丞相所顾忌的唯独是我赵高，高如死去，丞相便会立即效法田常弑君篡国。"

秦二世对赵高向来是言听计从，今见赵高说高死丞相即将弑君篡国，便不假思索地下令："将李斯交由郎中令查办！"

赵高奉圣旨审理李斯，李斯身陷囹圄，在狱中仰天长叹道："真是可悲啊！在昏庸无道的君主面前，还有什么可以为他谋划的！当年夏桀杀贤臣关龙逄，殷纣王杀王子比干，吴王夫差杀害伍子胥。这三位名臣，难道是不忠吗？然而都不免于一死，虽身死而他们所忠于的君主并非明君。我的德行比不上三位贤人，而二世的昏庸无道却有过桀、纣、夫差，我因忠君报国而死，也就没有什么不应该的了。何况二世如此治国怎能不引起祸乱！当时杀兄弟而自立为帝，杀忠臣而以贱人为贵，继续修造阿房宫，聚敛天下财富。我并非不劝谏，是他不听从我的劝谏啊。凡是古代的圣王，都是饮食有节，车器有数，宫室有度，法令与行事有加重百姓负担而不利于民者一律禁止，因而能长治久安……如今天下已有半数人反叛，而二世内心尚不省悟，以赵高为佐助，我必将看到贼寇兵至咸阳，咸阳宫变成一片废墟，乃至于麋鹿出没于当今的朝廷之上。"

李斯在狱中总算是明白了形势，知道自己的处境与归宿，只是为时已晚。他末尾对秦帝国和秦二世所说的话，既是诅咒，也是预言。

当时秦二世命郎中令赵高审理丞相李斯一案，依法治罪，罪名是李斯与儿子李由谋反，收捕李斯父子的宗族宾客。赵高在审案期间，对李斯严刑拷打。李斯承受不住，便胡说一通表示认罪。李斯之所以认罪而不自杀身死，是以为自己能言善辩，有功于国，实无反心，侥幸有机会上书为自己申辩，幻想秦二世省悟而赦免自己。于是李斯在狱中向秦二世写了一份上书，书中列举他在秦国三十余年中所立下的七大功劳。然而上书经狱吏交至赵高手中，赵高令人毁掉上书而不上交秦二世，说道："囚徒怎得上书！"

按照秦律规定，罪犯对刑讯下招认的口供进行翻供，刑讯下的口供便失去作为证据的效力，不得依此做出判决。赵高因此而施展诡计，派出自己的心腹门客诈称是朝廷派出的御史、谒者、侍中，轮番前往狱中审讯李斯，李斯信以为真，以为是秦二世派人前来讯问实情，便否认刑讯下的"诬服"。这些人走后，赵高令人对李斯再次严刑拷打，李斯才得知上当受骗。后来秦二世果真亲自派人来狱中讯问李斯，以验证他的口供是否真实。然而，李斯却误以为还是赵高在搞鬼，便不再翻供，招供认罪，承认其与盗贼私通。使者向秦二世汇报审讯情况，秦二世高兴地说："如果没有赵高，我几乎被丞相所出卖。"其实，赵高再次愚弄了秦二世。秦二世先前派出调查李由罪证的使者到达三川郡时，李由已被项梁所统率的义军所击杀。待使者回到咸阳，丞相李斯已被下狱问罪。

秦二世二年（公元前208年）七月，李斯一案结案，判处腰斩于咸阳市中。行刑的那天，李斯被带出监狱大门，与他的二儿子一同被押赴刑场。途中，李斯回首对二儿子说："我想要与你再次牵着黄狗一道出上蔡城的东门到郊外去追逐狡兔，还能够做得到吗？"说完，父子二人抱头痛哭，李斯父母、兄弟、妻子的三族均被诛杀。

一生追逐富贵的李斯，害怕扶苏即位后自己与子孙会因此而失去爵禄，与赵高合谋篡改遗诏，杀害扶苏、蒙恬，立胡亥为帝；后来为免祸又向秦二世献督责之术，坑害群臣与百姓，最终免不了被赵高陷害致死，失去的何止爵禄，实属咎由自取，这便是李斯的可悲下场。

取代李斯成为丞相的，不言而喻，当然是赵高了。赵高为了向群臣显示自己无上的权力，并为了在秦二世面前炫耀自己，便耍弄了个小权术。这件事从古至今，流传很广。有一天，赵高指着秦二世面前的一只鹿对秦二世说："这是一匹马。"

秦二世听后笑了笑说："丞相，别开玩笑了！明明是鹿，怎么把它说成是马呢？"

赵高并不示弱，他请周围的人出来做证。有的人一言不发，有的人点头称是。当时凡正直地指出是鹿的人事后都暗地里受到了惩罚。自从这件事以后，对赵高的言行，再也没有人敢出来唱反调了。

秦二世三年（公元前207年），刘邦率领数万军队攻占了关中南边的武关（今陕西省商县），直指咸阳。武关一破，咸阳危在旦夕。

赵高曾对秦二世说过"关东的盗贼没什么了不起"，可现在他称病躲在家中不肯出来。也正是在这个时候，秦二世做了个梦，梦见自己左边的拉套马被白虎咬死了。秦二世于是命人占卜，得知原来是泾水在作怪。为此，秦二世亲临泾水边上的望夷宫斋戒，祭祀泾水，把四匹白马沉入水中。另外，秦二世还派使者到赵高家，责问他盗贼究竟为什么能发展到如此地步。

赵高见秦二世怪罪下来，很是恐惧，便暗中与女婿、咸阳令阎乐和弟弟赵成谋划说："今上不听从我的劝谏，现在形势危急，想要归祸于我们家族。我想要废掉今上，另立公子婴为帝。公子婴仁慈节俭，百姓都听信他说的话。"

赵高一伙谋划已定，决定发动宫廷政变。使令郎中令赵成为内应，诈称发现有一伙强盗，令咸阳令阎乐召集卫戍部队追捕盗贼，暗中却把阎乐的母亲安置在赵高家中，然后便声称盗贼劫持了阎乐的母亲。阎乐以追捕劫持母亲的盗贼为名，带领千余名宫廷卫士与卫戍部队直奔二世所暂居的望夷宫。到达望夷宫殿门，首先将守卫宫门的卫令、仆射捆绑起来，贼喊捉贼地说道："强盗已窜入望夷宫，为何不予以制止？"

"整个宫殿的四周都有卫士巡行防守，戒备甚严，怎会有盗贼窜入宫中？"卫令回答。

阎乐不由卫令分说，当即将卫令斩首，带领士卒闯入宫殿大门。入宫后，士卒们一路射杀，宫中的郎官、宦者都很恐慌，有的逃走、有的格斗，死者有数十人之多。郎中令赵成、咸阳令阎乐一同进入后宫，放箭射秦二世的御帐。秦二世大怒，召左右侍臣捉拿叛贼，侍臣们恐慌而不敢格斗。其中只有一名宦者服侍秦二世，不敢失职离去。秦二世躲入内殿，对侍者说："你为何不早些告知我，以至于到了今天这种地步！"这个宦官回答说："臣不敢说话，所以才得以保全性命；假使臣说话，早就被杀了，怎么能够活到今天服侍圣上。"

秦二世与宦者对话时，阎乐已率领士卒闯入内殿，上前数落秦二世的罪状，说道："足下骄横放纵、滥杀无辜，无道昏君，天下已共同背叛，你快快自做打算吧！"

"我可以见丞相一面吗？"秦二世问。

"不可。"阎乐答。

秦二世说："我甘愿退位，得一郡之地为王，可以吗？"

阎乐不允许。

秦二世又说："我甘愿为万户侯，可以吗？"

阎乐不允许。

秦二世又说："我甘愿与妻子为平民百姓，像诸公子那样。"

阎乐见秦二世唠叨没完，便直截了当地对秦二世说："我是受命于丞相，替天下百姓诛杀你。你提出的那些请求，臣不敢替你传达。"

秦二世万般无奈，只好自杀。是他，把秦始皇建立的秦帝国推进了罪恶的深渊。《预言记录图》书上所说的"亡秦者胡也"的"胡"字，不是指少数民族的"胡"，而是指胡亥。秦二世以庶民的身份，被埋葬在杜南边的宜春苑。宜春苑，是盖有离宫的地方。

阎乐一回来，赵高马上把大臣和公子们召集在一起，告诉他们秦二世已经被除掉了。赵高这样说："秦朝原先只是个王国，因为秦始皇得了天下才开始称皇帝。现在六国已再次独立，而秦朝的领地也在日益缩小。所以，不能再徒有虚名地称皇帝了，应该仍旧称王才符合实际。"

按照赵高的安排，子婴继承的并非三世皇帝的皇位，而只是个秦王的王位罢了。赵高要子婴先沐浴斋戒，然后在祭祀先王神灵的宗庙里举行登基仪式。

公子婴是秦二世兄长之子，秦二世即位后谋划诛杀大臣与诸公子，子婴向秦二世劝谏说："臣听说赵王迁杀害赵国的良将李牧而任用颜聚，燕王喜暗中采用荆轲的阴谋违背与秦国立下的盟约，齐王建杀其世代忠臣而采用国相后胜的建议。这三位国王都是因为改变固有的制度而丧失自己的国家，而且身遭祸殃。今蒙氏兄弟是秦的大臣谋士，而主上却想要除掉他们。臣以为不可如此。臣听说虑事不慎重者无以治理好国家，单凭个人的智谋不能保存住君位。诛杀忠臣而任用无有节义德行的人，内使群臣不相信，外使斗士离心离德，臣私下以为不可如此。"

秦二世听不进子婴的一片忠言，还是派御史赐蒙毅、蒙恬死，蒙氏兄弟二人为不辱先人、不负秦国而含恨自尽。

赵高谋害李斯、秦二世，公子婴在秦帝国宫廷内的血雨腥风之中被立为"秦王"，不能不感慨万千，忧心忡忡。他深知赵高既能杀害李斯和秦二世，自己的性命亦是朝不保夕。赵高立子婴为秦王，令子婴斋戒，到宗庙拜祭祖先，接受皇帝玉玺。在斋戒的五日期间，子婴与宦官韩谈以及自己的儿子谋划说："丞相赵高杀二世皇帝于望夷宫，担心群臣奋起诛杀他，便佯装申明大义，立我为秦王。我如果声称有病不去宗庙接受玉玺，丞相必定前来请我，来到后则将他杀死。"

赵高曾多次派人请子婴前往宗庙接受玉玺，子婴总是称病不肯成行。赵高为保存自己的权势，减少群臣对他杀害秦二世的愤恨之情，不得不亲自前往，并说道："国家宗庙大事，王为何不前往？"子婴为此而召赵高入宫，令韩谈在斋宫中将赵高刺杀，同时诛杀赵高的三族，在咸阳城中陈尸示众。

一生玩弄阴谋权术的赵高，被他杀害的大臣、诸公子及结下的私人怨仇，可谓数不胜数，最终竟弑君图谋篡逆，秦帝国的大厦被他从内外毁坏将倾。然而最终却被公子婴与宦者韩谈设计刺杀而死，可谓是"机关算尽太聪明，反误了卿卿性命"。

秦二世二年（公元前208年）正月，章邯在攻破陈胜之后，又进攻魏王咎于临济（今河南省封丘县东），并大破齐楚援军于临济城下。齐王田儋和周市也都败死。魏王咎见援军已败，为了不使其民受屠杀，就向章邯约降，约定之后，于六月自焚而死。——魏咎是六国旧贵族残余，因陈胜起义而回魏称王，但他在兵败之时还能想到为民约降，与秦皇父子为人相比，对其人又该怎样评价呢？

田儋败死，其弟田荣收聚其兄余兵向东退走。章邯追击，于七月将田荣围困于东阿（今山东省阳谷县东）。其时项梁正攻亢父（今山东省济宁市南），得知田荣危急，便率兵北上相救，在东阿击败章邯，又于濮阳东再败章邯秦军。接着，项羽、刘邦又在多陆（今河南省杞县）斩杀了李由，项梁乘胜至定陶（今山东省荷泽市定陶区西北）。

九月，章邯夜袭项梁，杀项梁于定陶下。然后渡河北上击赵，与秦北边上郡统帅王离所率秦军，南北夹击，大败赵军。于是，王离将赵王歇和张耳围困于钜鹿城中，而章邯驻军于钜鹿南棘原，筑甬道向王离军供给粮饷。陈余在赵北召得数万人驻扎于钜鹿北，张耳之子张敖也召集代地万余人驻扎在陈余军旁，燕、齐也都派来援军，与秦军相持在钜鹿城下。项梁败死后，楚地各路兵将闻知，纷纷退往彭城。楚怀王也从盱眙前往彭城，以刘邦为砀郡长，封武安侯，率砀郡兵；封项羽为长安侯，号鲁公；以吕臣为司徒，吕臣之父吕青为令尹。秦、赵相持之时，楚怀王在彭城召集军事会议，决定楚兵分两路：一路由刘邦率军扶义西行；一路以宋义为上将军、项羽为次将率军北上救赵。并与众将设约，先入定关中的便为关中之王。

十月，宋义率领救赵兵将北上，行至安阳（今山东省曹县东），宋义停军四十六日不前。十一月，项羽杀掉宋义，夺取兵权后，先派黥布、蒲将军渡河，隔断了章邯向王离军输粮的甬道，包围了王离军。十二月，项羽率全军渡河，渡河后，将船沉没，将军中的釜、甑等炊具破碎，庐舍焚毁，兵士只带三日粮，以示决死攻秦——这就是破釜沉舟典故的来源。然后项羽率军直前进击秦军，先将章邯军击退，又与援赵的各军围攻钜鹿城下的秦军。前后共大战九次，攻杀了秦将苏角，俘捉了王离，秦另一主将涉间兵败自焚而死，钜鹿城下的秦军被彻底消灭掉。这样项羽成为各路诸侯军的上将军，接着于秦二世三年（公元前207年）连败章邯军，又于六月在洿水大败章邯所率的秦军。

当秦军一败涂地之时，赵高却在秦廷指鹿为马，愚弄秦二世，对前线将士根本不予理会。章邯无路可走，最后于秦二世三年（公元前207年）七月向项羽投降了。于是，项羽便率各路军及秦降卒西向进军，十月兵至河南，于十一月在新安（今河南省渑池县东）将秦降卒二十余万全部坑杀。而当西行至函谷关时，始知刘邦已率兵先入关中了。

刘邦奉楚怀王之命西行，先是将阳城（今山东省荷泽市东北）城里秦军攻破，又于十月在成武（今山东省成武县）南攻破秦东郡尉兵。秦二世三年（公元前207年）春二月，进兵河南，过高阳（今河南省杞县西南），听郦食其谋袭取陈留（今河南省开封东南），得秦积粟。三月，攻开封（今河南省开封市西南），与秦将杨熊战于白马（今河南省滑县东）、曲遇（今河南省中牟县东），大败秦军。四月，南攻颍阳（今河南省许昌市西南），因为张良的缘故，经略韩地辗辕（今河南省洛阳市偃师区东南）。得知赵将司马卬欲渡河入关，便北攻平阴（今河南省孟津东北）隔断河津渡口，而后南返，在洛阳东作战失利，穿过韩地辗辕还军阳城（今河南省登封市东北），整顿军马，留韩王成守阳翟，让张良跟随继续南下。于六月在犨（今河南省鲁山县东南）东击败秦南阳郡守龁，又在阳城（今河南省方城县）东郭再次击败南阳郡兵。南阳郡守退守宛城。刘邦率兵绕过宛城想要西进，张良指出不攻下宛城，前有秦兵阻守，后有宛军相袭，这是危险的。刘邦听后，连夜率军返回宛（今河南省南阳市）城，将宛城层层围住。南阳郡守要自杀，其舍人陈恢劝他与刘邦约降，刘邦接受了南阳郡守的投降，并封他为殷侯，又封赏陈恢千户。然后引兵西进，沿路城邑闻知郡守投降受封赏，便纷纷归降刘邦。行至丹水（今河南省淅川县西南），高武侯鳃、襄侯王陵也归降于刘邦。刘邦又还攻胡阳（今河南省唐河县西南），与番君吴芮部将相遇，一同攻下析（今河南省西峡县）、郦（今河南省南阳市西北）。所过之处，约束军兵，禁止劫掠。因此，秦民皆喜而不抵抗。

八月，刘邦攻下武关（今陕西省商洛市西南），派魏人宁昌使秦与赵高相约。赵高将二世胡亥杀死，想与刘邦相约分王关中。九月，子婴刺死赵高，派兵进驻峣关（今陕西省商县西北）。刘邦用张良计谋，大张旗帜于山上以疑惑秦兵，再派郦食其和陆贾用金钱利益诱惑收买秦峣关守将，趁其懈怠，将兵绕过峣关而进击秦军。于蓝田（今陕西省蓝田县西南）南大败秦军，进至蓝田，又于蓝田北大败秦兵，因而乘胜追击，秦兵皆败散投降，再也没人抵抗了。

十月，刘邦进兵至霸上（今陕西省西安市东白鹿原北首），秦廷群臣百官皆叛散，刘邦派人入咸阳约降子婴。子婴只好素车白马，系颈以组，奉天子玺、符，降轵道旁了。

十二月，项羽率各路诸侯军入关、西屠咸阳、火烧秦宫室、杀子婴及秦公子宗室。至此，秦始皇所生子女全部灭绝，而秦天下被分——应着了"始皇帝死而地分"的陨石之辞。

谈论秦的灭亡，最为人所传诵的一句话就是："楚虽三户，亡秦必楚也。"这句话是楚人范增向项梁献立楚怀王策时引述一个被称为楚南公的人所说的一句话。

关于"三户"所指，或说是指人家：有人认为是说楚即使只有三户人家也足以灭秦，也有以为三户是指楚国的三大姓昭、屈、景三族的。或说是指地名：有以为是指丹水县北三户亭，也有以为是指项羽大破章邯军于污水时所渡的三户津（今河北省磁县西南古漳水上）。然而无论三户指人还是指地，于情于理似乎都不太通顺。当然，作为预言来说，人们也实难把它说清楚，或许是别有所指。不过，秦亡之事却是让他给说着了，即推翻秦王朝暴政统治的历史责任主要是楚人挑起来的。

自陈胜、吴广于大泽乡起义到刘邦、项羽入关灭秦，这场反秦抗暴斗争历时两年零三个月，兴衰三起，大致可分为三个阶段：自陈胜、吴广揭竿而起至陈胜死，是第一阶段；自项梁渡江西上至项梁死，可以说是第二阶段；自楚怀王兵分两路，一路北上救赵，一路扶义西行，至刘邦、项羽相继入关灭秦，是第三阶段。而这三个阶段的反秦斗争形势又是随楚人的势力兴衰消长而起伏的。

第一阶段由陈胜、吴广于秦二世元年（公元前9年）七月在大泽乡发动九百名被征发去渔阳戍守长城的闾左贫民举行暴动始。当陈胜攻下陈城后，各地郡县争杀秦官吏纷纷响应陈胜，于是陈胜分派部将徇略各地。于八月派葛婴徇九江，而葛婴至东城（今安徽省定远县东南）立襄强为楚王，九月闻知陈胜已自立为王，葛婴又杀掉襄强还报，十月陈胜将葛婴诛杀——葛婴是陈胜部将，襄强也不是六国旧贵族。八月，陈胜听从张耳、陈余建议，派自己原来所亲近的陈人武臣为将、邵骚为护军，北略赵地。武臣至邯郸徇下赵地后，在张耳、陈余劝说下，自立为赵王。武臣、邵骚是陈胜故友，与旧赵无关系，张耳、陈余都是魏大梁人，于六国时不过是一游士，张耳于魏仅做过外黄令，亦不属六国贵族，他们都与六国旧贵族牵扯不上。九月，赵王武臣部将韩广略地到燕都蓟，自立为燕王，则燕亦非六国贵族之燕。因此，此时楚、赵、燕立国，都不是六国旧贵族势力，而是陈胜起义的反秦势力。

八月,陈胜还派魏人周市徇魏。周市徇下魏地后,魏人欲立周市为魏王,周市不肯,而向陈胜请求立魏公子宁陵君魏咎为魏王。其时魏咎在陈,自九月至十二月,周市派使者五次往返,陈胜才派魏咎回魏——魏咎虽是魏公子,但魏地是响应陈胜起义而反秦的,因此,魏的复国并不是旧魏贵族具有复辟力量。

九月,刘邦杀沛令起兵于沛,项梁杀会稽守起兵于吴,田儋杀狄令起兵于齐。刘邦是丰沛人,仅做过亭长,后与刑徒逃亡于芒砀山泽中,因沛令欲响应陈胜反秦,请刘邦回沛起事,故刘邦起兵是响应陈胜起义,是平民的反秦力量。项梁是初将项燕之子,从他起兵半年之久也没称王,也没立王,而是接受陈胜的封命,可见其起兵也是出于反秦而不是致力于复辟故楚。齐人田儋是故齐王族,只有他和他的兄弟田荣、田横是趁反秦起义之机,打着恢复齐国旗号自立为王。

因此,从以上的各路力量看,在反秦起义的第一阶段,除田儋、田荣、田横兄弟外,其他起义队伍都为属陈胜、张楚为首的起义队伍。

陈胜派吴广监诸将攻荥阳,派周文西向收兵入关,至九月,周文率兵入关至戏,是反秦起义达到第一阶段高峰,但九月之后受到秦将章邯攻击,十一月周文败死,接着荥阳兵败,十二月陈胜死,楚地力量受挫。接着魏王咎被秦兵围困于临济。虽然秦二世二年正月楚将秦嘉立景驹为楚王,但不为各路起义队伍承认。天下反秦力量失去首领和主导进入低潮。

第二阶段以项梁接受陈胜部将召平以陈胜名义封拜为楚上柱国官职,率兵渡江西上始。楚地各将包括刘邦均归从项梁。秦二世二年(公元前208年)六月,项梁在确知陈胜已死之后,召集楚地各路军将于薛城会集,接受范增建议,立故楚怀王之孙熊心为楚怀王。楚地力量得项梁整顿和指挥，又成为反秦的主力。

这第二阶段与第一阶段不同，在于陈胜死后，人们意识到故国之思还具有号召力。如赵王武臣被部将李良所杀，张耳、陈余在逼走李良后，为稳定赵地而求得故赵王后裔赵歇为赵王。张良向项梁请求立故韩公子横阳君韩成为韩王，韩地也出现反秦之兵。至此，六国皆立王，而除燕王外，其他都是六国王族之人为王。

六月，齐田儋救魏被章邯击杀，魏王咎也自杀。齐人闻知田儋败死而立故齐王建之弟田假为齐王。魏王咎弟魏豹逃于楚，楚怀王拨给他数千人收复魏地后而自封魏王。

七月，项梁北上，击败章邯，解救田荣。田荣回齐将齐王田假驱逐。由于田假逃奔于楚，田荣便不肯出兵与项梁击秦。于是主动抗秦的担子又落到了楚人的肩上。从七月以来，楚军于东阿下破章邯军，又于濮阳东败秦军，又于雍丘斩杀李由，项梁率军至定陶又再破秦军，成为反秦第二阶段的高峰。九月，章邯得到援军后，乘夜袭杀项梁于定陶。楚人反秦再次受挫。

第三阶段以楚怀王命宋义和项羽率军北上救赵、刘邦率兵西进始，到刘邦、项羽相继入关，终于完成了推翻暴秦的历史使命。

这阶段的情况是，楚怀王虽为楚王，但只是名义之王。齐国的田荣虽立田市为齐王，但部将田都叛田荣而追随项羽去救赵；故齐王建孙田安也在攻下济北数城后跟随项羽渡河救赵，不属于田荣，齐正是内部争乱、人心各异。魏王豹是借楚人之力复国为王，韩王成则因张良而仗刘邦略地。赵王歇依命于张耳、陈余，因项羽来救才脱危难。由此来看，则都不成其为王。燕国自始至终就没有燕贵族复出。因此，与其说六国旧贵族势力复燃而亡秦，不如说是反秦力量以六国之名做号召而反秦。而事实上灭秦力量也主要是项羽所率的以黥布、蒲将军为先锋的楚军，和刘邦所率的番君部将梅绢相助的另一支楚军，其他诸侯军只是陪衬而已。正因为如此，所以当项羽入关分封天下时，魏王豹被迁为西魏王，赵王歇被迁为代王，而齐将田都被项羽封为齐王。楚怀王虽被尊为义帝，却是被徙于长沙郴县南荒之地，而且还被项羽命人给杀于江中。韩王成也没能归国，而是死于项羽之手。即六国旧贵族并没有得势复国，也没有受到尊重。

由上述情况可得出结论：反秦风暴虽是天下云起，但反秦灭秦的主力和主导则是起义的楚人——其首义的领导者是陈胜和吴广。继起的领导者是项梁，而完成的领导者是刘邦和项羽，即反秦风暴是一次以楚人为主流的全民性的推翻秦暴政统治的斗争，并不受六国旧贵族左右。把秦统治的动摇和秦王朝的覆灭归咎于六国旧贵族是说不过去的，既非实情，也是想当然的偏见。项羽在关中封王时对入关的各路将领说："天下初发难时，假立诸侯后以伐秦。"这就是说"是假借立诸侯的后人为名义，用以作伐秦的号召"。这是项羽自道真情，别人又何以要给予否定呢？

从反秦灭秦的过程看，楚人经历了三次兴衰，如果说"楚虽三覆，亡秦必楚也"，似较"楚虽三户"通达。西汉以前按音写的字，时有因地方不同而同音写异字的现象，如樊於期之为桓龁、田期之为田忌。因此，或许"楚虽三户"为"楚虽三覆"的音写亦未可知。当然对预言家的话也无须拘泥执着，这只是因楚熊亡国后，陈胜张楚兴而复亡，接着项梁起而再亡，有所思也。事实上是整个天下：包括秦人，对秦始皇暴政的厌弃，再不愿接受或忍受像秦始皇这样的为政或统治了。由楚人倡义、由楚人领导完成推翻它的任务，反映了当时天下虽然是统一的，但却是不平衡的。但这一次反秦大起义所表现的则是中华民族敢于反抗暴政、敢于对破坏社会的暴君独夫进行讨伐的优良品格。

中国历史上堪称一代雄主、威震四海的秦始皇，在他陵墓幽深的地穴里，尸骨早已化成了寒灰；他用毕生精力一手建立起来的秦王朝大厦，在他死后不到五年就灰飞烟灭、轰然倒塌了。秦王朝如此短暂，像昙花一现，仅十五年，然而这短命王朝和秦始皇帝的大名，却在中国数千年的历史上占据了显著而又醒目的一页，给后世留下了深远的影响。

第八章 酷法暴政

附 录
秦始皇嬴政大事年表

秦昭襄王四十八年　公元前259年　1岁

正月，秦始皇出生于赵都邯郸，名为政，初姓赵。苏秦之弟苏代至秦，贿买秦相范雎，以韩、赵割地讲和为条件，使秦罢攻赵。

九月，秦派五大夫王陵攻邯郸，不克。

秦昭襄王四十九年　公元前258年　2岁

正月，秦昭王发兵增援王陵；王陵战不力，退守上党。秦武安君白起拒绝代替王陵攻赵。昭王撤免王陵，改派王龁领兵进攻邯郸。赵求救于魏、楚；楚相春申君领重兵北上救赵，魏信陵君亦请魏王发兵救赵。

秦昭王襄五十年　公元前257年　3岁

秦攻邯郸急，赵欲杀嬴政之父——秦质子异人，吕不韦以金600斤贿买赵守城官吏，得脱，归秦。魏信陵君杀魏军统帅晋鄙，夺师救赵；楚救兵亦至邯郸外围，与赵军三方合击秦军。秦军大败，秦将郑安平率所部两万余人降赵。秦武安君白起被赐自尽。

秦昭襄王五十一年　公元前256年　4岁

秦攻韩，灭韩军4万。复攻赵，攻占20余县，歼灭赵军9万。秦攻西周，西周君尽献其邑36城及九鼎。周赧王卒。

秦昭襄王五十二年　公元前255年　5岁

秦相范雎卒。燕孝王卒，子喜继立。

秦昭襄王五十三年　公元前254年　6岁

秦攻魏河东。韩王入朝秦王，魏亦听命于秦。

秦昭襄王五十四年　公元前253年　7岁

魏子卫行废立之事，杀卫怀君，立其弟卫无君。

秦昭襄王五十五年　公元前252年　8岁

秦昭襄王五十六年　公元前251年　9岁

秋，秦昭王卒。太子嬴柱即位，是为秦孝文王。立华阳夫人为王后，立子楚（异人）为太子。嬴政随母由赵归秦。赵平原君赵胜卒。李斯约于是年至兰陵随荀子学习"帝王之术"。燕栗腹等率领60万大军攻赵，被赵廉颇打败，赵军遂进围燕都。

秦孝文王元年　公元前250年　10岁

十月，秦孝文王卒。太子子楚继立，是为秦庄襄王。尊华阳夫人为华阳太后，生母夏姬为夏太后。

秦庄襄王元年　公元前249年　11岁

大赦罪人，修先王功臣，旋德厚骨肉而布施于民。封吕不韦为文信侯，任其为丞相，食河南洛阳10万户。秦将蒙骜率军攻韩，攻取成皋、荥阳、设三川郡。

东周君与诸侯谋求合纵攻秦，吕不韦领兵灭东周，周朝彻底灭亡。鲁亡于楚。

齐君王后卒，后胜任齐相。

秦庄襄王二年　公元前248年　12岁

秦将蒙骜攻赵，定太原。

秦庄襄王三年　公元前247年　13岁

秦蒙骜兵进魏国，攻占高都和汲。再回师攻赵，夺取榆次、新城、狼孟等37座城池。秦王龁攻韩上党，重建太原郡。魏信陵君率领五国兵马合纵攻秦，于河外大败秦军。五月丙午，秦庄襄王卒，子嬴政即位。尊母赵姬为太后；尊吕不韦为相国，号曰"仲父"。是时秦王政年少，事皆决于吕不韦。李斯约于是年入秦，在吕不韦府中为舍人。

秦王政元年　公元前246年　14岁

韩定所谓"疲秦"之计，欲耗尽秦之物力、财力以存韩，派水工郑国至秦游说兴修大型水利工程。秦于是年始开渠，由郑国主持，故名郑国渠。吕不韦派兵平定晋阳叛乱。

秦王政二年　公元前245年　15岁

秦鹿公领兵攻魏之卷，斩魏兵之首3万。赵孝成王卒，子偃继立之，是为悼襄王。赵悼襄王以乐乘取代廉颇，廉颇去赵之魏。

秦王政三年　公元前244年　16岁

秦将蒙骜攻占韩13城。燕太子丹入质于秦。秦甘罗出使赵国，说动赵王割5城予秦；秦归燕太子丹。赵攻燕，下燕30城。秦将王龁卒，岁大饥。

秦王政四年　公元前243年　17岁

秦将军蒙骜攻占魏之畅和有诡。赵以李牧为将，攻占燕之武遂、方城。秦质子自赵归，赵太子亦由秦归赵。十月，秦遇大蝗灾，瘟疫横行。令百姓纳粟千石，拜爵一级，魏信陵君无忌卒。

秦王政五年　公元前242年　18岁

秦将蒙骜攻魏，连克魏城20座。设东郡。由此，秦之东边与齐境相接。

秦王政六年　公元前241年　19岁

赵庞援率领楚、赵、魏、韩、卫五国之师攻秦；秦出兵反击，五国兵罢。秦攻占魏之朝歌。秦攻拔卫，将卫君及其支属迁至野王。

秦王政七年　公元前240年　20岁

秦将军蒙骜卒，其子蒙武为裨将军。秦攻赵之龙、孤、庆都及魏之汲。秦庄襄王母夏太后卒。

秦王政八年　公元前239年　21岁

秦王弟长安君成虫乔领兵攻赵之上党，旋即叛秦降赵。嫪毐受封为长信侯，专擅国政。韩桓惠王卒，子安继立之，《吕氏春秋》于是年编纂完毕。

秦王政九年　公元前238年　22岁

四月，秦王政于秦旧都举行加冕典礼，由此亲政。长信侯嫪毐发动叛乱，欲杀秦王政；秦王政发兵镇压之。九月，车裂嫪毐，夷其三族，处死参与叛乱的秦官20人。嫪毐舍人中罪轻者为鬼薪，4000多家被夺爵，迫令迁蜀。秦王政捕杀嫪毐与太后所生二子，将太后逐出咸阳，迁往雍居住。楚考烈王卒，幽王立。楚春申君黄歇死于内部的权势之争，秦将杨端和攻占魏之衍氏。

秦王政十年　公元前237年　23岁

因嫪毐案事牵吕不韦，秦王政遂调查吕氏。至是，宣布罢免相国吕不韦。客卿茅焦谏秦王，秦王遂亲至雍迎太后回咸阳。秦王发觉已中韩之"疲秦"之计，欲杀郑国，并下令逐客。李斯上《谏逐客书》。秦王政收回逐客令，令郑国继续主持修郑国渠。杰出军事家尉缭于是年入秦，被委以国尉之职。

秦王政十一年　公元前236年　24岁

赵庞煖攻燕，夺貍、阳城。兵未罢，秦将王翦和桓齮、杨端和两军攻赵，取其9城，秦由此控制了上党地区和漳河流域。

秦王迫令吕不韦回到其位于河南的封邑。

秦王政十二年　公元前235年　25岁

秦王发4郡之兵助魏击楚。秦王令吕不韦迁蜀，吕不韦自杀，吕氏门客将其葬于洛阳北芒山。秋，秦王令凡吕不韦门下吊唁吕氏者，将原籍晋地的人逐出河南；600石以上官职的秦人削除爵禄，迁徙房陵；500石不削爵，亦徙房陵。秦三月不雨，大旱。

秦王政十三年　公元前234年　26岁

秦将桓齮率军进攻赵之平阳、武城，杀死赵将扈辄，斩首10万。

秦王政十四年　公元前233年　27岁

秦将桓齮攻赵之赤丽、宜安。赵以杰出军事家李牧为大将军领兵反击，于肥地大破秦军。桓齮畏罪逃燕，李牧因功受封为武安君。法家思想家韩非于是年入秦，企图行存韩之策；秦王将其下狱，韩非自杀。

秦王政十五年　公元前232年　28岁

秦军大举攻赵，一路进攻至邺，一路进攻至番吾。赵派李牧率军出击，于番吾大败秦军。燕太子丹再次质于秦，逃归燕。

秦王政十六年　公元前231年　29岁

秦攻韩，韩献南阳。九月，秦军进驻南阳，以内史腾代理郡守。秦初令男子书年。秦攻魏，魏献地，秦置丽邑。赵地大震，自乐徐至平阳，台屋墙垣倒塌大半。

秦王政十七年　公元前230年　30岁

秦派内史腾攻韩，俘韩王安。秦以韩地为颍川郡，韩亡。秦地震，大饥。赵大饥。秦华阳太后卒。

秦王政十八年　公元前229年　31岁

秦大举攻赵，王翦领兵攻占战略要地井陉；杨端和率军进围邯郸城，赵以李牧、司马尚领兵拒之，秦军不能进。秦行反间计，赵王杀李牧。罢司马尚，以赵葱、颜聚代之。

秦王政十九年　公元前228年　32岁

秦将王翦、羌瘣大举攻赵，于平阳俘赵王迁。赵公子嘉逃之代，自立为代王。赵地基本平定。秦王至邯郸，将城中与其母家有仇者尽皆坑杀之。然后经太原、上郡返回咸阳。秦王政母赵太后卒，秦大饥。

秦王政二十年　公元前227年　33岁

秦将军王翦、卒胜领兵攻燕，击败燕代联军。燕太子丹以重金礼聘勇士荆轲至秦刺杀秦王，未果，荆轲被杀。

秦王政二十一年　公元前226年　34岁

秦将王翦率军攻克燕都蓟，迫使燕杀太子丹；燕王退守辽东。秦大雪，深达二尺五寸。

秦王政二十二年　公元前225年　35岁

秦将王贲攻魏，水灌大梁，魏王假投降，魏亡。秦将李信、蒙武领兵20万攻楚，败还。

秦王政二十三年　公元前224年　36岁

秦王起用已经退休的老将王翦，领兵60万攻楚；攻占楚都寿春，生俘楚王负刍。

秦王政二十四年　公元前223年　37岁

秦将王翦、蒙武麾师与项燕指挥的楚军决战，楚军大败，项燕和昌平君死于乱军之中，楚亡。

秦王政二十五年　公元前222年　38岁

秦将王贲领兵北上攻辽东，俘燕王喜；回师灭代，俘代王嘉，燕、赵彻底灭亡。王翦兵进江南，越君降。秦置楚、九江、长沙、会稽四郡。五月，秦王准天下大酺。

秦始皇二十六年　公元前221年　39岁

秦将王贲攻齐，入临淄，俘齐王建，齐亡，天下由此归于一统。秦王政自号"始皇帝"，自称"朕"。规定皇帝之令为制，令为诏，除谥法。诏以十月为岁首。分天下为36郡，废除分封。崇尚水德。收民间兵器，销之铸为金人、钟镰。统一度量衡、统一货币、车同轨、书同文字。徙天下豪富12万户于咸阳，更名民曰黔首。

秦始皇二十七年　公元前220年　40岁

秦始皇第一次出巡，至陇西、北地。下令修治驰道。赐全国民爵一级。

秦始皇二十八年　公元前219年　41岁

春，秦始皇第二次巡游天下，出函谷关，经洛阳、荥阳，至峄山；刻石。封于泰山，刻石；禅于梁父。行礼祠名山大川。至成山、琅玡寻仙。派徐市入海寻仙求药，于琅玡台刻石。

秦始皇二十九年　公元前218年　42岁

秦始皇第三次巡游，至博浪沙遇刺，未中，令大索天下十天，于之罘及之罘东观分别刻石。

秦始皇三十年　公元前217年　43岁

秦始皇三十一年　公元前216年　44岁

令天下黔首自实田。十二月，更名腊为嘉平。秦始皇微行咸阳，于兰池遇盗，大窘，下令关中大索二十天。

秦始皇三十二年　公元前215年　45岁

秦始皇第四次巡游天下，下令坏城郭，决通堤防。至碣石，刻石。燕人卢生奉命寻仙归，献仙书，其中云"亡秦者胡也"，令石生、韩终、侯公等人入海寻仙求药。巡视右北平、渔阳、上谷、代、雁门、云中等北边。自上郡返回咸阳。令蒙恬率30万精锐之师北征匈奴，很快即占领河套地区。

秦始皇三十三年　公元前214年　46岁

五路兵发岭南，失利，秦将尉屠睢为越人所杀。命史禄主持开凿灵渠。岭南平定。发逋亡人、赘婿、贾人略取陆梁地。置象、桂林、南海三郡和南海尉。

蒙恬再攻匈奴，夺取高阙、阳山、北假，设44县。匈奴头曼单于率部远遁北方。令于北边增筑长城，西起临洮，东至辽东，全长5000余公里。

秦始皇三十四年　公元前213年　47岁

秦始皇置酒咸阳宫，博士淳于越赞分封，非议郡县，李斯上书，请焚书禁学。

下达焚书令，非秦记以外的史书、民间收藏的儒学典籍及诸子书皆焚之。偶语《诗》《书》者弃市，以古非今者族。吏见知不举者与其同罪。令下30日不焚书者黥为城旦。医药、卜筮、种树之书不烧。欲学法令者以吏为师，徙民50万至岭南与越人杂处。

秦始皇三十五年　公元前212年　48岁

下令修九原直道，直抵咸阳以北的云阳，令发隐官徒刑者70万人兴建阿房宫。

卢生言"真人"之美，请秦始皇"所居宫毋令人知，然后不死之药殆可得也"。秦始皇遂自称"真人"，不称"朕"，并令秘密行止。自此群臣皆不知秦始皇行止，受决事悉于咸阳宫。卢生、侯生暗斥秦始皇的为政为人，逃之，秦始皇遂下令坑杀460余名儒生于咸阳。命扶苏至北边监蒙恬军。

秦始皇三十六年　公元前211年　49岁

陨石落于东郡，有黔首在其上刻字，曰"始皇帝死而地分"，秦始皇下令将居住在近旁的百姓统统杀之，令博士撰《仙真人诗》。秋，有人于华阴平舒道夜遮秦始皇使者，曰："今年祖龙死。"卜之，卦得"游徙吉"。乃下令迁北河云中3万户，拜爵一级。

秦始皇三十七年　公元前210年　50岁

十月癸丑，秦始皇第五次巡游天下。渡浙江之际，项羽云"彼可取而代也"。

登会稽山，刻石。至琅玡，徐市请射杀巨鱼。至之罘，始皇亲操弓弩，射杀巨鱼一。令徐福带童男女3000人、各类工匠及谷种入海寻仙求药。在返回咸阳途中，秦始皇至平原津病重。七月丙寅，秦始皇死于沙丘平台。少子胡亥同中车府令赵高及丞相李斯合谋，矫诏赐扶苏死，囚蒙恬。胡亥于咸阳即位，是为秦二世皇帝。九月，秦始皇下葬骊山。